中东欧
观察与思考

孔寒冰　著

江苏人民出版社

图书在版编目（CIP）数据

中东欧：观察与思考 / 孔寒冰著. -- 南京：江苏
人民出版社, 2023.4
ISBN 978-7-214-27873-9

Ⅰ. ①中… Ⅱ. ①孔… Ⅲ. ①中欧 - 历史 - 文集②东
欧 - 历史 - 文集 Ⅳ. ①K510.7-53

中国国家版本馆CIP数据核字(2023)第013066号

书　　　　名　　中东欧：观察与思考
著　　　　著　　孔寒冰
责 任 编 辑　　鲁从阳
装 帧 设 计　　曼　玲
责 任 校 对　　王翔宇
出 版 发 行　　江苏人民出版社
出 版 社 地 址　　南京市湖南路1号A楼，邮编：210009
印　　　　刷　　文畅阁印刷有限公司
开　　　　本　　710 mm×1 000 mm　1/16
印　　　　张　　15.5
字　　　　数　　200千字
版　　　　次　　2024年4月第1版
印　　　　次　　2024年4月第1次印刷
标 准 书 号　　ISBN 978-7-214-27873-9
定　　　　价　　98.00元

（江苏人民出版社图书凡印装错误可向承印厂调换）

序言

当今世界正处于百年未有之大变局，国际局势日益错综复杂，加强区域国别研究的迫切性与重要性更加凸显。在新版学科目录中，区域国别学被设为一级学科。2022 年是中国—中东欧国家合作机制成立第十年。十年来，中国—中东欧国家合作机制为推动中国与中东欧国家在贸易、投资、基础设施建设与人文交流等方面的务实合作发挥了积极作用。在美国提高对中东欧地区的战略重视，欧盟不断强化中东欧地区地缘政治作用的新形势下，中东欧国家发展的外部环境大国博弈增强，不确定性增加。因此，加强中东欧区域国别研究对促进中国—中东欧国家合作和"一带一路"建设都具有更加重要的意义。

中东欧地区在地理位置和地缘政治上都十分重要，处于不同文明和不同政治文化的交汇处并深受其影响，是一个差异性大、内涵复杂的区域。认识中东欧国家的多样性和复杂性，是理解中东欧的基础。本书汇集的文章是孔寒冰教授基于长期从事中东欧教学研究和近十多年来对中东欧地区的田野考察写成的，从历史、文化、地缘政治、民族宗教、国内政治与国际政治互动等多个维度论述了中东欧的过去和现在，解读了社会主义在中东欧的曲折发展，分析了中国与中东欧国家合作的特点，系统地介绍了国内外对中东欧研究的历史进程。此书有助于读者从不同维度观察了解中东欧，感受中东欧的独特魅力。

孔寒冰教授有关中东欧的著作主要有《东欧史》《东欧政治与外交》《寒冰走苏东》《科索沃危机的历史根源和大国背景》《百年捷

克》等十余部，在国内外学术杂志上发表相关论文几十篇。孔寒冰教授利用休假和参加学术会议的机会，对中东欧地区所有国家进行过比较深入的实地学术考察，为中东欧的教学与研究工作积累了丰厚的感性认识和大量一手文献。

孔寒冰教授也是浙江金融职业学院捷克研究中心主任，在他和各位同仁的共同努力下，捷克研究中心快速发展，影响不断扩大。经过五年的发展，捷克研究中心现在已成功入选教育部国别和区域研究高水平建设单位、浙江省重点培育智库、中国—中东欧国家智库交流与合作网络理事单位、浙江省"一带一路"建设智库支持单位、浙江省区域国别与国际传播研究智库联盟成员单位。在新形势下，捷克研究中心也适时地拓展自己研究领域，致力打造浙江省乃至全国与中东欧国家合作的平台与交流的窗口。本书是浙江金融职业学院捷克研究中心"中东欧研究丛书"的第一本，期待以此为起点，为广大中东欧研究学者及爱好者提供更多的优秀成果。

浙江金融职业学院校长

郑亚莉

克罗地亚杜布罗夫尼克

阿尔巴尼亚斯库台城堡

阿尔巴尼亚古城培拉特（千窗之城）

爱沙尼亚塔林老城

保加利亚普罗夫迪夫

保加利亚里拉修道院

波黑德里纳河

波黑莫斯塔尔古桥

波黑萨拉热窝的拉丁桥

波兰卢布林

波兰华沙老城入口

黑山塔拉河大桥

古城普里兹伦（位于科索沃）

黑山波德格里察

捷克布杰约维采

捷克布拉格城堡（姜珂拍摄）

捷克克鲁姆洛夫

立陶宛特拉凯城堡

拉脱维亚里加老城

喀尔巴阡山

罗马尼亚布泽乌泥火山

罗马尼亚吉希什瓦拉

罗马尼亚锡纳亚王宫

罗马尼亚民俗村

斯洛伐克斯皮什新村

马其顿斯科普里瓦尔达尔河上的古桥

塞尔维亚诺维萨德

斯洛伐克莱沃恰

斯洛文尼亚卢布尔雅那

斯洛伐克特伦钦

希腊雅典卫城

希腊米特奥拉

匈牙利布达佩斯

目录 CONTENTS

把中东欧作为一个独立区域的理由

    冷战结束后，地缘意义的东欧不复存在，取而代之的是地理位置上的中东欧。在此后的二十多年中，这个地区两方面的变化引人注目：一是南斯拉夫和捷克斯洛伐克解体，分裂成多个国家；二是在社会发展模式上开始了"返回欧洲"进程。在这样的背景下，分裂的欧洲似乎已经弥合，原来的东欧研究似乎不再必要。其实，国际政治舞台上，原来的东欧从古到今都被大国作为称霸欧洲和称霸世界的重点或起点，但是，大国在划定势力范围和构建世界体系的时候又极少考虑东欧民族或国家的利益与诉求，多半将它们当作相互之间讨价还价的筹码或争夺和控制的客体。这种国际政治现象时至今日仍有极强的穿透性，还影响着中东欧国家的内政外交。因此，把中东欧当作一个独立区域进行研究，依旧有很强的现实意义。

从东欧到中东欧

    现在地理位置意义上的中东欧是由冷战期间的地缘政治上的东欧演变而来的。

    从地缘政治角度说，东欧或东欧国家是在第二次世界大战之后约定俗成的称谓，同西欧或西欧国家一样，在很大程度上是一种受特定时空规范的政治概念，指的是那些战后建立起人民民主制度并且随后走上社会主义道路的国家，包括波兰、捷克斯洛伐克、匈牙利、德意志民主共和国、罗马尼亚、保加利亚、阿尔巴尼亚和南斯拉夫等 8 个国家。

但是，在地理位置分布上，波兰、捷克斯洛伐克、匈牙利、民主德国属于中欧国家，罗马尼亚、保加利亚、南斯拉夫和阿尔巴尼亚是东南欧国家。东欧国家都属于中小国家，领土面积加在一起才 127 万多平方千米，人口总数为 1.4 亿左右。这些国家之所以被称为东欧或东欧国家，一是因为二战确立的雅尔塔体系在政治上将欧洲一分为二，形成以苏联为首的东方社会主义阵营和以美国为首的西方资本主义阵营，而它们都属于社会主义阵营。南斯拉夫后来与苏联闹翻离开了"阵营"，但并没有离开社会主义；二是因为这一称谓是与西欧和西欧国家相对而言的，因为西欧也并不仅仅指地处欧洲西部的国家，实际上还包括中欧、北欧和南欧的国家，就连地处巴尔干半岛东部的希腊也属于西欧范围。

从 1990 年到 1993 年，东欧国家发生了戏剧性的变化。民主德国与德意志联邦共和国合并成新的德国，南斯拉夫社会主义联邦共和国分裂为斯洛文尼亚、克罗地亚、马其顿、波斯尼亚—黑塞哥维那和南斯拉夫联盟共和国等 5 个国家；捷克斯洛伐克和平地分为捷克共和国和斯洛伐克共和国，其他国家则没有变化。1996 年 5 月，黑山与塞尔维亚分手而独立成国。这样一来，原来的东欧 8 国就变成了 13 个国家。这 13 个国家领土总面积为 1161110 平方千米，人口总数约 1.2 亿。当然，这里并不包括还没有被广泛承认的科索沃。

更为重要的是，随着苏联的解体，持续了四十多年的两极格局走到了尽头，以美苏为首的两大阵营对峙的局面也不复存在，"'冷战'已经结束"成为世界流行的说法。与此同时，剧变后东欧新诞生的国家也都不再实行社会主义的社会制度，价值取向上从原来的马克思主义转向西欧的自由主义，对外政策上也从跟随东方转变为面向西方。因此，原来意义的东欧或东欧国家实际上已经不存在了。于是，在国内外相关研究文献中便出现了"中欧""另一个欧洲""中间地带""中东欧"和"后社会主义"等等各种说法。[1] 其中，对于原东欧国家的人来说，他们更愿称其为"中东欧国家"，"因为对他们来说，'东欧'这个词不仅会引起许多令人不快的回忆，还会使他们误认为你继续把它们看作是苏联的'卫星国'"[2]。不仅如此，为了表明与西欧的亲近和对俄罗斯的疏离，一些认为自己属于西方民族的人（如波兰历史学家奥斯卡·哈莱茨基、捷克作家米兰·昆德拉等）还提出了"东中欧"概念，以此说明他们的国家属于"西欧的东边"，而不是"东

1　[英] 本·福凯斯著：《东欧共产主义的兴衰》，张金鉴译，北京：中央编译出版社 1998 年中文版，第 1 页。
2　舒笙，"斯洛文尼亚：巴尔干半岛的'北欧国家'"，载《国际瞭望》1999 年第 11 期。

欧的西部"。[1]

经过二十来年的发展变化，到今天，这些国家无论在政治上还是在经济上，或是在外交上都与过去不可同日而语。波兰、匈牙利、捷克三国于 1999 年，斯洛伐克、斯洛文尼亚、罗马尼亚和保加利亚四国于 2004 年先后加入北约，其中，波兰、捷克、斯洛伐克、匈牙利、斯洛文尼亚五国在 2004 年还成为欧盟的正式成员。尽管如此，它们与西欧国家的区别还是很大的。从横向上看，这些国家在许多方面特别是在经济方面与西欧国家仍有很大的差距。从纵向上看，这些国家仍处于社会转型过程之中，在社会生活的许多方面仍或多或少带有过去的种种痕迹。时至今日，和独联体的其他欧洲国家一样，它们在欧洲乃至在整个世界上仍显得多少有些另类，像欧洲联盟、欧洲议会、欧洲自由贸易联盟等冠以"欧洲"的政治组织和经济组织并没有完全接纳它们。再比如，在联合国贸发会议每年发布的《世界投资报告》中，它们既没有被划到发达国家也没有被列入发展中国家的行列中，而被单列为所谓的"中东欧国家"。[2] 尽管已被纳入了北约和欧盟的势力范围，但是，中东欧的"他者"属性仍然明显地存在。

中东欧是东西方文明影响和大国角逐的场所

中东欧之所以可以成为一个单独区域，还在于这个地区地理位置和地缘政治上的重要性，在于大国在这里没完没了的角逐。

地理位置是一个民族、一个国家或一个地区所拥有的自然条件、人文条件，对其生存和发展都有着重要的影响。人们一直非常看重这种影响，从古希腊到上个世纪20—30年代还存在着一种地理环境决定论。地理环境决定论或许有些过于极端，然而，谁都不能否认地理位置在一个国家和一个地区社会发展过程中所起到的无可代替的作用。地缘政治上的东欧主要是由地理位置上的中欧和东南欧两部分组成。波兰、捷克、斯洛伐克、匈牙利属于前一部分，它们从北至南横贯欧洲大陆的中部，可以说是连接欧洲东部和西部的桥梁。后一部分是东南欧（也就是巴尔干半岛）的罗马尼亚、保加利亚、南斯拉夫和

1　[英]本·福凯斯著：《东欧共产主义的兴衰》，第 10 页。
2　*United Nations Conference on Trade and Development: World Investment Report 2005*，New York and Geneva ,p.288.

阿尔巴尼亚。[1]它们地处欧洲、亚洲和非洲的交会处，西南隔着地中海与北非相望，东南与土耳其领土的欧洲部分接壤并隔着黑海与土耳其的主体相对。

地缘政治是人类社会政治现象的空间分布与地理环境之间的关系，是人文地理的组成部分。从地缘政治角度来观察，中东欧的重要性就更加明显了。中东欧处于不同文明和不同政治文化的交汇处并深受其影响，波兰、匈牙利、捷克、斯洛伐克地处中欧，其民族主要受西欧文明和俄罗斯文明的影响。罗马尼亚、保加利亚、塞尔维亚、阿尔巴尼亚、马其顿、斯洛文尼亚、克罗地亚、黑山等地处东南欧的民族所受的外来文化影响，除了西欧文明和俄罗斯文明之外，还有伊斯兰文明。在巴尔干半岛上，三种文明是分地域、分时段对那里产生影响的。有的民族受西欧文明影响比较大，有的民族受俄罗斯文明影响比较大，有的民族则受奥斯曼文明影响比较大。其中，奥斯曼文明最大的特点是政治传统中功利主义色彩较浓，中央政权不强制要求文化与民族完全同一，不同的宗教与民族只要服从中央政府，负担税赋和杂役就可以在国家组织中保有一席之地。中东欧的社会发展史可以说就是上述这些文明之间不断交汇、融合与冲突的历史，甚至就连东欧的民族构成、价值观念、宗教信仰、国家构成等等都是不同文明交汇、融合和冲突的产物。但总的看来，冲突有余而融合不足，这是东欧政治发展异常曲折的重要原因之一。

由于各种文明的主要载体就是大国，所以，中东欧地区的民族和国家饱受这些大国的侵扰与控制。虽然有个别民族或个别国家在个别时期强盛一时，可相对于西边的日耳曼、法兰西和东边的俄罗斯、土耳其来说，中东欧的民族或国家总体上既小又弱。它们的政治发展始终笼罩在周边大国的阴影之中，从古到今，罗马帝国、拜占廷帝国、土耳其奥斯曼帝国、沙皇俄国、普鲁士、奥地利、奥匈帝国、第三帝国、苏联、德国、俄罗斯、美国都以不同的方式对东欧的民族和国家施加着自己的影响。不仅如此，这些大国为了争夺欧洲和世界长期争斗不已，时常将东欧变成战场，而战争后果的主要承担者往往又是中东欧的民族和国家。有学者认为，中东欧是位于强大势力范围之间的"破碎带"，由于强国势力范围的重叠，战争就最容易在这里发生。[2]还有学者指出，"作为相当弱小和易受攻击的主权民族国家的欧洲的'后来者'，中东欧和东南欧民族获得它的现代的

1　巴尔干半岛上除了这些国家之外，在东南端还有整个希腊和土耳其的少部分领土。

2　[英] P. 奥沙利文：《地理政治论——国际间的竞争与合作》，李亦鸣等译，北京：国际文化出版公司 1991 年中文版，第 89 页。

民族认同、领土和国家地位，至少部分地是通过欧洲大国的恩惠。对这种不幸的困境真切的了解助长了普遍的'民族不安全感'长期存在，也鼓励了这样的宿命论：这个地区的民族通常只能被唤起行动，而不能主动行动，外部大国势力会做出适合它们的领土安排。"[1]命运似乎只给中东欧民族和国家留下了两条出路：要么长期寄人篱下，在被占领、被奴役的屈辱中苦苦挣扎，要么依附于某个大国，甚至为虎作伥，去占领、奴役更小、更弱的民族或国家。由于大国关系的复杂性，大多数中东欧民族的这两种命运往往是交替地出现。

冷战结束后，中东欧国家在不同程度上仍是美国、西欧和俄罗斯争夺的对象。对中东欧国家来说，历史命运似乎有着很强的穿透力。这种现象反映在学术研究上，对于迄今为止尚未完成的北约东扩和欧盟东扩，学者们更多地从北约的新战略、欧盟的新政策、俄罗斯与西方国家之间讨价还价的角度来研究，不大关注从中东欧国家出发来探讨这两个"东扩"问题，更少表达这些国家的利益诉求和内心感受。

需要注意的是，处于东西方大国之间的中东欧国家就像是筹码，虽然很小，可倒向哪一边都可能在一定程度上改变整个欧洲乃至世界的力量平衡。从这个角度说，中东欧对欧洲乃至世界也有着举足轻重的意义。在很大程度上可以这样说，搞不清中东欧的情况，就很难从深层次上理解世界大国之间的关系。

中东欧是社会主义曲折发展的一面"镜子"

东欧国家曾经是社会主义的重镇，但在 20 世纪中后期经历了以喜剧开始和以悲剧结束的大起大落。

第二次世界大战之后，中东欧各国都走上了社会主义道路，成为以苏联为首的社会主义阵营的重要组成部分，也成了地缘政治意义上的东欧。这八个社会主义国家在本国共产党的领导下，利用战争后期和战后初期的有利国际形势，先是完成了民主、民族革命，建立人民民主政权，接着又进行了土地改革和工业的国有化，最终走上了社会主义道路。在以后四十多年的社会主义发展进程中，东欧在内政和外交方面紧紧地依附于苏联，后者在"冷战"期间更是加强了对东欧政治、经济、军事等各个方面的控制。在苏联压力下，

1　Robert Bideleux，Ian Jeffries. *A History of Eastern Europe: Crisis and Change*，New York: Routledeg 1999, p. 1.

原本充满多样性的、"万花筒"般的中东欧被迫接受统一的苏联社会主义模式。除南斯拉夫在某种程度上有所不同之外，其他国家都在朝"苏联化"方向行进。但是，在苏东这个形式上高度统一的社会主义阵营中，中东欧各国自己的发展道路与外来的苏联模式之间，东欧的独立自主诉求与苏联的大党主义、大国主义之间，从一开始就存在着矛盾与冲突。完全照抄照搬苏联模式、接受苏联的领导与尊重本国国情、实现本民族利益相违背，探索一条适合自身特点的社会主义道路、寻求主权独立和与苏联的平等关系又受时代条件和国际环境的制约。这样一来，冲破苏联模式、摆脱苏联的控制和要求独立自主就成了这一时期东欧社会发展的一条主线。

东欧国家按着苏联模式进行社会主义建设的。尽管经济一度得到迅速的恢复和发展，人民群众的生活水平也有一定的提高，但是，由于东欧国家的政治、经济发展水平、历史、文化和传统与苏联有较大的差异，苏联模式的不适应性逐步显现出来。从上个世纪50年代起，东欧一些国家便逐渐开始着手对经济体制和政治体制进行改革，探索适合本国国情的社会主义建设道路，并曾几度形成了高潮。然而，一方面由于这些改革都程度不同地带有反对苏联模式和苏联控制的色彩，因而受到了苏联的阻挠甚至镇压；另一方面，这些改革并没有从根本上冲破苏联模式的束缚。同所有的社会主义国家一样，东欧所奉行的也是那种高度集中的计划经济体制，社会经济在统计数字上"不断增长"，但同时也造成人民群众现实物质生活的"不断短缺"。随着门户陆续打开，东欧人看到了与西欧的巨大反差，心理上原有的平衡被打破，对旧体制产生了极大的怀疑，对当政者完全丧失了信心，彻底改变现状的愿望和要求越来越强烈。持久的危机在各种外部力量的推动下终于演化成剧变，执政的共产党纷纷落马，国家改名换姓，社会主义在东欧不复存在。

剧变以后，中东欧处于社会的全面转轨当中：政治上，抛弃了共产党一党执政的体制，转而实行多党议会制；经济上，从计划经济体制转向自由市场经济；外交上，变追随苏联为面向欧美。东欧的这种"返回欧洲"的全面转轨，从大趋势上看，是不可逆转的。但是，由于各国的情况不同，转轨的难度大小也不一样，有的国家在政治、经济和外交等方面新的体制并没有最终定格。但有一点是可以肯定的，那就是所有这些国家没有一个留恋过去的社会主义制度的，也没有一个想与苏联的后继者——俄罗斯结盟的。从隶属于西欧到受制于苏联，再回归西欧，东欧国家的这种曲折发展过程及其原因，是最值得总结的20世纪社会主义的教训之一。

总之，中东欧因其独特的内涵而成一个独立的区域。与诸如西欧、东南亚这样一体化程度比较高的区域来说，中东欧地区内聚性轻，而不同部分的外倾性重。中东欧区域内的民族多半跨界而居，各国领土大小、人口多少、经济发达程度差别极大，所有这些都大大地制约了一体化的程度。"碎片化"是中东欧的整体特征，也是中东欧最值得关注和研究的地方。

（原文发表于《中共四川省委省级机关党校学报》2013 年第 1 期）

对当前中东欧研究的几点学术辨析

近些年来，随着"一带一路"倡议和"16+1"合作机制的提出和不断升温，中国学术界对中东欧的研究也成了一个热门的"显学"，研究的人员越来越多，研究的范围从学术到实务越来越广，论文、著作和智库报告等研究成果层出不穷。由于中东欧的地理位置、地缘政治以及在国际关系体系中的重要性无可替代，所以，突出对它的研究对于相关学科领域的发展和中国对外关系的现实需要都有着不可低估的意义。不过，在"热浪"当中，中东欧研究也存在着一些值得加以深化和明确的地方。比如，中东欧地区的空间范围到底在哪儿，中东欧近30年社会发展的主要内容是什么，有什么特征，这些疑问对于深化中东欧研究十分必要，但答案要么没有，要么似是而非，语焉不详，在很大程度上影响了中东欧研究的深度和科学性。

中东欧的三个空间范围

在当前国际政治和中国对外关系的理论与实践研究中，毫无疑问，中东欧是一个出现频率很高的词汇。但是，很少有人追问"中东欧"到底是什么含义，中东欧地区的空间范围在哪儿。孔子说："名不正则言不顺。""中东欧"这个核心概念不清，对它的研究也难免出现内涵认知上的混乱、时空定位上的混乱和分析判断上的混乱。

综合字面上的地理位置、内容上的地缘政治等方面因素，本文认为，中东欧至少有三重空间范围。

第一，从字面上看，中东欧是地理位置上的，其范围就是欧洲的中部和东部。欧洲的中部或者说中欧"是欧洲东西南北中五个地理分区之一，包括德国、波兰、捷克、斯洛伐克、匈牙利、奥地利、列支敦士登和瑞士八国"。欧洲的东部或者说东欧也是欧洲的五个地理分区之一，包括俄罗斯、白俄罗斯、乌克兰、摩尔多瓦、立陶宛、拉脱维亚和爱沙尼亚等七国。这15个国家合起来就是地理位置上的中东欧，但是，无论在国际政治实践还是学术研究中，这样组合的中东欧是从来都不存在的。

第二，由地缘政治上的东欧演变而来的中东欧。在第二次世界大战中，实行社会主义制度的苏联和实行资本主义制度的美国、英国等结成了反德国、意大利和日本法西斯主义的同盟。1944年10月，就是在欧洲反法西斯战争胜局已定的背景下，苏联领导人斯大林和英国首相丘吉尔通过秘密会谈就苏联和西方盟国战后各自活动的区域和范围划分达成了默契，这就是后来所谓的"巴尔干百分比"。以后两国外长又多次协商，这个百分比的具体比例也有改动。根据这个"巴尔干百分比"，中欧东部的匈牙利、捷克斯洛伐克和波兰，东南欧（巴尔干半岛）的南斯拉夫、阿尔巴尼亚、保加利亚、罗马尼亚属于苏联的势力范围。西欧、中欧的西部、北欧和东南欧的希腊则属于西方盟国的势力范围。后来，德国一分为二，民主德国（东德）和联邦德国（西德）分属于苏联和西方阵营。这样一来，原本统一的欧洲分为东欧和西欧。需要指出的是，这时的东欧和西欧不是地理位置意义上的，而是地缘政治意义上的。所谓的东欧并不在欧洲的东边，是在中东欧的东半部和东南欧。所谓的西欧也不只在欧洲的西边，而是除欧洲西边之外，还包括中欧的西半部、北欧和东南欧的希腊。地缘政治中的东欧与地理位置中的东欧（当时就是苏联的欧洲部分）完全不是同一个主体。地缘政治中的东欧和西欧主要是社会发展模式上的划分，东欧指的是与苏联结盟、实行共产党一党制、指令性的计划经济和马克思主义一元化的意识形态的社会主义模式，而西欧指的就是与美国结盟、实行政党政治、市场经济和多元化意识形态的资本主义模式。

概括起来说，地缘政治中的东欧有以下几个本质性的特征：第一，与苏联结盟并受苏联控制。第二，共产党是社会发展的唯一主导力量。第三，实行苏联模式的社会主义制度。第四，马克思主义是唯一的指导思想。当然，具体到某个东欧国家，同苏联的结盟和受苏联的控制在程度上有所差别，在社会发展的某些非本质方面有所不同。比如，南斯拉夫走的是所谓自治和不结盟的社会主义道路。但即使如此，南斯拉夫也没有放弃共产党的领导、社会主义制度和马克思主义意识形态，更没有回到西欧阵营，本质上还是东欧国家。

受苏联控制和实行苏联模式的东欧存在了40多年。从1989年开始，由于内部外部多重原因，东欧国家发生了社会制度的快速变化，共产党都失去了执政地位，社会主义制度不复存在，马克思主义也不再是社会的主导思想。更为重要的是，苏联自身也发生了社会制度的变化，而且于1991年年底解体。这些本质性的特征都没了，地缘政治上的东欧也就消失了。于是，在称谓上，相关研究文献中出现了"中欧""新欧洲""中间地带""中东欧"和"后社会主义"等各种说法[1]。另外，波兰历史学家奥斯卡·哈莱茨基、捷克作家米兰·昆德拉等人还提出了"东中欧"概念，以此说明他们的国家位于"西欧的东边"，而不是"东欧的西部"[2]。在这些取代地缘政治上的东欧的概念中，为中外学术界所普遍认可并常用的就是"中东欧"。与原来的东欧相比，中东欧的空间范围及其这里的国家都发生了比较大的变化。第一，民主德国和联邦德国合并，成为西方阵营的德国。第二，捷克斯洛伐克1993年分裂为捷克和斯洛伐克两个国家。第三，南斯拉夫在1991—2006年间先后分裂为斯洛文尼亚、克罗地亚、波黑、马其顿、塞尔维亚和黑山等六个国家[3]。这样一来，加上国家结构没有发生变化的匈牙利、波兰、阿尔巴尼亚、罗马尼亚和保加利亚，中东欧地区一共就有了13个国家。但在地理位置上，这些国家仍然分属于中欧的东部和东南欧，而没有一个东欧国家。苏联解体，分裂成了15个国家，其中，乌克兰、白俄罗斯、摩尔多瓦、立陶宛、拉脱维亚、爱沙尼亚和俄罗斯的欧洲部分都位于欧洲的东部，是地理位置意义上的东欧国家。在"16+1"合作框架提出来之前，人们所谓的中东欧指的就是这13个国家。但显而易见，它们中一个东欧国家都没有。

第三，"16+1"合作框架意义的中东欧。这个合作机制是中国外交部2012年提出来的，中东欧的空间范围除了由地缘政治上东欧演变而来的13国之外，又增加了从苏联独立出来的立陶宛、拉脱维亚和爱沙尼亚等波罗的海三国。没有任何人解释过为什么将波罗的

1　参见[英]本·福凯斯《东欧共产主义的兴衰》，第1页。[波]格泽戈尔兹·W.科勒德克：《从休克到治疗：后社会主义转轨的政治经济》，上海远东出版社2000年中文版。

2　Robert Bideleux and Ian Jeffries, *A History of Eastern Europe: Crisis and Change*, p.10.

3　2008年2月，原为塞尔维亚自治省的科索沃宣布独立，到2012年底已获得97个国家的承认。由于中国尚未正式承认科索沃独立国家的地位，所以，本文不把它作为一个独立国家。

海三国划归中东欧，在"16+1"合作框架提出来之前，无论是学术研究还是现实政治中都没有这样组合的中东欧。不过，本文认为，这 16 个国家被组合在一起也不是偶然的，即它们在成为地缘政治上的东欧国家或在成为苏联的组成部分之前都曾经是欧洲国家。在后苏联空间 15 国中，只有它们有"回归欧洲"的要求，而且回归的程度在原苏联东欧国家中属于最高的。在中欧东部和东南欧，近代民族国家的建立远远晚于欧洲的其他地方，如保加利亚、罗马尼亚是 1878 年，阿尔巴尼亚是 1912 年，匈牙利、捷克斯洛伐克、南斯拉夫、波兰是 1919 年。立陶宛、拉脱维亚和爱沙尼亚 1918 年也都宣布独立并建立了共和国，但后续发展比较曲折，爱沙尼亚随后被德国和苏俄占领，1920 年重新独立，立陶宛独立后首都和东部地区被波兰占领。从社会发展模式上说，它们都可以划归于西欧模式。第二次世界大战之后，前七个国家成为实行苏联模式并受苏联控制的东欧国家，而后三个成为苏联的加盟共和国。在苏联时期，立陶宛、拉脱维亚和爱沙尼亚在 15 个加盟共和国中对苏联的认同度最低，苏联的解体就是从它们要求独立开始的。从西欧模式到东欧模式不是它们的选择，而是雅尔塔体系的结果。所以，当摆脱了苏联模式和苏联控制之后，这些国家（或母体）都以"回归欧洲"（即回归西欧的社会发展模式）为目标。到 2012 年，立陶宛、拉脱维亚、爱沙尼亚、匈牙利、波兰、捷克、斯洛伐克、斯洛文尼亚、保加利亚和罗马尼亚都已加入了北约和欧盟，实现了"回归欧洲"的目标。对于其他 12 个由苏联演变来的国家几乎都没有"回归欧洲"的意愿或可能。"16+1"合作框架提出之后，由这 16 个国家构建的中东欧越来越被中国学术研究所认可，特别是在智库研究和实证研究方面。但在学术界的区域研究和国际关系研究中，中东欧仍然不包括立陶宛、拉脱维亚和爱沙尼。这样一来，在由 16 国组成的中东欧里，就有了东欧西边的立陶宛、拉脱维亚和爱沙尼亚三国。

综上所述，从空间范围上看，"16+1"合作框架提出之前的中东欧是中欧的东部国家和东南欧国家，实际上与东欧没有任何关系，是学术界的一个约定俗成但又是一个内涵混乱的概念。比如，在中国学术领域，将俄罗斯与东欧合起来使用的情况非常多。于是就有这样的疑问："俄罗斯东欧"内涵是什么呢？在"16+1"合作框架提出之后，中东欧的空间范围包括中欧东部（捷克、斯洛伐克、匈牙利、波兰）、东南欧（斯洛文尼亚、克罗地亚、波黑、塞尔维亚、马其顿、黑山、阿尔巴尼亚、保加利亚、罗马尼亚）和东欧西部（爱沙尼亚、立陶宛、拉脱维亚）三个次区域。需要指出的是，在实际操作层面上，

16 国组成的中东欧主要是在"16+1"合作框架中使用，而区域研究里的仍是由中欧东部和东南欧 13 国组成的中东欧，立陶宛、拉脱维亚和爱沙尼亚并不包括在内。但是，由于"16+1"合作框架意义上的中东欧实效性、政治性和"顶层设计"性强，因此，它在中国的政界、民间、实务部门和学术界及智库研究中已成了主流概念。不过，从名实相符的角度说，16 国构建的中东欧似乎更合理一些，但是，这个中东欧缺乏历史和区域的底蕴，不是一个成熟的科学概念，在很大程度上反映了这些国家从东欧转向西欧的过渡性。

中东欧地区近 30 年的三个主题

无论是 13 国组成的中东欧还是 16 国组成的中东欧都经过了差不多 30 年[1]的发展。在这 30 年中，这两种意义上的中东欧国家的主题是什么，国内外学术界几乎是异口同声都将这个主题归为"社会转型"，甚至形成"转型学"，每逢五逢十的整数年代，学术界都会集中出现各种各样的关于它们社会转型的成果。如果说，第二次世界大战之后，这些国家（或它们的母体）从西欧模式转向了东欧模式，这是它们的第一次社会转型，那么，冷战结束后，这些国家（或它们的母体）几乎一致地从东欧模式回归西欧模式，这是它们的第二次社会转型。毫无疑问，社会转型是这些国家 30 年社会发展的主题之一。但是，社会转型能够涵盖所有中东欧国家和每一个中东欧国家的全部吗？

社会转型的讨论，在国内外学术界早已不是一个新话题。本文认为，社会转型的基本含义就是从一种社会发展模式转向另外一种社会发展模式的过渡。就中东欧国家来说，就是从苏联模式向西欧模式、从对苏联的依附转向对西欧的依附，也就是从地缘政治上的东欧变为中东欧的过程。发端于 20 世纪 80 年代末 90 年代初的东欧剧变，是这次社会转型的起点。就主要内容来说，政治上是从共产党一党制转向多党制，经济上是从公有制基础上的计划经济转向自由的市场经济，对外关系上是从依附苏联转向依附西欧，意识形态上是从一元化的马克思主义转向多元化意识形态。事实上，社会转型是全方位的，涉及社会的方方面面。但是，社会转型的这些方面并不是齐头并进的，有的用时长，有的用时短。根据上述主要内容来判断，当通过宪法将政党政治制度确立下来并通过议

---

1   这里所谓的 30 年是一种凑整的说法，而非精准的时间界定。事实上，多数国家是在 1991 年独立的。但是，捷克和斯洛伐克独立成国是在 1993 年，而塞尔维亚和黑山最终独立成国是 2006 年。

会大选将这种制度常态化之后，政治转型就应当视为结束，以后就是政党政治的发展了。当通过相关法律实行了私有化、自由化和市场化之后，经济转型就应当视为结束，以后就是私有制基础之上的市场经济发展了。

但在实践上，中东欧国家的情况并不是这么简单。匈牙利、波兰、阿尔巴尼亚、罗马尼亚和保加利亚在社会剧变过程中，国家结构没有发生变化，有比较完整的过程。但是，这五个国家的 30 年都是社会转型吗？除了在剧变过程中完成了政治转型，在剧变之后的几年中完成了经济转型之外，匈牙利和波兰于 1999 年、2004 年加入了北约和欧盟，罗马尼亚和保加利亚于 2004 年、2007 年加入了北约和欧盟，阿尔巴尼亚于 2009 年加入了北约。那么，在完成了政治转型、经济转型甚至已经完全回到了西欧模式之后，这五个国家的社会还是转型吗？本文认为，不能再用社会转型来形容它们了，因为这些国家已经在新的社会模式下开始了新的发展，社会在新的形态下又开始了新的积累。不过，由于历史上民主化程度、经济发展水平以及与西欧国家联系等方面不一样，这些国家的社会发展的差别也比较明显，有的在转型后社会发展比较顺畅，有的社会发展比较曲折。不仅如此，在新的发展模式中，这些国家运行机制的各个方面是否完善以及由于这些不完善或其他多重内外原因而造成的社会问题、矛盾和冲突，都不应当归因于社会转型，而应属于社会发展的范畴。这种区分的意义在于，它有助人们正确地认识这些国家的发展现状及其原因。所以，社会发展是中东欧国家近 30 年的另外一个主题，而且是越来越重要，甚至在社会转型和国家构建完成之后逐渐成为唯一的主题。

除了社会转型、社会发展之外，中东欧国家的近 30 年还有第三个主题，那就是新国家构建。

如前文所示，社会转型指的是一个国家从一种社会形态向另外一种社会形态的过渡。可是，中东欧大多数国家都是在东欧国家剧变过程中陆续独立而成的新的民族国家。这些国家从独立之日起就是按西欧模式进行新国家构建的，由于母体曾是东欧国家，因此，它们是在"东欧的地基"上搭建的"西欧式的房子"。作为新独立的国家，它们却没有转型之前的经历，一般意义上的社会转型并不存在。虽然都属于新构建的国家，但是，它们的具体情况也不尽相同。捷克和斯洛伐克在独立之前，它们的母体捷克斯洛伐克从 1989 年开始了社会转型，到 1993 年独立的时候已经基本完成了。在此基础之上，捷克和斯洛伐克和平分家，根据商定的比例对捷克斯洛伐克的国家构建和财产进行了分割。

所以，它们的新国家构建也比较顺畅，很快就步入西欧模式下的社会发展。在前南地区的国家中，塞尔维亚是南斯拉夫唯一的继承者，完整地接管了南斯拉夫的国家机构，几乎没有新国家构建问题。但另一方面，塞尔维亚在很大程度上也继承了南斯拉夫的发展模式，从这个角度上说存在着社会转型的问题。斯洛文尼亚、克罗地亚、波黑、马其顿、黑山等国几乎没有从南斯拉夫那里继承任何国家层面上的遗产，都是把原来联邦单位自我打造成新的国家，包括物质上的和制度上的。由于存在着严重的政治分歧、民族矛盾和历史恩怨，这些国家在独立过程中充斥着矛盾、冲突和战争。比如斯洛文尼亚、克罗地亚独立时与塞尔维亚主导的南联邦军队的冲突，波黑三大民族之间的战争，马其顿在国名问题上与周边国家的纠葛等等。所以，这些国家在1991年以后的主题并不是什么社会转型，而是艰难的新国家构建和曲折的社会发展。其中，波黑、马其顿的国家构建过程直到今天也很难说彻底完成，前者是境内的三大民族对统一国家缺乏认同，而后者的国名还没有得到国际社会的普遍认可。但需要指出的是，在新国家构建的方式上，这些国家都是按西欧模式并且在不同程度上由欧盟支持下进行的。[1]

　　总结起来说，中东欧国家最近30年的主题并不一致，有的是社会转型和社会发展，有的是新国家构建和社会发展。也就是说，社会转型并不能包括所有中东欧国家和每个国家近30年的全部，在一些国家社会转型的时候，另一些国家正在构建，只是转型和构建完成之后都汇入社会发展的大潮当中。不仅如此，由于各国的具体情况不同，无论是在社会转型方面还是在新国家构建方面，或是在社会发展方面，中东欧各国之间都存在着某些甚至比较大的差别。比如波兰、匈牙利、捷克、斯洛伐克、斯洛文尼亚、克罗地亚、保加利亚、罗马尼亚、立陶宛、拉脱维亚和爱沙尼亚都已加入了北约、欧盟，除克罗地亚、保加利亚和罗马尼亚之外的国家都是申根国家的成员，可以说已经是"欧洲国家"了。阿尔巴尼亚和黑山已经加入了北约，但还不是欧盟成员，其他国家还在为加入欧盟和北约而努力。但在社会发展模式上，这些国家都是西欧式的，可以说也"回归了"欧洲，只是程度上差别比较大。因此，它们政党政治的稳定程度、经济发展水平也都显现出不同的梯次。以2015年的人均GDP为例，最高的五个分别是斯洛文尼亚（21652.3美元）、捷克（18491.9美元）、爱沙尼亚（17727.5美元）、斯洛伐克（16535.9美元）和立陶宛

1　参见刘作奎《国际构建的"欧洲方式"——欧盟对西巴尔干政策研究（1991—2014)》，北京：社会科学文献出版社2015年版。

（14879.7 美元），而最低的五个分别是阿尔巴尼亚（4125 美元）、波黑（3808.4 美元）、马其顿（5237.1 美元）、塞尔维亚（5426.9 美元）和黑山（7023.5 美元）。[1]

把中东欧各国的 30 年全归为社会转型甚至是终点遥遥无期的社会转型，不仅简单化了丰富的中东欧研究内容，而且也不符合中东欧国家的实际情况，还使界线很清楚的社会转型、新国家构建和社会发展三方面内容混杂在一起，不利于分析中东欧各国有差异的现状及其多重成因。社会转型是一个过渡性的时期，显现出的各种问题也带有过渡性，如旧模式的消退和新模式的完善都需要一个过程。新国家构建重点在主权、人口和领土的认定上面，显现出来的问题多为内部不同民族对统一国家的认同、相邻国家的彼此认同和国际社会对这些新国家的认同。社会发展则是一个国家在新模式基础之上的成长，显现更多的是自身政治文化、历史传统和发展水平所决定的成熟度或完善度的问题。在某些国家或某些国家的某些方面，社会转型、新国家构建和社会发展有交集的地方，但总的来说，它们之间的界线是非常清楚的。

观察中东欧地区最近 30 年的三个维度

在国际政治舞台上，近代中东欧地区的国家和民族都是生存在大国的阴影之下，几乎没有任何独立的选择。它们的"出生证"是大国签发的，生存与发展的"通行证"是大国开具的，它们的生存空间被严格地限定在国际关系史中的威斯伐利亚体系、维也纳体系、凡尔赛体系和雅尔塔体系当中。它们是大国关系的附属品、牺牲品或战利品，而非自己命运的主宰者。也正因如此，人们也习惯于从东西方大国的角度来审视中东欧地区的民族和国家，把东西方的社会发展模式和同东西方大国的关系作为衡量它们的尺度。但是，如果站在中东欧国家角度看，这种大的格局虽然没有也不可能打破，但可以看出它们的社会发展具有多重特征。比如，中东欧国家最近 30 年就具有比较明显的共性、地区性和个性。研究中东欧，这三个特征是非常重要的观察维度。

不论是社会转型还是新国家构建或是社会发展，中东欧国家最近 30 年的主题都是远离曾经的苏联模式而走向西欧模式或者用西欧模式塑造自己，这就是共性。在政治体制

1　世界银行数据库，https://data.worldbank.org/indicator。

上，不管是像匈牙利、波兰、阿尔巴尼亚、保加利亚和罗马尼亚等完整延续下的国家，还是像斯洛文尼亚、克罗地亚、波黑、马其顿、塞尔维亚、黑山等在南斯拉夫废墟上重新构建的国家，或者是从苏联分离出来的立陶宛、拉脱维亚和爱沙尼亚，或是一起实现了社会转型之后又分手的捷克和斯洛伐克，它们都实行了多党制，原来的共产党都已经社会民主党化，成为政党政治的参与者。在经济制度上，中东欧国家尽管在经济发展程度、GDP 总量、人均 GDP 等方面相差很大，但无一例外地都实行了私有化和市场经济。在对外关系上，没有了苏联，中东欧国家无一例外地以融入西欧为最终发展目标，到 2018 年，中东欧 16 国已经有 11 个加入了欧盟，13 个加入了北约。没有加入欧盟的国家都在努力争取，对于北约，只有塞尔维亚因 1999 年的科索沃战争拒绝申请加入。但是，与要求整齐划一的、无视具体国家的国情和历史传统的苏联模式不同，西欧模式的包容度、开放度都比较大，动态性也比较强，没有细节上的社会制度指向。所以，中东欧国家的社会转型和新国家构建不论在表现形式、持续时间和程度上有什么区别或多么大的区别，在去苏联模式化方面却是一样的。另外，西欧模式的社会发展不再有定性化的特征。一党独大还是多党并存，公有制主导还是各种所有制形式同在，都不是特定的社会制度的标识，16 个国家在这方面也都是一样的。

中东欧，特别是由 16 个国家组成的中东欧，是一个内聚性很差甚至没有什么内聚性的"人造"区域，这是中东欧作为一个区域的特点，是观察中东欧地区的第二个重要维度。在"一带一路"倡仪和"16+1"合作框架里，中东欧 16 国被视为一个整体，因此，它的区域性的特征更值得关注。实际上，由 16 国组成的中东欧可以进一步分成三个联系较小甚至没有联系的次区域：波罗的海三国、中欧四国和巴尔干地区九国。立陶宛、拉脱维亚和爱沙尼亚是从苏联分离出来的，与由地缘政治上的东欧演变而来的中东欧几乎没有任何联系。如果硬讲联系的话，1569 年波兰与立陶宛曾合并成立了波兰立陶宛王国并存在了近两个半世纪，它们是在什么程度上的合并也是值得研究的问题，但与本文主题无关，姑且不论。18 世纪末波兰被瓜分后，立陶宛的大部分被沙皇俄国吞并。在近现代历史上，波罗的海三国可以说是"抱团"生存和发展的，民众主要信奉新教或天主教，20 世纪20—30 年代都按西方模式建立了独立国家，第二次世界大战中被苏联和德国争来夺去，战后又都被并入苏联。由于西方长期影响但又被强行并入苏联，波罗的海三国对苏联的认同较弱，而摆脱的意愿很强。所以，它们独立后很快就回归了欧洲。在中欧的东部，匈牙利、捷克、斯洛伐克和波兰四国历史联系也比较密切，在许多方面有很强的同质性，所以，回归欧洲的程度也很高。这四个国家不仅早已加入了北约、欧盟，还组建了 V4 集团。然而，巴尔干地区却完全不同。这里的国家不仅数量多，而且异质性强，在社会转型、新国家构建和社会发展等三个主题上的差别特别大。斯洛文尼亚、克罗地亚、罗马尼亚、保加利亚都已经是北约和欧盟的成员，其中斯洛文尼亚还加入欧元区和申根区。阿尔巴尼亚和黑山只是北约的成员，而其他国家还远近不同地站在欧洲的大门口。在国家建构上，有的国家还面临着很难摆脱甚至无法摆脱的困境。前面提到过，波黑的塞尔维亚、克罗地亚和穆斯林三大民族缺乏对统一国家的认同，马其顿的国名一直得不到国际社会的一致认可，[1] 在科索沃问题上塞尔维亚与许多国家存在着矛盾，斯洛文尼亚和克罗地亚等相邻国家之间还有领土纠纷冲突等等。

　　相对而言，西欧模式要比苏联模式包容性大，开放度更高。如此，"欧洲"对中东欧国家的社会转型、新国家构建和社会发展并没有统一的具体格式要求，如需要什么样的政党，什么样的私有制和市场经济，必须实行哪几种"主义"等等，所以，更不是用强力推行这种模式。当然，中东欧要想加入欧盟、北约等西欧主导的地区组织，中东欧国家必须达到一些标准，但这是另一个层面的问题，实际上与模式无直接关系。从理论上说，中东欧国家也可以选择不加入欧盟和北约等组织，甚至还可以选择不"回归欧洲"，那样也就没有所谓"达标"问题了。在这种情况下，中东欧国家在社会转型、新国家构建和社会发展上受自身的历史传统和政治文化影响比较大，因而都在不同程度上凸显自己的特征。外部影响仍旧存在，但不同区域甚至同一区域里的国家所受的外部影响及其程度却是不一样的。正因如此，中东欧各国无论在社会转型上还是在新国家构建或是社会发展上都不同程度地显示出自己的特点，不用说处于不同区域，即使同处一个区域里，一个国家的状况也不同于另一个国家，真正成了一个五光十色的"万花筒"。由于习惯了用大国标准作为衡量中东欧国家发展的尺度，所以，人们更注重第一个维度的中东欧，而忽视甚至无视第二、第三个维度的中东欧。正因如此，当中东欧国家出现一些在某种程度上有悖于西欧模式的言行时，学者们往往按西欧模式的标准认为其是离经叛道。比如，欧尔班在匈牙利执政后实行的许多内外政策被称为是"逆民主化"，显而易见，评价的

1　2018 年 6 月 17 日，马其顿和希腊两国政府就前者的国名问题签署协议。根据这个协议，马其顿的国名改为"北马其顿"。到此，困扰两国关系的马其顿国名问题算是告一段落。

标准是西欧的，而非中东欧更不是匈牙利的。事实上，匈牙利没有也不可能突破西欧模式，只不过是在西欧模式的框架里更多地彰显匈牙利的现实需要而已。这才是"欧尔班现象"的实质。由于发展的差异比较大，"欧尔班现象"在中东欧国家中将会成为一种常态，只是各有各的内涵和表现。

上述三方面内容是作者根据长期从事中东欧的教学与研究和对这个地区实际考察而提出的一些看法，希望能引起讨论。中东欧的空间范围、丰富内涵和多重特征是历史的、政治的、文化的、地理位置和地缘政治的、现实的等诸多因素错综复杂的叠加，不仅学术研究不能忽视它们的差异性，而且中国在同中东欧进行合作交往过程中更要重视它们的多样性和复杂性。如果一味以我为主、居高临下地认识和对待中东欧，那么，学术研究难以深入，而实际交往也难免曲折。从长远角度看，中东欧地区只是一个过渡，随着欧洲化的深入，它的消失将是必然的。

（原文发表于《俄罗斯东欧中亚研究》2019 年第 2 期）

大国阴影下的东欧社会转型历程

东欧是一个地缘政治概念，大体上源于冷战期间，指欧洲二战分裂后与苏联以及与苏联模式的社会主义制度紧紧联系在一起的民主德国、波兰、匈牙利、捷克斯洛伐克、南斯拉夫、阿尔巴尼亚、保加利亚和罗马尼亚等八个国家。在地理位置上，前四个国家地处中欧东部，后四个国家地处东南欧。东欧从何而来？又到何处去？这些国家冷战之前、之中、之后的社会发展各有什么特点？其中的主线是什么？影响它们社会发展的主要因素有哪些？通过纵向的梳理和对这些问题的回答，本文将展示东欧国家社会发展的曲折性、复杂性及其成因。

民族构成的复杂与不同文明的牵扯

比起与它同期相对应的西欧，比起与它相联结的苏联欧洲部分，东欧最独特之处就是地区的向心力比较差，社会发展主要受控于外部势力。造成这种特殊之处的原因，一是东欧地区的民族繁多、分布比较复杂，二是东欧民族受不同文明的牵扯。

东欧地区的民族既包括在政治体制和现代国家主权上强制划分的群体，也包括在历史传统和文化特征上彼此区分的群体。这两种群体在不同阶段各有侧重，但在更多的时期是交叉在一起的。东欧民族不仅数量多，而且使用不同的语言和信奉不同的宗教，因而构成就更加复杂。世界各地的语言与民族并不总是对应的，但在东欧则成了各民族的重要标识之一，基本上是什么民族讲什么语言。仅就主要民族的语言来说，东欧民族就有分属印欧、乌拉尔的两个语系，拉丁、斯拉夫、乌戈尔和阿尔巴尼亚四个语族，西斯拉夫、南斯拉夫、阿尔巴尼亚、东拉丁和匈牙利五个语支，共有波兰语、捷克语、斯洛伐克语、塞尔维亚—克罗地亚语、斯洛文尼亚语、马其顿语、保加利亚语、阿尔巴尼亚语、罗马尼亚语、匈牙利语十种语言。如果再将其他少数民族的语言考虑在内，东欧的语言种类还要更多。

宗教是一种与人们对超自然力量的信仰相适应的社会文化现象，其社会功能除了可以解除人们的精神紧张，调节人们的思想、意识和行为之外，还可以整合社会。在佛教、基督教和伊斯兰教三个世界性的宗教中，东欧主要民族所信奉的就占了两个，即基督教和伊斯兰教。在天主教、东正教、新教等基督教三大派中，东欧主要民族所信奉的也占两个，即天主教和东正教。在东欧的主要民族中，有的民族内部也有少数人由于种种原因信奉与本民族主要信仰不同的宗教，如一些塞尔维亚人信奉伊斯兰教，一些阿尔巴尼亚人信奉天主教或东正教，但是，大多数民族整体信仰的宗教是一样的。

对民族而言，语言和宗教一方面可以强化民族的构成因素，通过共同的信仰增进人们对本民族的认同感；另一方面，它们又强化了民族的排他性，催生了不同民族之间的对立和冲突。比较起来，宗教由于自身的特点在这两方面的作用更为明显。处于天主教、东正教和伊斯兰教交汇处的东欧地区成了几大宗教力量此消彼长的场所，从而使这一地区各民族间的关系比较紧张。

除了语言和宗教之外，东欧民族构成的复杂性还有两个表现：其一，东欧广泛地存在着许多其他民族，如土耳其人、吉普赛人、犹太人等；其二，各种民族交叉分布，这在东欧民族国家形成之后特别明显，如南斯拉夫的阿尔巴尼亚人，捷克斯洛伐克、南斯拉夫、罗马尼亚的匈牙利人，保加利亚的土耳其人，东欧国家中的吉普赛人等。西方学者将民族的这种分布状况形象地称为"马赛克"[1]。捷克斯洛伐克和南斯拉夫分裂之后，这种"马赛克"现象更显严重。东欧民族与宗教上的复杂性产生的直接后果，就是东欧作为一个整体缺乏认同感和凝聚力，不仅形成不了单独的文明区域，而且不同民族之间的矛盾与冲突比较多，各民族之间的彼此认同感比较低。

与此同时，东欧的地理位置又特别重要。东欧是连接欧洲东部与西部的桥梁和扼守

1　Stephen R. Bowers, *Ethnic Politics in Eastern Europe*, London: Research Institute for the Study of Conflict and Terrorism, February 1992, p.9.

欧亚非三大洲的咽喉要道，分属不同文明的东西方大国从古到今都十分看重对这个地区的争夺和影响，这进一步分化了这里的民族和国家并弱化了东欧整体的内聚力。这些民族的肉体和灵魂被东西方不同文明撕扯。比如，捷克、斯洛伐克、波兰、斯洛文尼亚等民族在人种上与欧洲东部的俄罗斯、乌克兰、白俄罗斯等民族一样，都是斯拉夫人，但宗教信仰却是欧洲西部最流行的天主教。在巴尔干半岛上的斯拉夫人中，塞尔维亚、黑山、保加利亚等民族主要信奉东正教，斯洛文尼亚、克罗地亚等民族主要信奉天主教，马其顿人多数信东正教但少数信伊斯兰教。有西方血统的罗马尼亚民族主要信奉东方的正教，而有东方血统的马扎尔人（匈牙利人）信奉西方的天主教，巴尔干半岛的古老民族阿尔巴尼亚人则三种宗教都信。因此，长期以来，东欧的民族和国家摇摆和挣扎在西欧文明、俄罗斯文明和伊斯兰文明之间，在东西方大国的厮杀和博弈中求生存。

东欧地区历史上的"强国"与近代的民族国家

　　东欧的民族和国家缺少地区向心力，还与它们或辉煌或悲哀的历史记忆相关。这里的民族有的是直接由当地的土著居民发展而成，有的是外来民族逐渐演化而成，而更多的是由前两者融合而成。不论哪种民族，在其早期历史上都曾有过存在时间长短不一、大小不等、强弱不同的国家。在斯拉夫人的早期国家中，保加利亚王国出现得最早。681年，保加尔人打败拜占庭之后建立了第一保加利亚王国，一直存在到1018年。[1] 波兰在8—10世纪出现以城市为中心的维斯瓦、玛佐夫舍、波兰等公国。963年，梅什科一世在这些公国的基础之上建立了统一的波兰王国。这个王国兴衰交替持续了九个多世纪，直到18世纪末被俄普奥三国瓜分后才不复存在。830年，捷克人和斯洛伐克人建立了大摩拉维亚王国，只存在了76年。但在波希米亚，捷克人又建立了延续700多年的捷克王国。880年，布拉尼斯拉夫建立了克罗地亚王国，一直存在到1090年。1200年，斯提芬二世建立了统一的塞尔维亚王国。在非斯拉夫国家中，阿尔巴尼亚从公元前5世纪起就建立了恩凯莱、陶兰特、伊庇鲁斯和阿尔迪安等王国，但到公元前3世纪陆续消失了。1000年，伊斯特万建立了匈牙利王国，存留时间长达500余年。罗马尼亚的瓦拉几亚

1　不过，有的保加利亚学者提出，第一保加利亚王国是库勃腊特于632年建立的。参见 *Божидар Димитров,12 мита в българска история: Фондация. КОМ, София, 2005г. с3*。

于 1290 年、摩尔多瓦于 14 世纪中叶先后建立了自己的公国。

然而，由于内外多方面原因，东欧的早期国家没有一个能够延续下来，能代表它们自身文明最高成就的国家发展全都中断了，没有像英吉利、法兰西、德意志、奥地利、俄罗斯等那样发展成世界性大国。但历尽千辛万难东欧各民族始终生活在世界民族的大家庭之中，只是在自身发展的过程中都被打上了不同程度的欧洲东部或西部的烙印。与交汇于此的世界性大文明相比，东欧的文明显得太弱小了；与承载世界性大文明的大国相比，东欧的早期国家大多也处于弱势地位，偶尔坐大，也是地区性的和暂时性的。除了伊利里亚的几个公国出现的时间比较早之外，东欧其余的早期国家都出现在 7—14 世纪。比较一下时间就不难看出，这也是罗马帝国（公元前 27 年—公元 395 年）、拜占庭帝国（330 —1453 年）和土耳其奥斯曼帝国（1300 —1922 年）兴起和发展的时期。奥斯曼帝国后延的时间虽然较长，但兴盛时期还是在 18 世纪中叶之前。这三个世界性大帝国在征服、统治东欧地区的时候，也强化或推行了它们的文明，如政治文明、宗教文明等。面对这些强大的帝国和帝国文明，东欧地区的各个民族都进行过抗争，有时甚至还取得了暂时的胜利，但是大多数抵抗者或者在抵抗的过程中，或者在失败之后，自身的文明不断褪色，而大国文明的色彩不断加重。

与此相联系，到了近现代，中欧和东南欧国家的社会发展更是笼罩在大国的阴影之中。甚至可以这样说，东欧地区近代民族国家的"生""死"和"怎样活"等重大问题都是由大国决定的。东欧的民族只能听命和认命，而无力抗争。

欧洲民族国家是在文艺复兴以后开始形成的，历时两个多世纪。在西欧，原本封建制度发达而民族认同不强的国家随着封建王权的确立、国际法准则的形成和民族文学文化的发展，逐渐确立了以国家为框架的民族认同。但在东欧，由于历史上的早期国家一体化程度不强以及长期受异族的统治和不同文明的影响，这里民族的政治发展并没有像西欧那样发生明显的变化。不仅如此，就在许多西欧民族国家崛起为世界性大国的时候，东欧各民族却处于东西方大国的压迫之下，为生存和独立而苦苦挣扎，直到 1878—1919 年间才陆续建立起民族国家。东欧民族国家的出现固然离不开各民族长期不懈地争取独立的斗争，但是，为它们开具"出生证"的却是东西欧大国。

摩尔多瓦和瓦拉几亚早在 1861 年底就联合成为统一的罗马尼亚并于 1866 年通过了相应的宪法。但是，欧洲各大国直到 1878 年 7 月才在《柏林条约》中正式承认，同时将比萨拉比亚划归俄国。保加利亚的"自治公国"地位也是《柏林条约》给予的，但在地域上只包括保加利亚北部和索非亚地区。阿尔巴尼亚1912年从俄、法、英、意、德、奥六国外长在伦敦召开的会议上获得了形式上的独立，但实际控制者还是六大国，其领土和人口尚不及阿尔巴尼亚人所希望的一半。塞尔维亚—克罗地亚—斯洛文尼亚（1929年改称南斯拉夫王国）、捷克斯洛伐克、波兰、匈牙利等国的"出生证"则是被各大国"放在"了1919年的《凡尔赛条约》当中。《凡尔赛条约》的制定者根据自身的利益和需要规划了东欧各国的边界，因而使这一地区以民族、宗教、领土、历史为载体的文明更为复杂。欧洲各大国给东欧国家开具的"出生证"都带有种种限制条件，拿着这些"出生证"面世的中东欧国家或者有"内伤"或者是"肢体不全"的"残疾国家"。比如，《特里亚农条约》将匈牙利3/4的领土和2/3的人口割让给捷克斯洛伐克、罗马尼亚和塞尔维亚—克罗地亚—斯洛文尼亚，《讷伊条约》将保加利亚的西部马其顿地区分别割让给塞尔维亚—克罗地亚—斯洛文尼亚、罗马尼亚和希腊。由此造成的民族分布上的"马赛克"现象成为这些国家在相互关系上以及与大国的关系上难以愈合的"创伤"。表面上看，《凡尔赛条约》确立了东欧各国的独立主权地位并且划定了它们的疆界，但背后又潜伏着无限的危机。在这里，"很可能每五个人中就有一个是少数民族，其中一些人安于他们的境况，一些人从最初就吐露过他们的敌意，许多人在经历多年令人沮丧的不平等待遇之后，终于满怀怨恨"[1]。

大国交易与东欧的诞生

地缘政治意义上的东欧产生于第二次世界大战结束之后，其突出的特征就是与苏联紧紧绑在一起，故有"苏东""苏联东欧""苏东地区"等说法。可是，在第二次世界大战之前和之中，民主德国是法西斯德国的一部分，匈牙利、保加利亚和罗马尼亚站在法西斯一边，属于轴心国。波兰、南斯拉夫、捷克斯洛伐克、阿尔巴尼亚亲法国和英国，但都没能逃过被法西斯国家瓜分、占领的命运。其中，波兰还是被德国和苏联瓜分的。无论哪一类国家都没有与苏联结盟的。这些国家在政治体制上有的是资产阶级共和国，

---

1 ［英］艾伦·帕尔默：《夹缝中的六国——维也纳会议以来的中东欧历史》，于亚伦等译，北京：商务印书馆1997年中文版，第214页。

有的是君主国，德国还是法西斯国家。在经济体制上都是以私有制为基础，但发展程度上差别很大，有的是发达的工业国，有的是工业—农业国，有的是比较落后的农业—工业国甚至是农业国。

东欧这些国家不论是追随德意的，还是紧跟英法的，或是试图在德意、英法和苏联之间搞平衡的，在第二次世界大战中的命运都很悲惨。捷克斯洛伐克1939年3月被德国肢解，阿尔巴尼亚1939年4月被意大利占领，波兰同年9月被德国和苏联第四次瓜分，南斯拉夫1941年4月被德意占领。匈牙利在战争期间倾全国之人力、物力和财力支持德国，可当它在严重失败面前略有动摇的时候，1944年3月就被德军占领。罗马尼亚为了保住在《凡尔赛条约》中从邻国获得的领土，20世纪20—30年代先是试图在东西方大国间搞平衡，后与德意结盟。然而，德国为了平衡匈牙利和保加利亚，1940年8月迫使罗马尼亚接受维也纳仲裁，将领土和人口的1/3先后划归苏联、匈牙利和保加利亚。保加利亚为了实现领土收复和扩张在战争中与德国为伍，虽然进退都不像匈牙利那样尽力，但仍没能避免成为德国的"殉葬品"。

总之，这些国家二战前没有与苏联结盟的，在社会发展上与苏联模式的社会主义没有共同之处。然而，地理位置上东中欧和东南欧的这些国家怎么成了地缘政治上的东欧了呢？

有关国际共产主义运动史、世界社会主义等方面的著述都比较强调这些国家某些具有共性的内在因素，如共产党的领导、人民的意愿、反抗或抵抗法西斯运动等。毫无疑问，这些都是需要考虑的。但是，最重要的或许不是这些。比如，从共产党力量的角度看，在后来成为东欧的这些国家中，共产党虽然在二战之前就存在了，但总体上说都是规模较小的，处境艰难，活动有限。除了南斯拉夫和阿尔巴尼亚两国的共产党之外，其他国家的共产党战后初期在国内政治生活中还不占主导地位。另一方面，在后来成为西欧的那些国家，如意大利、法国和希腊等，共产党不仅人数甚众，而且拥有可观的武装力量。可是，这些共产党后来的命运却恰恰相反，东欧的共产党成为社会主义国家的主宰，而西欧的共产党只能在政党政治中求生存谋发展。

对于东欧的出现来说，苏美英等大国在战时的合作和战后的势力范围划分是关键的促成因素。

反法西斯战争胜利的主要原因之一是建立了国际反法西斯联盟，而苏美英则是这个联盟的核心。它们不是一般的国家间联合，而是奉行社会主义制度和奉行资本主义制度的东西方两类国家之间的合作。1941 年苏德战争爆发后，苏联与英美正式结成了反法西斯同盟。它们在反法西斯战争中进行的合作是全方位的，同时也很复杂，自始至终伴随讨价还价并伴以明争暗斗。单从欧洲战场格局看，英美与德国的战场在中欧的西部和南部，而苏联同德国及其仆从国的战场在中欧的东部和东南部。1944 年春，苏联红军把敌军赶出国土后，越过苏波边境迅速向中欧和东南欧挺进。在这种背景下，1944 年 10 月，丘吉尔和斯大林通过密谈就今后各自活动的区域、范围和程度的划分达成了默契，这就是后来所谓的"巴尔干百分比"。以后两国外长又多次协商，这个百分比的具体比例也有改动。最终，中欧的东部和除希腊之外的巴尔干半岛都属于苏联的势力范围。

苏联红军在追歼德国法西斯军队的过程中，先后解放了波兰和捷克斯洛伐克，消灭了匈牙利、保加利亚的法西斯势力，清剿了罗马尼亚境内的德国军队，配合南斯拉夫人民解放军解放了贝尔格莱德，没有到过的只有阿尔巴尼亚。战争结束后，波兰、捷克斯洛伐克和德国东部由苏联占领。匈牙利、保加利亚和罗马尼亚成了战败国，盟国在这些国家中设有管制委员会。委员会名义上由苏美英三国共管，但实际运作中却本着谁占领、谁负责的原则，起决定性作用的还是苏联。"占领土地的人也要把他自己的社会制度强加在自己占领的土地上。每个人都强加他自己的社会制度。只要他的军队有力量这样做。不可能是别的。"[1]在南斯拉夫和阿尔巴尼亚，反法西斯的抵抗运动主要是由共产党领导的，因而在客观上与苏联的联系十分密切，也属于苏联的势力范围。"从大西洋到乌拉尔山脉的欧洲很久以前就分成两个各自单独发展的部分，一部分与古罗马和天主教联系在一起，另一部分与拜占廷和东正教联系在一起。但是，二战之后，这两个欧洲之间的边界向西移动了几百公里，一些认为自己属于西方的国家蓦然发现自己此时处于东方了。"[2]米兰·昆德拉的这段话反映了一部分中欧和东南欧国家民众的心态，也是后来他们逆反苏联控制和苏联模式的隐形底色。

1　转引自［英］本·福凯斯《东欧共产主义的兴衰》，第 5 页。

2　Robert Bideleux and Ian Jeffries, *A History of Eastern Europe: Crisis and Change*, Routledge, 2007, p.8.。

1944 年英苏划分巴尔干势力范围苏联所占的百分比

苏联在东欧的影响	丘吉尔—斯大林协定（10月9日）	莫洛托夫第一次修订意见（10月10日）	莫洛托夫第一个"一揽子计划"（不详）	莫洛托夫第二个"一揽子计划"（不详）	莫洛托夫第三个"一揽子计划"（不详）	莫洛托夫最后提议获得接受（11月）
匈牙利	50%	—	75%	50%	75%	80%
南斯拉夫	50%	—	75%	50%	60%	50%
保加利亚	75%	90%	75%	90%	75%	80%
罗马尼亚	90%	—	—	—	—	—
希腊	10%	—	—	—	—	—

资料来源：Charles Gati, Hungary and the Soviet Bloc（Durham[N.C.]:Duke University Press,1986）p.31.。

东欧社会发展的主线

东欧的产生是美英苏大国之间博弈的结果，这里的民族和国家全部被西欧大国及其承载的文明所抛弃，被置于苏联的控制和影响之下，成为地缘政治上的东欧。政治、经济、外交等"硬联系"的"切割"容易，可文化上"软联系"的"切割"却不易。在冷战岁月中，几乎所有国家都以不同的方式进行过抗争，或者希望保留自身文明的某些特征，如建立具有本国特色的社会主义；或者希望回归西欧文明的某些方面，如建设具有人道面貌的社会主义。但是，东欧国家在这些方面的尝试开始是"喜剧"，进行过程中是"闹剧"，而结局都是"悲剧"。

没有美英苏之间势力范围的划分，这些国家也不可能与苏联结盟和走上苏联模式的社会主义道路。在东欧国家的社会发展中，社会主义既是连接苏联与东欧国家的一条纽带，更是苏联控制东欧国家的一种手段，而且后者从属于前者。

1944—1948 年间，为了维持与西方国家结成的战争联系和维护在战后的既得利益，苏联没有支持甚至反对东欧国家迅速确立社会发展的苏联模式，而推行一种被称为是人民民主的社会制度。有学者指出："斯大林之所以让东欧国家建立人民民主制度，不急于实行社会主义，主要是从同西方国家关系的策略角度，也就是从苏联当时外交政策的需要考虑的。"[1] 其实，人民民主制度就是斯大林维持战时与西方大国合作关系的一种具体化。问题在于，西方国家，特别是美国出于对苏联共产党领导的社会主义制度的本能敌视和反感，再加上独霸天下的欲望，不可能将战时与苏联的合作持续下去。丘吉尔的"富尔顿演说"，凯南的"遏制政策"，马歇尔计划和杜鲁门主义等都是针对或打压苏联的。

所以，苏联与西方国家的战时联盟没能持续多久，很快就被 1947 年开始的"冷战"打破。"冷战"指的是 1947 年开始的美苏之间除了直接动用武力以外的一切敌对行为，范围涉及政治、经济、外交、思想、文化等各个方面。苏联同西方关系发生的变化反映在东欧政治发展上，主要体现为政治上实行了共产党的一党制，经济上实行公有制基础之上的计划管理，对外关系上完全倒向苏联一边，完成与西方的"硬切割"和与苏联的"硬连接"。从这时起，"东欧国家国内生活中清楚地出现了一种新的取向，那就是社会组织的斯大林模式"，[2] 东欧国家发展的苏联模式变成了苏联彻底控制东欧的标志，至此，真正地缘政治意义上的"苏东地区"正式形成。

在以后的 40 多年里，东欧国家在内政和外交方面紧紧地依附于苏联，苏联则是加强对东欧政治、经济、文化、军事等各个方面的控制。原本充满多样性的、"万花筒"般的东欧被迫接受统一的苏联社会主义模式。东欧的独立自主诉求与苏联的大党主义、大国主义之间，从一开始就存在着矛盾与冲突。完全照抄照搬苏联模式、接受苏联的领导与尊重本国国情、实现本民族利益相违背，探索一条适合自身特点的社会主义道路、寻求主权独立和与苏联的平等关系又受时代条件和国际环境的制约。这样一来，冲破苏联模式、摆脱苏联的控制和要求独立自主就成了这一时期东欧社会发展的一条主线。

夹在相互对立的东西方大国之间，东欧这些小国无权、无力也无法决定自己的命运，与苏联结盟并走上社会主义道路是无奈之举。但是，这些国家身上有多种反对苏联控制和苏联模式的基因。在无法公开抗争的环境中，这些基因常常以社会主义建设中的本国特色等形式表现出来。苏联出于自身发展的需要，随着时间推移也必须对体制中的各方面弊端进行改革，同时也要求东欧国家同步跟进以便牢牢地控制住东欧。原本就排斥这

---

1 李宗禹等：《斯大林模式研究》，北京：中央编译出版社 1999 年中文版，第 374 页。

2 Т.В. Волокитина, Г.П. Мурашко, А. Ф. Носкова, Т. А. Покивайлова：Москва и Восточная Европа. Становление политических режимов советского типа (1949—1953): Очерки истории. М.: РОССПЭН,2002г, с.56.

种模式的东欧国家当然乐不可支，不仅跟进，甚至在改革方面走得更远，企图摆脱苏联模式和苏联的控制。于是，改革就时常突破苏联所能够允许的底线。改革还是不改革，改革到什么范围和程度，实际上也都成为苏联控制东欧的一种手段。

苏联对东欧的控制甚至到了出兵镇压的程度。但因属于"苏东地区"内部的事务，西方国家对此只是袖手旁观，从没有从国家角度或国际法角度干预过，更不用说武力干涉了。当然，西方在舆论宣传上攻击、明里暗中支持东欧国家的反对者等方面不遗余力。但是，这些毕竟拿不到台面上来。所以，在东西方大国关系和苏联控制不变的情况下，连接"苏东地区"的纽带就断不了，东欧国家怎么改革都不可能摆脱苏联控制和苏联模式。

转型还是回归?

20 世纪 80 年代末 90 年代初，东欧各国相继发生了急剧的社会制度变革，即所谓的东欧剧变，其实质就是脱离了苏联控制和苏联模式。关于东欧剧变的原因，近 20 多年来，世界上不同的人们怀着不同的心境做出了许多不同的解读。如果不作价值上的判断，除了东欧国家内部政治、经济和民族等方面的深刻危机，一个不可忽视的关键因素就是苏联放松了对东欧的控制和放弃了苏联模式。这又反向地证明了东欧的社会发展受制于大国的事实。

更为重要的是，在这个过程中，苏联于 1991 年底解体，分裂成俄罗斯联邦等 15 个独立主权国家。在控制了东欧近半个世纪的大国不复存在的同时，二战之前控制东欧地区的西欧以及美国启动北约和欧盟东扩，将这些国家拉入自己的怀抱。对东欧国家来说，由于摆脱了在过去近半个世纪牢牢控制它们的苏联和苏联模式，原本就没有彻底消失的"西欧基因"重现并且主导了"返回欧洲"的社会发展进程。于是，东欧国家似乎不仅回到了第二次世界大战结束之前，甚至回到了第一次世界大战结束之前。

民主德国于 1990 年 5 月与德意志联邦共和国（联邦德国）合并成新的德国。南斯拉夫于 1991 ~ 1992 年间解体，斯洛文尼亚、克罗地亚、波斯尼亚和黑塞哥维那、马其顿先后宣布独立，塞尔维亚和黑山则组成南斯拉夫联盟共和国（南联盟）。2003 年 2 月，南联盟改称塞尔维亚和黑山。2006 年 6 月，塞尔维亚和黑山分手，成为两个独立国家。1993 年 1 月，捷克斯洛伐克联邦共和国正式分离为捷克和斯洛伐克。至此，原东欧 8 国演变成了大大小小 13 个国家。[1]

　　东欧剧变之后的国家或剧变之后新诞生的国家价值取向上都转向自由主义和民族主义，绝大多数国家的对外政策也从对苏联的依附转向美国和西欧。与此同时，作为一个独特的地缘政治区域的东欧成为东中欧和东南欧两个地理区域。在称谓上，各种相关研究文献中出现了"中欧""另一个欧洲""中间地带""中东欧"和"后社会主义"等各种说法，但最流行的称谓是"中东欧"。没有了冷战的藩篱，没有苏联的阴影，没有了马克思主义的意识形态，没有社会主义的政治和经济制度，中东欧国家不再有任何共同的硬性约束，在社会发展各方面上的差异性非常突出。

　　在政治制度上，中东欧国家都一改单一共产党执政、单一苏联模式的现状。政党是多元的，其中不占主导的社会主义政党也是多元化的了。除由原共产党演变或分裂而来的社会民主党、社会党以及坚持信仰不变的共产党外，这个地区还出现了许多重建的或新建的社会民主党、社会党、共产党以及其他类型的社会主义政党或团体。与此相适应，这些社会主义政党中虽然有坚持传统马克思主义的，但更多的信奉民主社会主义或社会民主主义。即便是民主社会主义，不同国家的社会主义政党或同一国家不同的社会主义政党也因在社会上和选举中所处的地位而做出各自的解释，国别性、民族性和政党性特点比较鲜明。总结来说，社会主义政党也不再是中东欧占主导地位的政党，而是多种类型的政党之一。除社会主义政党之外，这些国家更多的还是极右翼、右翼、中右翼和中派政党等类型的政党。同时，社会主义不再是这些国家唯一的意识形态，而只是若干种"主义"之一。除社会主义之外，这些国家中还有自由主义、保守主义、民粹主义、民族主义等。多元化社会主义思想淹没在各政治思潮当中，多样化的社会主义政党生存于不同类型政党中间。

　　在经济发展上，中东欧国家以私有制为基础的市场经济都已经确立起来，但发展和完善的程度并不相同，在此基础之上呈现出的经济发展状况也不一样。比如，以 2013 年的人均 GDP 为例，斯洛文尼亚最高，为 22657 美元；人均 GDP 在 20000 美元以下、10000 美元以上的国家有五个，捷克是 19243 美元，斯洛伐克是 18089 美元，克罗地

1　根据"科索沃感谢你网站"（www.kosovothanksyou.com），截止到 2014 年 7 月初，世界上已有 108 个国家承认它的独立，但包括俄罗斯、塞尔维亚、希腊、西班牙、罗马尼亚在内的近 100 个国家尚未承认科索沃独立。由于中国迄今为止尚未正式承认科索沃独立国家的地位，所以，本文不把它作为一个独立国家。

亚是 13655 美元，匈牙利是 13344 美元，波兰是 13075 美元；其余七国人均 GDP 都在 10000 美元以下，罗马尼亚是 8778 美元，保加利亚是 7582 美元，黑山是 7318 美元，塞尔维亚是 5667 美元，马其顿是 5050 美元，波黑是 4866 美元，阿尔巴尼亚是 4108 美元。[1] 笔者曾经比较深入地访问过所有这些国家，GDP 排名靠前的六个国家中，老城、老房屋、老街道保存得都很完好，新城、新楼房、新马路修建得都比较整齐、漂亮和宽阔；公共交通设施比较完善，档次也较高；窗口行业设施比较完备，服务也非常周到，现代化气息比较浓厚，人们的开放度也比较高。后七个国家的城市基础设施都比较陈旧和落后，现代化气息比较淡，但开放度都比较高。当然，人均 GDP 并不能完全反映这些国家的经济发展状况。在这些国家中，相当多的人在海外打工，每年会将大量资金汇回或带回国。这部分钱不计在 GDP 之内，而算在 GNP 中。例如，阿尔巴尼亚 360 多万人中有 100 万在意大利、希腊、德国、法国及西欧的其他国家打工，每年带回或汇回阿尔巴尼亚的资金在十亿美元左右。类似的情况在其他小国中也普遍存在，对这些国家经济发展的影响是很大的。

在"返回欧洲"的程度上，中东欧国家之间的差别也比较大。波兰、匈牙利、捷克、斯洛伐克、斯洛文尼亚、罗马尼亚、保加利亚既加入了北约又加入了欧盟，阿尔巴尼亚只加入了北约，克罗地亚只加入了欧盟。波兰、匈牙利、捷克、斯洛伐克、斯洛文尼亚加入了申根区，其中，斯洛文尼亚和斯洛伐克还是欧元区成员。马其顿、塞尔维亚、黑山和阿尔巴尼亚都已获得了欧盟的候选国地位，克罗地亚是北约的战略伙伴。虽然有个别国家（如塞尔维亚）对北约心存怨恨，但是，中东欧的所有国家要求加入欧盟，如今多数国家已实现了这个目标，其余的正朝这个方向努力。

综上所述，由于地缘政治和地理位置上的重要性，东欧从古到今都被周边大国作为称霸欧洲和称霸世界的重点或起点。这里的民族或国家虽然时常卷入国际政治的漩涡，可从来不是主角，只能是配角或牺牲品。大国在划定势力范围和构建世界体系的时候以自身利益为重，极少考虑东欧民族或国家的利益与诉求，多半将它们当作相互之间讨价还价的筹码或争夺和控制的客体。这种国际政治现象时至今日仍有极强的穿透性，仍然影响着中东欧国家的内政外交。就东欧近代民族国家而论，它们的诞生是大国战争的结果，

1　数据来源：国际货币基金组织官网，http://www.imf.org/external/index. htm。

后来的发展带有"集体漂移"的特点。它们在第二次世界大战之前受制于西欧，第二次世界大战结束后受制于苏联，冷战结束之后又受制于西欧和美国。这种"受制"不仅是外交上的倒向，更重要的是社会发展模式的锁定。在漫长的历史发展过程中，东欧既没有被彻底征服，也没有完全独立。东欧的前生与今世如此，未来又会怎样？这是一个非常值得进一步研究的问题。

（原文发表于《学术前沿》2014年10月号下）

多种文明视角下的中东欧社会发展

从地理位置上说，本文研究的中东欧国家指的是地处欧洲中部的捷克、斯洛伐克、匈牙利和波兰，地处东南欧（巴尔干半岛）的罗马尼亚、保加利亚、阿尔巴尼亚，以及由前南斯拉夫分化而来的克罗地亚、斯洛文尼亚、塞尔维亚、马其顿、黑山、波黑。[1]无论是从书本上还是实地考察，[2]中东欧地区社会发展的特征之一就是其文明的多样性和发展的复杂性。将中东欧作为一个整体来观察、研究的时候，不仅要重视这种特征，而且应当探究其背后的影响因素。从多种文明交融与冲突的大视角去观察、研究中东欧的社会发展，有助于理解它的多样性和复杂性的特征及其成因，也有助于看清东西方大国及其承载的不同文明在中东欧地区的汇聚、融合与冲突。

行走在西欧和东欧之间

中东欧国家社会发展的多样性和复杂性表现之一就是自身定位的矛盾和由此而产生

1　科索沃虽于 2008 年就事实上从塞尔维亚分离出去，海牙国际法庭 2010 年 7 月也在"咨询意见书"中裁定它宣布独立"不违法"，但是，包括中国在内的许多国家尚未承认它。因此，本文暂不将科索沃当作独立国家。

2　2009 年 2—3 月、8—11 月和 2010 年 3—6 月，笔者先利用参加国际会议的机会，而后又在北京大学博诚基金的资助下对东欧（原苏联的欧洲部分）、中欧（波兰、匈牙利、捷克和斯洛伐克）、东南欧（巴尔干半岛）及西欧的奥地利、德国、意大利和瑞士等国的近百个大小城市进行了学术访问和田野考察。

的归属上的不确定性，即它们到底属于西欧还是东欧。学界对此，看法不一。如果从宗教文明、政治文明或民族归类上看，地理位置上的西欧和东欧的界限是比较清晰的，而在中东欧却模糊不清。于是，夹在东方和西方之间的中东欧国家常常在"我是谁"问题上陷入迷惘。比如，斯洛文尼亚、克罗地亚、波兰、捷克和斯洛伐克等国的主要宗教是天主教，这与西欧相同；而主要民族却是斯拉夫人，这与东欧相同。罗马尼亚的主要民族与西欧很近，也自称是罗马人的后裔，但主要宗教却是东正教。匈牙利占主导地位的宗教是天主教，可马扎尔人却带有亚洲血统。塞尔维亚、黑山和保加利亚等国的主要宗教是东正教，而占主导地位的民族却是南部斯拉夫人。阿尔巴尼亚的主要民族是巴尔干半岛上的伊利里亚人，而占主导地位的宗教却是伊斯兰教。在马其顿、波黑等南部斯拉夫人国家，主要民族在信仰上有近西方的，也有近东方的，还有亲伊斯兰世界的。这样一来，中东欧到底属于东欧还是属于西欧，从不同角度会有不同的甚至截然相反的结论。中东欧国家在定位上的矛盾直接的后果有两方面：一是无论是西欧还是东欧对这些国家都缺乏真正的认同感，二是这些国家之间也缺乏真正认同。就前者而言，西欧或东欧同中东欧国家的联系也好结盟也罢，往往都是暂时的利益需要。就后者来说，分离、分裂长期困扰着中东欧国家，这里的矛盾与争端远远多于团结与合作。

由于自身归属上的两面甚至多面性，中东欧国家的西欧或东欧的定位都不是一成不变的，而是周期性发生变化。

第一，中东欧近代民族国家的出现差不多都是大国之间战争的副产品。比如，罗马尼亚和保加利亚的独立是1877—1878年俄土战争的后果之一，阿尔巴尼亚的独立是巴尔干战争的后果之一，波兰的重建、捷克斯洛伐克和南斯拉夫的出现是第一次世界大战的主要后果。当这些战争进行的时候，各个大国势均力敌，中东欧国家的"出生证"往往是各大国讨价还价的结果。因此，这些国家出现伊始自然归属的特征比较明显，即靠西的近西欧，靠东的近东欧，而处于多个大国阴影之下的国家在发展模式则"四不像"。比如，罗马尼亚、南斯拉夫等国既有君主，又有议会，宪法明确规定保护生产资料私有制和个人自由。捷克斯洛伐克是西方式的民主共和国，波兰虽然有个人独裁特点但形式上也是西方式的民主共和国。保加利亚、阿尔巴尼亚和匈牙利则在东方和西方之间挣扎，在归属的一般倾向上，前者更近东欧，后两者更近西欧。

第二，第二次世界大战结束之前，中东欧国家与东欧的联系比较弱。第一次世界大战快结束的时候，欧洲发生了裂变，俄国从帝国主义阵营分离出去，通过十月革命建立起共产党一党领导的社会主义政权。需要指出的是，无论从思想还是实践上看，社会主义的最初起源仍在西欧，俄国的社会主义则呈现出浓厚的东方色彩。20世纪20—30年代开始形成的苏联社会主义模式，从本质上说，就是俄罗斯的政治文明和俄罗斯化的社会主义思想相结合的产物。不过，在第二次世界大战结束之前，苏联是孤独的。中东欧国家无论在内政还是外交上基本上属于西欧，或受制于西欧，总的看来，与西欧联系相当紧密，而与苏联的联系比较疏远。它们政治上有的是西方式的民主国家，有的是披着西方式民主外衣的专制国家；经济上有的是西方式的发达工业国家，有的是西方式的落后农业国家。另外，它们以民族复兴为主旨的科学、文化和教育也都是西方式的。在对外关系上，它们要么站在法西斯国家一边，如匈牙利、保加利亚和罗马尼亚，要么依靠英法而后来成为法西斯侵略的牺牲品，如捷克斯洛伐克、波兰和南斯拉夫等。总之，在这些主要方面，它们与社会主义的苏联几乎没有什么共同之处。不过，苏联同这些国家的共产党有一种特别的联系，即这些国家的共产党都是在苏联的帮助下按照布尔什维克党的模式建立的，苏联通过共产国际直接控制着它们，进而使这些国家的共产主义运动服从苏联的利益。当两者出现矛盾的时候，受到伤害的则是这些国家的共产党。比如，苏联通过它所控制的共产国际先后于1936年、1938年解散了匈牙利共产党中央委员会和波兰共产党。其中，匈牙利共产党的领导人库恩·贝拉还被苏联安全部门逮捕并最终死在苏联监狱。

第三，战后初期和整个冷战期间，中东欧国家归属了东欧并且成为地缘政治意义上的东欧大家庭中的附属部分，而与西欧的联系被彻底"硬切割"，几乎断了任何往来。第二次世界大战快结束的时候，欧洲在地缘政治上分为东西两部分。在以后的40多年里，总体上看，西欧式的多党议会民主制和建立在私有制基础之上的自由市场经济在这些国家基本上都消失了，取而代之的是苏联式的集权和高度集中计划经济，多元化的自由主义、社会民主主义等政治思潮被一元化的共产主义思想所代替。在对外关系方面，多元化的外交被以社会主义为纽带的对苏结盟所取代。西欧的社会发展在很大程度上都成了东欧社会主义的对立面，任何回归的想法和尝试都被视为异端的思想和行为。当然，个别国家在某些方面有所不同，如南斯拉夫自治、不结盟的社会主义，罗马尼亚的独立自主外交，阿尔巴尼亚极端的内外政策，等等，在一定程度上的确与苏联模式有所不同。但是，所有这些不同都是非本质的，并不影响其归属上本质的东欧特性。

第四，冷战结束之后，中东欧国家又整体地回归西欧。经过20世纪80年代末90年代初的社会剧变，中东欧国家不再实行苏联式的社会主义政治和经济制度，价值取向上从原来的苏联式的马克思主义转向西欧的自由主义或民族主义，对外政策也从对苏联的依附转向北约和欧盟。因此，原来地缘政治意义上的东欧或东欧国家实际上已经不存在了，出现了"中欧""另一个欧洲""中间地带""中东欧"和"后社会主义"等各种说法。[1]

不过，原东欧国家的人更愿称自己为"中东欧国家"。之所以这样，"对他们来说，'东欧'这个词不仅会引起许多令人不快的回忆，还会使他们误认为你继续把它们看作是苏联的'卫星国'。"不仅如此，为了表明与西欧的亲近和对俄罗斯的疏离，一些认为自己属于西方的人还提出了"东中欧"概念，以此说明他们的国家所处地理位置是"西欧的东边"，而不是"东欧的西边"。

需要指出的是，上面讲的中东欧国家在西方和东方之间的游走是就整体而言。其实，不同的国家，每个国家社会发展的不同方面在东西欧的"归"与"离"的程度上还是有不小的差别。另一方面，西欧和东欧对中东欧的认同度也不尽相同。

大国或大国关系的遗产

中东欧国家的东西欧空间归属或定位为什么就这么难？之所以如此，是因为在这样一个看似简单问题的背后有很复杂的原因。对此，至少可以从两个路径进行探讨。

一是文明延续与中断的路径。中东欧国家虽然都有自己的早期文明，可惜都没有能整体地延续下来，而先后被大国文明所浸染甚至吞没，在自身文明归属上的矛盾性和不确定性都是大国文明交融与冲突的产物。

文明的内涵十分丰富。一般而论，"文明是人类所创造的伟大成果，它既有物质的，也有精神的，既有政治的，也有经济的、文化的等等，所以我们也可以大致把文明划分

1　Robert Bideleux and Ian Jeffries，*A History of Eastern Europe: Crisis and Change*，p. 10.

为物质文明和精神文明两大类。"[1] 从欧洲地域上看，文明可分为西欧文明和东欧文明。本文所谓的西欧文明，指的是由希腊城邦政治结构和公民文化、古罗马共和精神和法律传统、中世纪基督教政治价值观和二元权力体系，以及日耳曼传统相互迭加与融合的产物，特点是强调民主、共和与法治。[2] 所谓东欧文明，也称俄罗斯文明，指的是受拜占庭文明和蒙古文明双重影响而产生的非欧非亚的一种文明，特点是民主色彩比较淡，专制色彩比较浓。从上述文明的两方面内容和地域两分法来观察，中东欧国家其实有很多方面值得研究。

中东欧这些国家都曾有过自己的文明及其承载者。从民族上看，中东欧国家可以分为斯拉夫和非斯拉夫两部分。波兰、捷克和斯洛伐克属于西斯拉夫国家，而斯洛文尼亚、克罗地亚、塞尔维亚、马其顿、黑山和保加利亚属于南斯拉夫国家。中欧的匈牙利和东南欧的阿尔巴尼亚、罗马尼亚则属于非斯拉夫国家。这些民族出现的过程和方式多种多样，有的是直接由当地土著居民发展而成，有的是外来民族逐渐演化而成，更多的则是由前两者融合而成。中东欧地区民族的这种构成在某种程度上反映了中东欧国家早期文明的多样性和独特性。不仅如此，在早期历史上，这些国家都曾出现过存在时间长短不一的公国或王国。在斯拉夫人的早期国家中，保加利亚王国出现得最早。681 年，保加尔人打败了拜占庭之后建立了第一保加利亚王国，一直存在到 1018 年。波兰在 8—10 世纪出现以城市为中心的部落公国，重要的有维斯瓦公国、玛佐夫舍公国、波兰公国等。963 年，梅什科一世在这些公国的基础之上建立了统一的波兰王国。这个王国兴衰交替持续了九个多世纪，直到 18 世纪末被俄、普、奥三国瓜分后才不复存在。830 年，捷克人和斯洛伐克人建立了大摩拉维亚王国，只存在了 76 年。但在波希米亚，捷克人又建立了延续了七百多年的捷克王国。880 年，布拉尼斯拉夫建立了克罗地亚王国，一直存在到 1090 年。1200 年，斯提芬二世建立了统一的塞尔维亚王国。在非斯拉夫国家中，最早出现王国的是阿尔巴尼亚，从公元前 5 世纪起，北部伊利里亚人就建立了恩凯莱、陶兰特、伊庇鲁斯和阿尔迪安等王国，但存在时间都不算太长，到公元前 3 世纪陆续消失了。1000 年，伊斯特万建立了匈牙利王国，存留时间长达 500 余年。瓦拉几亚于 1290 年、摩尔多瓦于 14 世纪中叶先后建立了自己的公国。

1　马克垚主编：《世界文明史》（上），北京大学出版社 2004 年版，第 3 页。
2　丛日云：《西方政治文化传统》，长春：吉林出版集团有限公司 2007 年版，第 7 页。

不幸的是，由于内外多方面原因，中东欧的早期国家没有一个能够延续下来，那些能代表中东欧国家自身文明最高成就的公国或王国全都中断了，没有像英吉利、法兰西、德意志、奥地利、俄罗斯等那样发展成世界性的大国。但是，这里的各民族不管有多少千辛万苦始终生活在世界民族的大家庭之中，只是在自身发展的过程中都被打上了重轻不同的东欧或西欧的烙印。之所以如此，原因也不奇怪。同交汇于中欧和东南欧的世界性大文明相比，中东欧国家的文明显得太弱小了；同承载世界性大文明的大国相比，这些公国或王国总的来说也都处于弱势地位，偶尔坐大，但也只是地区性和暂时性的。西部斯拉夫人和南部斯拉夫人大体上形成于3—7世纪之间。在非斯拉夫民族中，伊利里亚人是巴尔干半岛的土著居民之一，公元前10世纪就生活在这里。达契亚人与罗马人融合成罗马尼亚人是公元2世纪的事情。马扎尔人则是在9世纪末定居在现今的匈牙利一带。除了伊利里亚的几个公国建立的时间比较早之外，中东欧其余的早期国家都出现在7—14世纪。比较一下时间就可以发现，这也是罗马帝国（公元前27年—公元395年）、拜占庭帝国(330—1453年)和土耳其奥斯曼帝国(1300—1922年)兴起和发展的时期。奥斯曼帝国后延的时间虽然较长，但兴盛时期还是在18世纪中叶之前。这三个世界性大帝国在征服、统治中东欧地区的时候，也强化或推行其文明。面对这些强大的帝国，中东欧地区的各个民族都进行过抗争，有时甚至还取得了短暂的胜利。然而，在此过程中，它们自身的文明不断褪色，大国文明的色彩不断加重。

　　在这方面，中东欧国家错综复杂的宗教就是一个很好的例证。尽管程度上有所不同，但一般而言，受罗马帝国、西罗马及其后继者侵扰或影响的西斯拉夫人，巴尔干半岛上西北的南斯拉夫人，原本受希腊文明影响的阿尔巴尼亚人和有着亚洲游牧民族血统的马扎尔人都接受了天主教。受拜占庭帝国侵扰和影响的其他南部斯拉夫民族，罗马尼亚人则接受了东正教。奥斯曼帝国统治巴尔干半岛的几百年间，阿尔巴尼亚人和一少部分南部斯拉夫人又改信了伊斯兰教，成为穆斯林。其实，在接受基督教之前，这些民族或受希腊影响或受亚洲游牧民族影响，信奉的主要是崇敬自然的多神教。大国征服的不只是他们的家园，还有他们的灵魂。"宗教是人们组织社会生活的一种有力的黏合剂，但同时也是包容憎恨和矛盾的永久性资源。"[1]因此，处于天主教、东正教和伊斯兰教交汇处的中东欧地区成了几大宗教力量此消彼长的场所，从而使这一地区民族

1　Tron Gilberg，*Nationalism and Communism in Romania: the Rise and Fall of Ceausescu's Personal Dictatorship*，Boulder，Colo,：Westview Press，1990, p. 2.

间的关系更为复杂。

二是大国干预和影响的路径。与前者相联系，到了近现代，中东欧国家的社会发展更是笼罩在大国的阴影之中。甚至可以这样说，中东欧国家的"生""死"和"怎样活着"等重大问题都是由大国决定的。对于这些，它们基本上只能听命和认命，无力抗争。

这里所谓的国家指的是近代欧洲民族国家。欧洲民族国家是在文艺复兴以后开始形成的，历时两个多世纪。在西欧，原本封建制度发达但民族认同不强的国家随着封建王权的确立、国际法准则的形成和民族文学文化的发展，逐渐确立了以国家为框架的民族认同。但在中东欧，由于历史上的公国或王国的一体化程度不高，以及长期受异族的统治和不同文明的影响，这里民族的政治发展并没有像西欧那样发生明显的变化。不仅如此，就在许多西欧民族国家崛起为世界性大国的时候，中东欧和东南欧的各民族却处于东西方大国的压迫之下，为生存和独立而苦苦挣扎，直到1878—1919年间才陆续建立起民族国家。中东欧民族国家的出现固然离不开各民族长期不懈地争取独立的斗争，但是，为它们开具"出生证"的却是东西欧大国。

早在1861年底，摩尔多瓦和瓦拉几亚就联合成为统一的罗马尼亚并于1866年通过了相应的宪法。但是，欧洲各大国直到1878年7月才在《柏林条约》中正式承认，同时将比萨拉比亚划归俄国。保加利亚的"自治公国"地位也是《柏林条约》给予的，但在地域上只包括保加利亚北部和索非亚地区。1912年，阿尔巴尼亚从俄、法、英、意、德、奥等六国外长在伦敦召开会议上获得了形式上的独立，但实际控制者还是六大国。不仅如此，独立后的阿尔巴尼亚的领土和人口都不及阿尔巴尼亚人所希望的一半。塞尔维亚—克罗地亚—斯洛文尼亚（1929年改称南斯拉夫王国）、捷克斯洛伐克、波兰、匈牙利等国的"出生证"则是1919年大国签订的《凡尔赛条约》给予的。《凡尔赛条约》的制定者根据自身的利益和需要规划了中东欧各国的边界，从而使这一地区以民族、宗教、领土和历史为载体的文明更为复杂。欧洲各大国给中东欧国家开具的"出生证"都带有种种限制条件，拿着这些"出生证"面世的中东欧国家都是或有"内伤"或"肢体不全"的"残疾国家"。比如，《特里亚农条约》将匈牙利3/4的领土和2/3的人口割让给捷克斯洛伐克、罗马尼亚和塞尔维亚—克罗地亚—斯洛文尼亚，《讷伊条约》将保加利亚的西部马其顿地区分别割让给塞尔维亚—克罗地亚—斯洛文尼亚、罗马尼亚和希腊。由此造成的民族分布上的"马赛克"现象成为这些国家在相互关系及其与大国的关系上难以愈合"创伤"。表面上看，《凡尔赛条约》确立了中东欧各国的独立主权地位，并划定了它们的疆界。但实际上，条约背后潜伏着无限的危机。在这里，"很可能每五个人中就有一个是少数民族，其中一些人安于他们的境况，一些人从最初就吐露过他们的敌意，许多人在经历多年令人沮丧的不平等待遇之后，终于满怀怨恨。"[1] 需要指出的是，欧洲大国故意在中东欧制造出领土、民族和宗教等方面"马赛克"，其目的就是便于它们对中东欧国家的干预和控制。比如，1912 年阿尔巴尼亚独立时领土的划定，《凡尔赛条约》对捷克斯洛伐克、匈牙利、罗马尼亚、保加利亚等国领土的划定等等。

所有这些不仅影响了中东欧地区的文明认同，也影响了这里的国家对东西方的认同。两次世界大战期间，中东欧国家有的追随德意，有的紧跟英法，也有的试图在德意、英法和苏联之间搞平衡。然而，它们后来的命运几乎是殊途同归。捷克斯洛伐克 1939 年 3 月被德国肢解，阿尔巴尼亚 1939 年 4 月被意大利占领，波兰同年 9 月被德国和苏联再一次瓜分，南斯拉夫 1941 年 4 月被德意占领。匈牙利在战争期间倾全国之人力、物力和财力支持德国，可当它在严重失败面前略有动摇的时候，1944 年 3 月就被德军占领。罗马尼亚为了保住在《凡尔赛条约》从邻国获得的领土，20 世纪 20—30 年代先是试图在东西方大国间搞平衡，后在面临东西方大国伤害的现实面前与德意结盟。然而，德国为了平衡匈牙利和保加利亚，1940 年 8 月迫使罗马尼亚接受维也纳仲裁，1940 年先后将领土和人口的 1/3 划归苏联、匈牙利和保加利亚。保加利亚为了实现领土收复和扩张在战争中与德国为伍，尽管不像匈牙利那样尽力，但最终成为德国法西斯的殉葬品。

第二次世界大战后，中东欧国家全部被西欧大国及其承载的文明所抛弃，置于苏联的控制和影响之下。冷战期间，几乎所有中东欧国家都以不同的方式进行过抗争，或者希望保留自身文明的某些特征，如建立具有本国特色的社会主义；或者希望回归西欧文明的某些方面，如建设具有人道色彩的社会主义，这些就是中东欧国家的改革。但是，它们都是以"喜剧"开始，以"悲剧"结束。当苏联对中东欧国家的这种保留自己文明和回归西欧文明进行血腥镇压的时候，西欧国家始终是袖手旁观，很少说"不"字，更鲜有实际干预。在冷战期间，《雅尔塔协定》的签订，使中东欧国家朝向东方还是皈依西方问题上，别无选择。

1　[英]艾伦·帕尔默：《夹缝中的六国：维也纳会议以来的中东欧历史》，于亚伦等译，北京：商务印书馆 1997 年中文版，第 214 页。

东西方文明与中东欧社会发展的多样性

从整体上看，中东欧国家社会发展的文明取向呈现出忽东忽西的特点。但需要指出的是，由于所受的文明辐射强度和大国影响程度的不同，在自身文明留存度、其他文明的浸染度等方面有较大的差距，中东欧国家对东西欧文明的向心力或离心力也有不小的区别。因此，在"集体飘移"的共同表象之下，中东欧国家在不同阶段的社会发展或明或暗都显现着多样性，这在很大程度上映衬着不同文明既提供动力也设置障碍，而这些在冷战后表现得特别明显。

冷战结束后，中东欧国家的社会发展再一次集体步入西欧轨道，即从苏联模式的社会主义制度向西欧政党政治和市场经济的转变。经过近 20 年的发展，这些国家离过去的东欧渐行渐远，而与今天的西欧越来越近。由于内部和外部多重因素的制约和影响，这些国家在社会发展模式和发展水平上的"位移"及其结果都存在着程度不同的差别。

在政治领域，从政党政治角度看，许多国家放弃原来的共产党一党统治下的议行合一的模式，改行多党议会民主制。然而，由于国情不同尤其是民族分离主义影响的强弱差异，这些国家的政治转轨的模式和过程却不尽相同。[1] 捷克、斯洛伐克、波兰、匈牙利、斯洛文尼亚、罗马尼亚、保加利亚和阿尔巴尼亚等国属于自由民主模式。在这些国家中，活跃在政坛上的政治力量主要通过意识形态的区别和政治经济转型的策略来赢得选民。这些国家政治发展的主要标志是民众的政治选择由情感转向理性，政党政治已经形成并且在逐步完善。南联盟（塞尔维亚、黑山）、克罗地亚、波黑和马其顿等前南地区国家的政治转型是民族分离模式。这些国家虽然也都确立了三权分立原则，形成了左、中左、中右、右等各派政党相互分野的政党格局，社会主义政党也都是在西方式的政治框架内沉浮。但是，由于民族问题比较复杂，这些国家不仅民主化进程相对缓慢，而且民族分离主义势力比较强。由于塞尔维亚与黑山 2006 年和平分手，南联盟已不存在。科索沃于 2007 年从塞尔维亚分离出去，已是既成事实。另外，巴尔干的其他一些国家虽然没有明显的分裂主义事实，但对国家的不认同却非常明显。比如，在马其顿，一些阿族人聚居区挂着阿尔巴尼亚的国旗；而在波黑，有的塞族聚居区挂着塞尔维亚的国旗。总之，

1　Milada Anna Vachudova，Tim Snyder，"Are Transitions Transitory? Two Types of Political Change in Eastern Europe Since 1989"，*East European Politics and Societies*，Vol. 11, No. 1, 1997, pp. 1—35.

在这种类型的国家中，民族主义成为主要的政治思潮。各政党的主张，不论是自由主义还是民主社会主义，几乎无一例外地被民族主义所主导。

不过，与西欧比较起来，中东欧的政党政治仍显得不很完善、不很成熟。比如，各种类型政党的分化组合依旧频仍，即使像波兰、匈牙利、捷克、斯洛伐克和斯洛文尼亚这些回归欧洲比较快的国家迄今为止也没有定型的政党格局。另外，在政党的平衡度、政治稳定度等方面，中东欧各国也有比较大的差别。虽然摆脱了过去那种情绪、情感主导政治的局面，但是，由于政党分化和重组比较频繁，这些国家的政党格局差不多都还没有最终定型。中东欧国家政党政治的不够成熟还表现在国家政策的连续性不够，许多国家是一党一朝，这对其内政外交政策产生了相当大的消极影响。各个政党竞选获胜上台执政后，更关心的是本党或本集团的利益，而非从全社会着眼，这在很大程度上影响到国家整体和持续的发展。

从经济方面看，中东欧国家虽然以私有制为基础的市场经济都已经确立起来，但发展和完善的程度并不相同，在此基础之上呈现出的经济发展状况也不一样。透过城市面貌、基础设施、交通工具、物价与民众生活状况、开放程度，以及对比国际权威机构发布的某些经济发展指标，可以看出，中东欧国家的经济发展的差别非常明显。如果用 2009年的人均国内生产总值 (GDP) 来画线的话，斯洛文尼亚和捷克最发达，前者为 2.73 万美元，后者为 2.0858 万美元。处于第二阶梯的国家是斯洛伐克、克罗地亚、匈牙利和波兰，人均国内生产总值分别为 1.76、1.5975、1.5542 和 1.1141 万美元。[1] 总体上看，这些国家老城、老房屋、老街道保存得都很好，新城、新楼房、新马路修建得都比较整齐、漂亮和宽阔；公共交通设施比较完善，档次也较高；窗口行业设施比较完备，服务也非常周到；现代化气息比较浓厚，人们的开放度也比较高。当然，这些都是相对于中东欧其他国家而言的，但与西欧相比较，它们还是明显落后。处于第三个阶梯的有罗马尼亚、塞尔维亚、保加利亚和黑山，它们的人均国内生产总值分别为 9555、6781、6636和 5332 美元。在这些国家里，无论是首都还是中小城市，基础设施都比较陈旧和落后，现代化气息比较淡。但是，这些国家的开放度都不低，其中，罗马尼亚和保加利亚已是欧盟的成员国。经济发展程度相对最低的是波黑、马其顿和阿尔巴尼亚，人均国内生产

1　国内外不同机构统计出的数字也不尽相同，但不会有太大的误差，还是可以说明问题的。

总值分别为 4888、4765 和 3458 美元。比较起来，这三个国家的基础设施更为陈旧和落后。波黑八成的经济设施和一半多住房毁于 1992—1995 年战火，除了农业、交通运输、旅游业之外，几乎没有任何工业。马其顿和阿尔巴尼亚的马路多半坑凹不平，路上跑的小汽车绝大部分是二手甚至三手的旧车，到处都是没有建完的"烂尾楼"。马其顿的经济支柱是旅游业和农业，阿尔巴尼亚则有少量的石油和建材工业。当然，人均国内生产总值并不能完全反映中东欧国家的经济发展状况。在这些国家中，相当多的人在海外打工，每年将大量资金汇回或带回国。这部分钱不计入国内生产总值，而算国民生产总值（GNP）。例如，阿尔巴尼亚 360 多万人口中有 100 万在意大利、希腊、德国、法国及其他西欧国家打工，每年带回或汇回阿尔巴尼亚的资金约 10 亿美元左右。

中东欧社会发展的这种格局与不同文明影响之间的关系也是很明显的。第一，政治转轨越是顺畅、经济越是发达的国家，与西欧一体化的程度就越高。人均国内生产总值 1 万美元以上的国家中，除了克罗地亚还没有加入欧盟和申根区之外，其他国家都加入了北约、欧盟和申根区。其中，斯洛文尼亚和斯洛伐克还加入了欧元区。另一方面，在人均国内生产总值 1 万美元以下的国家中，只有保加利亚、罗马尼亚既加入了北约也加入了欧盟，阿尔巴尼亚只加入北约。另外，阿尔巴尼亚和马其顿虽然不是申根国，但是，非免签国的公民持申根多次往返签证可以进出境，不用再申请该国的签证。第二，在宗教文明归属上，人均国内生产总值处于第一和第二阶梯的国家大多是天主教国家。人均国内生产总值处于第三阶梯的国家大多是东正教国家。人均国内生产总值处于最后一个阶梯的国家大多为三大宗教并存，其中，在阿尔巴尼亚占主导地位的是伊斯兰教，在马其顿占主导地位的是东正教，而在波黑则是伊斯兰教、东正教和天主教并存。

欧盟会成为中东欧国家共同的家园吗？

不论在社会发展方面有多大差别，中东欧国家行进的方向现在看来却是确定的，即"回归欧洲"，也就是要全面融进西欧社会。已经进入北约和欧盟的中东欧国家不用说，正在迈入门槛和走近门槛的中东欧国家几乎无一例外地都将北约和欧盟看成自己的最终归宿。另一方面，西欧也试图通过北约和欧盟的双双东扩，实现西欧和中东欧的一体化，建立统一的大欧洲。

　　然而，这样的大欧洲真的有可能吗？它是可以成为现实的理想还是可望不可及的幻想？

　　说大欧洲是在不远的将来可以成为现实的理想，无疑有一定根据的，似乎为从古到今的许多理论和实践所支撑。在理论方面，早在 15 世纪中期君士坦丁堡被土耳其攻陷的时候，就有人提出，欧洲基督教国家应当组成联盟，共同对抗奥斯曼帝国的扩张。再往后，当美利坚合众国建立后，欧洲也有人提议建立一个欧洲合众国。在实践方面，最早进行这方面尝试的当属以基督教西派主要基地出现的法兰克王国 (481—843 年) 和神圣罗马帝国 (1157—1806 年)。前者包括了后来的德、奥、意、法等西欧主要国家，后者的范围进一步扩大到中欧地区，如今天的捷克、斯洛伐克和匈牙利等国。

　　不过，真正意义上的欧洲一体化还是在第二次世界大战之后启动和逐步发展的。为了能在冷战中逐渐成为国际政治舞台上的一支独立力量，而不仅仅是充当美国的附庸，西欧国家试图通过经济一体化增强自己的实力，从 1950 年代开始寻求建立一个既可摆脱美国控制又能同经互会抗衡的区域性经济组织。1951 年 4 月出现了由西欧五国组建的欧洲煤钢共同体，1955 年 6 月煤钢共同体的原则推广到其他经济领域并形成了欧洲共同市场，1967 年 7 月欧洲共同体正式成立。受冷战格局的影响，1991 年以前的欧洲一体化内容上局限于经济合作，地域上局限于西欧。冷战结束之后，欧洲一体化发生了质的变化。1991 年底，欧共体各国首脑在荷兰南部城市马斯特里赫特召开会议，通过了建立"欧洲经济货币联盟"和"欧洲政治联盟"的《欧洲联盟条约》。两年之后，欧共体更名为欧洲联盟（简称欧盟），正式由一个经济实体向政治经济实体过渡。更为重要的是，也就从这时开始，欧洲的一体化的范围开始越过西欧，向中东欧甚至东欧扩展。经过欧共体时期的四次扩大和欧盟在 2002 年和 2004 年的两次扩大，如今的欧盟已有成员国 27 个，所及人口 4.8 亿，是世界上经济实力最强、一体化程度最高的国家联合体。

　　综合上述，从最初五国的煤钢联合体到欧共体，再到欧盟，再不断地东扩，欧洲的一体化的范围不断扩大，内涵不断加深。冷战期间的西欧和东欧走到了一起，成为一个大家庭的成员。欧盟符合全球化和区域一体化的潮流，对于欧洲乃至世界的和平、稳定与发展都有好处。欧盟宣告成立时，将"多元一体"定为自己的铭言。根据这些，人们似乎也完全有理由对欧盟的发展前景充满期待。

　　然而，现实远比想象要复杂。冷战期间的欧洲一体化是在同一个文明区域内，成员国的基本政治制度和经济发展水平相近。冷战后的欧洲一体化不仅范围是跨文明的，而且扩展的驱动力带有浓厚情感色彩的"政治征服"。因此，观察、评析欧盟的扩大和发展，除了全球化和区域一体化这一历史背景外，还不能忽视中东欧所特有的多元化文明底色。几十个规模大小不同、社会发展程度不同、政治文明背景不同的国家能够真正和谐如一家吗？甚至在不远的将来联合成为一个超级国家？所有这些并不取决于人们的良好愿望，而是取决于一系列难题是否可以得到解决。

　　第一，巨大的经济鸿沟能填平吗？在一体化程度比较高的区域，各成员国家经济实力和经济发达水平虽然有差别，但并不很大。比如，原来的欧共体就是如此。然而，现在的欧盟完全不同，成员国间的经济水平差异巨大。2009年，欧盟国家国内生产总值总量前三位的国家是德国、法国和英国，分别为3.818、2.978和2.787万亿美元。在加入欧盟的中东欧国家中，最多的是波兰（世界排名是第18位），而最少的是保加利亚，分别为5674亿美元和519亿美元。[1]其中，最多的和最少的之间相差10.9倍。至于说那些还没有加入欧盟的巴尔干小国，国内生产总值总量更是微不足道。欧盟人均国内生产总值前三位的国家是卢森堡、丹麦和荷兰，分别是10.4512、5.6115和4.8223万美元。人均国内生产总值后三位的则是中东欧的波兰、罗马尼亚和保加利亚，分别为11141、9555、6636美元。[2]其中，最高的和最低的相差15.8倍。同样，那些没有加入欧盟的巴尔干小国的人均国内生产总值更少。中东欧国家入盟的主要目的就是希望在资金和技术等方面得到更多的好处，而西欧国家除了怀有"政治征服"的心理之外，并不愿意承担太多的"扶贫"义务。因此，在可预见的将来，欧盟成员国之间的经济鸿沟不可能填平，甚至难以"浅化"，由此造成的心理失衡会影响到对大欧洲的认同。

　　第二，不同文明的巨大差异和冲突能消失吗？文化或文明只有不同但无优劣，基督教和伊斯兰教的基本教义也都劝诫人心向善，和睦相处。然而，当宗教为载体的文明成为大国或强国对外扩张、争夺地区和世界霸权的工具时，不同文明之间的矛盾和冲突就会出现。这些国家都强调自己文化的优越性，其宗教文明也显现出严重的排他性，它们之间的矛盾与冲突都披上了"神圣"的外衣。比如，伊斯兰教和基督教自中世纪以来就

1　http://blog. Sina. Com. cn /s/blog_5df263130100caki. Html.
2　http://tieba. Baidu. com/f? kz = 754391419.

处于尖锐对立的状态，始于11世纪末并持续了200年的十字军东征，就是这两大宗教的直接冲突和战争。这些在单一文化区域看不出来什么消极后果，然而，在多种文化交汇的中东欧可就完全不同了。近现代发生在中东欧的许多冲突和战争，奥土战争、俄土战争、巴尔干战争、第一次世界大战，以及波黑战争等等都有文明或文化冲突的色彩。欧盟成功东扩的基本条件之一是欧洲大国力量及其承载的文明力量对比失衡，西欧国家和西欧文明压过东欧国家和东欧文明。可是，不同文明的地域格局并没有改变，欧洲分裂和冲突的软性土壤仍然存在。

第三，民族分布的"马赛克"问题能解决吗？中东欧社会发展多样性和复杂性的基础是民族分布的多样性。这里既有多个不同的南部斯拉夫民族，还有多个的非斯拉夫民族。不仅如此，在中东欧不少民族还跨国而居，你中有我，我中有你，这种跨界的民族分布被西方学者形象地称为"马赛克"。[1] 在中东欧，几乎相邻的国家之间都有民族跨界现象，但比较突出的是罗马尼亚和斯洛伐克的匈牙利人，塞尔维亚、马其顿、黑山和克罗地亚等国的阿尔巴尼亚人，塞尔维亚、波黑、黑山等国的穆斯林。许多"热点"或"难点"问题都与民族的跨界分布有关。其中，影响比较大的，一是跨界民族认同与界内民族分离的问题，如某些跨界民族对其所在国的认同感差，而对界外母国的认同感强，"大阿尔巴尼亚"和科索沃独立是这方面典型的例子；二是跨界民族聚居区归属的争端，如特兰西瓦尼亚之于罗马尼亚和匈牙利，科索沃之于塞尔维亚和阿尔巴尼亚等，差不多相邻的国家之间都有此类问题，映射的是一些民族的辉煌和另一些民族的悲哀；三是诸如大阿尔巴尼亚主义、大塞尔维亚主义之类的民族主义政治思潮的出现也都与跨界民族有着密切的关系，这些思潮共同的表现是，对外普遍扩张，对内否认、歧视和同化少数民族；四是相关国家的内部民族关系、相邻国家间的关系及地区的国际政治都变得复杂起来。

第四，好不容易获得的独立能够轻易放弃吗？作为超级国家的欧盟在一体化方面程度越高，就越要求其成员国让渡更多的主权，甚至为"大家"而舍"小家"。这对那些历史比较久远的大国来说，影响可能不大，它们在欧盟这个统一大家庭里什么时候恐怕都是家长。然而，对那些费了九牛二虎之力才诞生不久的国家来说，这种影响恐怕是致命的。在这方面，前南地区的塞尔维亚、黑山、马其顿、波黑、克罗地亚、斯洛文尼亚

1　Stephen R. Bowers，"Ethnic Politics in Eastern Europe，" in *Conflict Studies*，No. 248，February 1992，p. 9, London: Research Institute for the Study of Conflict and Terrorism.

等国最典型。独立建国是各个南部斯拉夫人几个世纪的愿望，为此他们用眼泪、鲜血乃至生命不懈地争取独立，但直到十几年前、几年前他们的梦想才成为现实。斯洛伐克和现在还没有正式身份证的科索沃也有着同样的情感和经历。这些国家无疑都想加入欧盟，可它们心甘情愿地"自我消失"在这个大家庭里吗？许多年来争吵、打斗的"邻居"甚至"冤家"能和睦相处吗？

由于上述问题不同程度存在，欧盟未来的发展最多也只能是哈布斯堡王朝那样的超级国家，形式可以维持，但很难永存。更悲观一点说，历史地看，分久必合、合久必分是欧洲的一种常态，大国争霸也是欧洲的一种常态。中东欧正处于三大文明交汇处，也是统一欧洲的裂缝地带。在内部的离心倾向和外部的拉拽效应双重作用下，作为一个超级国家的欧盟是可望不可及的，统一的大欧洲更多只是美好的愿望而已。

结语

一个地区之所以能够被作为单独的研究对象，必定有其自身独特性。与世界上其他地区相比较，中东欧最突出的特点就是复杂。民族种类和分布复杂、宗教文明复杂、社会发展复杂、区内外的国际关系复杂，以及大国影响复杂等等。然而，更复杂的是，所有这些又纠结在一起。单用一个标准，仅从一个角度，只讲一个国家，都难反映出中东欧地区社会发展的全貌，经济、政治、外交等等都是如此。可是，多标准、多角度对这些国家的研究，很难使观察、研究的焦点集中。因此，对中东欧研究而言，最重要的恐怕是要找出一个无论从纵向进程还是横向分布都能涵盖的路径，进而能够依次、按层简化上述种种"复杂"并拆开它们之间的纠结，使五彩缤纷的现象都有逻辑上的归宿。就本文而言，这个路径就是文明、文明的承载者及互相关系。通过这些路径分析，通过一些表层现象及偶然事件，可以找到其历史发展的内在逻辑关系和潜在动因。因此，中东欧国家今后的社会发展仍将受制于不同文明及其大国载体之间的矛盾与冲突。

（原文发表于《国际政治研究》2010 年第 4 期）

认同政治的挑战

——中东欧在民族关系、国家建构和区域整合中的困境

　　认同政治，有学者也称之为身份政治[1]，通常用于描述民族国家（特别是多民族国家）的社会发展和区域整合的状态。就前者而言，它指的是寻求、维持和强化社会成员对民族国家的政治认同。就后者而言，它指的是民族国家在区域整合过程中的相互博弈。政治认同是人们对某种客观存在或接纳或包容或排斥的心理状态及相应的行为表现，而政治博弈则是各种政治认同之间的相互关系。世界上的人是形形色色的，客观存在是多种多样并且是动态的，所以，无论是民族国家的政治认同还是不同国家对区域整合的态度也都非常复杂。正因如此，在区域国际政治中，不同民族和不同国家始终纠结在各种认同当中，由此而生的认同政治就极为复杂。从内容上说，认同政治要探讨的就是政治认同程度及其内在的和外部的各种因素影响。影响因素越多，民族国家的认同感就越弱，由它们构建而成的民族国家和区域整合中的矛盾、冲突甚至战争就多。认同程度观察的是认同政治的表象，而解构各种影响认同的因素则是探究认同政治的内在动因。

　　本文研究的对象是一个民族关系复杂、国家构建坎坷的区域，重点探讨该地区认同政治历史、现实及其影响因素。世界几乎没有不存在认同政治的区域，但在认同程度上

1　王缉思：《当代世界的身份政治和"文明冲突"》，http://www.aisixiang.com/data/120874.html，2020 - 04 - 11。

和影响认同的因素多少上却差别极大，而集内部和外部重要影响因素于一身的却只有中东欧。外在的文明冲突、大国争霸、国际体系约束，内在的民族不同、信仰差别、历史恩怨都在不同程度上影响着这里的民族关系、国家构建和区域的整合。这些因素持续的时间不一，但其中的许多至今依旧存在并在不同程度上挑战中东欧的认同政治。

中东欧是冷战后出现的对原来地缘政治上东欧的一种称谓，从字面上看，这似乎是在欧洲的中部和东部，其实，它的内涵与外延都与欧洲中部和东部是少许重叠多半错位，地理位置上属中欧东部和东南欧。中东欧接续于第二次世界大战后出现的地缘政治意义上的东欧，而在东欧出现之前的欧洲是除苏联之外的一个整体。属于东欧的国家有中欧东部的民主德国、捷克斯洛伐克、匈牙利、波兰和东南欧的阿尔巴尼亚、南斯拉夫、保加利亚、罗马尼亚，一共八个国家。东欧的基本特征是受苏联控制和实行苏联式的社会主义制度（以下简称苏联模式）。冷战结束后，苏联解体了，这些国家也都放弃了苏联模式，社会发展回归欧洲模式。东欧不复存在了，后续称谓很多，但逐渐在学界通用的是中东欧。在社会转型过程中，民主德国与联邦德国合并，而实行联邦制的捷克斯洛伐克和南斯拉夫都解体了。捷克斯洛伐克和平分家，1993年分别建立捷克和斯洛伐克两个独立共和国；南斯拉夫则从1991年开始在战争的血雨腥风中不断分裂，到2006年形成六个独立国家。这样一来，不算地位未定但事实已经独立的科索沃，中东欧共有13个国家，在地理位置上中欧东部有四个，东南欧有九个。不过，近十多年来，在西方学者、中东欧国家的学者和俄罗斯学者越来越不把中东欧作为一个整体的时候，中国学界出于国家对外交往的需要而强化了中东欧的整体性，不断扩大它的外延，2012年和2019年先后将原属于苏联的波罗的海三国和属于西欧的希腊纳入到中东欧范畴里来。中东欧国家数量扩大到17个后，其范围涉及冷战期间的东欧、苏联和西欧。在区域研究中，在相当长的时期里，国内外学术界研究的是地缘政治上的东欧和它的后继称谓中东欧，既没有波罗的海三国更不包括希腊。将波罗的海三国和希腊纳入进来之后，中东欧在内涵与外延与以往的中东欧完全不一样了。本文旨在从历史和国际视域来关注现在中东欧的多样性和复杂性，所以，没有延续传统研究，而是由这17个国家组成中东欧作为研究对象。[1]但是，由于波罗的海三国和希腊都是中东欧的"迟到者"，文中论及的重点还是中欧东

---

1 到底如何界定中东欧，学者们有不同的看法，这是一个值得研究的问题。本文只是以由17国组成的中东欧为研究对象，而不意味着对这样的区域组合的认同。

部和除希腊之外东南欧 13 国。

中东欧历来就是帝国争霸的舞台，受制于大国关系和国际体系。这里的民族命运坎坷，相互关系复杂、国家构建艰难。正因如此，中东欧地区千百年来动荡不已，充斥着各种矛盾、冲突和战争。如今，由于整体上回归欧洲，还由于中国倡导的"17+1"，中东欧表面上显现出较强的认同或被认同，要么是思乡的游子归来，要么是亲密的合作伙伴。中东欧认同政治的这种状态固然是向好的，但仔细想来，影响中东欧认同政治变数的因素多半都还存在，而认同政治的错位和背离也使中东欧的民族关系、国家建构及区域整合面临着种种挑战。

民族的多样性和复杂性

民族是构建一个国家或一个地区的基本要素，数量越多，形成认同政治就越难。不仅如此，民族本身就是一个混沌概念，民族学、政治学、社会学、人类学、人文地理学等都对其有自己的解释。受苏联和西方的双重影响，中国学术界对民族的基本解释有两种。从政治体制和现代国家主权上强制划分的群体叫民族（nation），从历史传统和文化特征上彼此区分的群体叫族群（ethnic）。[1] 事实上，在中东欧，这两种意义上的民族都有，但在不同历史时期和不同国家有所侧重。不过，作为本文研究对象的民族，特指近代之前建立过王国或帝国、近代以来独自或合伙建立过民族国家的群体，而不包括众多其他群体。中东欧这样的民族有捷克人、斯洛伐克人、匈牙利人、波兰人、阿尔巴尼亚人、斯洛文尼亚人、克罗地亚人、塞尔维亚人、黑山人、马其顿人、波斯尼亚克（波黑穆斯林）人、希腊人、保加利亚人、罗马尼亚人、立陶宛人、拉脱维亚人、爱沙尼亚人。

目前，由上述 17 个国家构成的中东欧领土面积 148.48 万平方公里（约相当于中国新疆面积的 70% 多一点），人口近 1.3 亿（只比中国广东多不到 200 万）。但是，中东欧民族的多样性和复杂性却十分突出。多样性不仅指这些民族的数量，更在于它们的类别比较复杂。比如，中东欧地区的民族还与多种宗教、多种语言文字交错地组合在一起。因此，与其他区域相比，中东欧的民族不仅多样性强，而且相互关系非常复杂。语

1　参见郝时远，"ETHNOS（民族）和 Ethnic group（族群）的早期含义与应用"，载《民族研究》2002年第 4 期，第 1—10 页。

言和文字是人类交流思想、沟通情感的主要工具，每个民族自己的语言叫母语，通常有较强民族和地域的独占性、排他性。根据语言的谱系分类法，中东欧的民族分属印欧和乌拉尔两个语系，拉丁、斯拉夫、希腊、阿尔巴尼亚、波罗的、乌戈尔、芬兰七个语族及再下一级的语支，各民族几乎是各有各的语言和文字。宗教信仰是一种与人们对超自然力量的信仰相适应的社会文化现象，宗教与民族也紧紧地联系在一起，虽然也有很强的排他性，但分布是跨民族的。相同的民族可以信奉不同的宗教，不同的民族也可以信奉相同的宗教。中东欧民族主要信奉的是世界性三大宗教中的两个——基督教和伊斯兰教。基督教又分天主教、东正教和新教三派，在中东欧都有自己的信徒。民族同语言文字、宗教信仰的独占性、排他性的错位混搭，是中东欧民族的一大特色。（参见表1）

表1 中东欧地区语言和宗教情况

民族	语言所属（语系、语族、语支）	主要宗教
捷克	印欧语系斯拉夫语族西拉夫语支	天主教
斯洛伐克	印欧语系斯拉夫语族西拉夫语支	天主教
匈牙利	乌拉尔语系乌戈尔语族	天主教、新教
波兰	印欧语系斯拉夫语族西斯拉夫语支	天主教
斯洛文尼亚	印欧语系斯拉夫语族南斯拉夫语支	天主教
克罗地亚	印欧语系斯拉夫语族南斯拉夫语支	天主教
塞尔维亚	印欧语系斯拉夫语族南斯拉夫语支	东正教
波黑	印欧语系斯拉夫语族南斯拉夫语支	伊斯兰教、天主教、东正教
黑山	印欧语系斯拉夫语族南斯拉夫语支	东正教
北马其顿	印欧语系斯拉夫语族南斯拉夫语支	东正教、伊斯兰教
阿尔巴尼亚	印欧语系中的独立语言	伊斯兰教、天主教、东正教
希腊	印欧语系希腊语族	东正教
罗马尼亚	印欧语系拉丁语族东支	东正教、天主教
保加利亚	印欧语系斯拉夫语族南斯拉夫语支	东正教、伊斯兰教
立陶宛	印欧语系波罗的语族东波罗的语支	天主教、东正教
拉脱维亚	印欧语系波罗的语族东波罗的语支	新教、东正教
爱沙尼亚	乌拉尔语系芬兰语族	新教、东正教

图表来源：笔者自制。

在世界上大多数区域里，民族都是多样性的，但彼此差别像中东欧民族之间这么大的并不多。在世界上大多数区域里，民族也都信奉不同宗教，但世界两大宗教三大派从外汇聚于一地，中东欧几乎是唯一的。中东欧民族多样性和复杂性有显性的表现，前者如马赛克式的分布，不同的宗教信仰、各自的语言文化、价值取向和传统特征等等。后者如民族主义情绪、自身的优越感和对其他民族的怨恨心理等。所有这些在中东欧发展中不是推进认同政治的顺畅发展，相反，经常在民族关系和国家构建中造成重重障碍。

早期国家兴衰的记忆

在中东欧地区，除个别民族外，大多数民族的形成时间都是比较早的。大概说来，在西斯拉夫民族中，波兰人形成于公元 10 世纪前后，捷克人和斯洛伐克人形成于公元 5—7 世纪。在南斯拉夫民族中，斯洛文尼亚人、克罗地亚人、塞尔维亚人、黑山人和马其顿人形成于公元六世纪以后，它们是由公元 4—5 世纪欧洲民族大迁徙时南下巴尔干的斯拉夫人与当地不同的土著居民融合而成的。波黑地区的穆斯林原本也是斯拉夫人，公元七世纪到这里的时候，语言和宗教与其他南斯拉夫人一样。公元 15 世纪被奥斯曼帝国征服后，他们皈依了伊斯兰教，宗教信仰和生活习俗越来越接近土耳其人，但一直没有独立的民族身份。直到 1971 年，南斯拉夫才认定波黑穆斯林是一个独立民族（波斯尼克）。保加利亚虽然也是南斯拉夫人，却有完全不同的起源。公元四世纪，作为游牧民族保加尔人从亚洲进入欧洲，到七世纪末，他们与已经被斯拉夫化的色雷斯人相融合，逐渐形成了保加利亚人。在非斯拉夫民族中，希腊是西方文明的发源地，早在公元前 20 世纪古希腊人就形成了。阿尔巴尼亚人也是巴尔干半岛上的古老民族，先祖伊利里亚人在公元前 1000 年就居住在巴尔干。罗马尼亚人的祖先是达契亚人，早在公元前 2000 年就已形成，但以罗马为宗的民族形成于 1—2 世纪。公元五世纪前，匈牙利人（马扎尔人）就形成于乌拉尔山以东鄂毕河流域及里海以北地带，公元 800 年左右到了今天匈牙利这个地方。立陶人在公元 13 世纪形成民族，而拉脱维亚和爱沙尼亚则在公元 15—16 世纪形成民族的。

但在国际舞台上，从总体上来说，中东欧这些民族都属于弱者，他们扮演的是配角甚至只能当看客。不过，它们几乎都有自己的早期国家，其中一些民族在某个特定时间段还成了地区性的大国。这些大国不是现代意义上的民族国家，而是疆域人口伸缩性都很大的王国或帝国。但是，这些国家都没有能持续存在下来，那些曾强极一时的王国或帝国是交替出现，在以疆域和身份展示某一个民族的历史辉煌时，对另一些民族来说记载的却多半是悲哀。这种反差的历史记忆都在不同民族中延续下来了，彼此心中都有解不开死疙瘩。同样是一段历史或一个事件或一个人物，每个相关的中东欧国家的写法与评价都不一样。（参见表 2）

表 2　中东欧地区民族国家的历史变迁及民族构成

国名	存续时间	鼎盛时期所及的中东欧疆域	治下的中东欧民族
古希腊	公元前 800 年—公元前 30 年	希腊、北马其顿、阿尔巴尼亚东南地区、保加利亚西南地区	伊利里亚人
保加利亚王国	681—1018 年 1187—1396 年	保加利亚、罗马尼亚南部、匈牙利南部、塞尔维亚、马其顿、阿尔巴尼亚	罗马尼亚人、马扎尔人、塞尔维亚人、马其顿人、阿尔巴尼亚人
塞尔维亚王国	1217—1459 年	塞尔维亚、北马其顿、阿尔巴尼亚、希腊、保加利亚	马其顿人、阿尔巴尼亚人、希腊人、保加利亚人
波兰	966—1797 年	波兰、立陶宛	
大摩拉维亚帝国	830—906 年	捷克、斯洛伐克、波兰的克拉科夫地区、匈牙利的潘诺尼亚地区	部分波兰人、部分匈牙利人
捷克王国	895—725 年	捷克、斯洛伐克	斯洛伐克人
匈牙利王国	1000—1526 年	匈牙利、斯洛伐克、克罗地亚、特兰西瓦尼亚地区、西里西亚地区	斯洛伐克人、克罗地亚人

图表来源：笔者自制。

相关说明：（1）表格的中东欧是指目前的地区范围；（2）表格第三列指的该国在鼎盛时期的疆域，与其兴起时和衰落时的疆域有较大差别；（3）所及疆域不包括中东欧以外的地区，所及民族也不包括本文所界定的民族之外的民族。另外，对这些早期国家来说，上表列出的疆域和治下的民族不是完全精准的描述；（4）波兰疆域最大时是在与立陶宛合并后，大摩拉维亚帝国是捷克人和斯洛伐克人合建的；（5）在中东欧地区的早期历史上，还有过一个人同时是相邻两国或三国的国王。这种情况虽然不能简单地说成是统治与被统治的关系，但给不同民族留下的也是不同历史记忆。

这些王国强盛的标志之一是向周边拓土开疆扩大地盘，中东欧民族之间发生过许多争夺领地的冲突和战争。于是，中东欧相邻的民族之间就说不完道不完的历史恩怨。一部中世纪的中东欧史，除了讲大国对这里的征服和这些民族的反抗之外，另一个重点就是这些民族之间的恩恩怨怨。有过强盛国家的民族留恋自己曾有的辉煌，而那些弱小的民族也同样珍惜自己曾有的国家，哪怕它们存续的时间很短。时间的流逝可以医治历史伤痕，但抹不去历史记忆。对于共同经历过的历史和共同过的空间，中东欧的许多民族、许多国家却难有认同。比如，科索沃到底是阿尔巴尼亚人的"文明摇篮"还是塞尔维亚人的"革命圣地"？是匈牙利人还是罗马尼亚人先到的特兰西瓦亚？比如，对到底谁是特兰西瓦尼亚的"捷足先登者"这一争议，有学者称：匈牙利和罗马尼亚的历史学家都试图证明自己的祖先是那里最早的定居者。罗马尼亚人认为，他们是达契人和罗马人的后代，自罗马时代以来就一直居住在这里；匈牙利人则认为，罗马尼亚人 12 世纪才从瓦拉几亚迁至特兰西瓦尼亚。[1] 考证这些不同说法孰是孰非，非本文主题所及，但它们足以说明这是一个融入到民族灵魂中的政治认同的障碍因素，很难消融，民族情感和历史恩怨的流露往往映射出的都是对某一段历史或某一疆域的不认同。所以，美国历史学家彼得·F. 休格 (Peter F. Sugar) 曾谈道，"对中东欧地区的大部分历史学家来说，他们更倾向于写关于自己国家的历史。因此，迄今为止没有一部综合的、将这一地区作为一个整体进行研究的历史著作出现在任何一种语言中。"[2] 这段话中的"迄今"只是到 20 世纪 90 年代初，但休格所说的这种现象在近 30 年依然如故，而且不会有改变。

不同大国文明的遮蔽

中东欧位于欧洲中部和东南部，各民族的栖息地都处在周边的世界性大国之间，所以，他们的生存与发展始终为不同大国文明所遮蔽。由于地缘政治和地理位置都很重要，大国争霸和文明冲突在中东欧地区表现得特别突出。中东欧地处古代希腊文明和罗马文明、

1　Jean W. Sedlar, *East Central Europe in the Middle Ages, 1000-1500*, Seattle: University of Washington Press. 1994, p.8.

2　Peter F. Sugar, *Southeastern Europe under Ottoman Rule, 1354-1804*, University of Washington Press, 1993, p.ix.

中世纪的东正教文明和伊斯兰文明的交汇处，其中，后三种文明的影响最大，而这三种文明的载体是罗马帝国、拜占廷帝国和土耳其奥斯曼帝国。概括而言，中东欧国家要么属于某种文明的边缘地带，要么深受两种或三种不同文明的共同影响。中东欧各民族形成的时间前后差别比较大，形成过程的长短也不一样。它们形成的时候正值罗马帝国兴起和分裂，因而受罗马帝国和拜占廷帝国的影响比较大，从一开始就背负着天主教和东正教两种文明冲突的十字架。公元 14 世纪，奥斯曼帝国向东南欧扩张之后，中东欧民族的文明归属被进一步撕裂。

罗马帝国兴起于公元前 27 年，终于公元 395 年。经过几百年的不断扩张，罗马帝国顶盛时期的疆域横跨欧、亚、非三大洲。就中东欧而言，整个巴尔干都处在罗马帝国的范围之内，捷克、斯洛伐克和波兰则处于它的边缘地带。为了给维护一个庞大的中央集权制的帝国提供一个精神统治基础，罗马帝国在公元三世纪将开始时被它镇压的基督教立为国教，并且传播到它所扩张之处。比如，巴尔干上伊利里亚人、希腊人等早期民族都在不同程度上接受了基督教。公元三世纪末四世纪初，罗马帝国由于内部矛盾和对外过度扩张开始走向衰落。为了挽救帝国的颓势，君士坦丁大帝将罗马帝国分为高卢、意大利、伊利里亚和东方四大行政区，将帝国的中心从罗马搬到小亚细亚半岛上的希腊旧城拜占廷并改名为君士坦丁堡。但是，罗马帝国最终还是于公元 395 年分裂了，东西各立一个罗马帝国。西罗马主要控制着高卢和意大利两个行政区，但只存在了 81 年，于公元 476 年灭亡。东罗马也称拜占廷帝国，存续了一千多年。1453 年，奥斯曼帝国攻入君士坦丁堡后，拜占廷帝国灭亡。

实际上，历史上没有一个"拜占廷国家"也没有"拜占廷人"，它们是后来欧洲学者在研究中提出来的，特指这个以古城拜占廷为首都的地中海国家的历史，即"以君士坦丁堡为首都的东罗马帝国"。[1] 拜占廷帝国的疆域主要在伊利里亚和东方两个行政区。就其对中东欧的影响而言，和罗马帝国一样，拜占廷帝国与多瑙河以南的巴尔干地区关系最为密切，而对中欧东部的捷克、斯洛伐克和波兰影响有限，更不用说波罗的海三国了。但需要指出的是，比起罗马帝国，拜占廷帝国对东南欧的影响要深得多。东南欧在罗马帝国时期不过是一个外围行省，但在拜占廷帝国时期则是中心区。

---

1 陈志强：《拜占廷学研究》，北京：人民出版社 2001 年版，第 1 页。

在罗马帝国一分为二的同时，基督教也发生了分裂。被罗马定为国教之后，基督教内部就发生了分化，出现了东西两派。前者在希腊语区广泛传播，后者则盛行于拉丁语区。罗马帝国分裂后，基督教的分化也加快。以君士坦丁大主教为首的东部教会受制于拜占廷帝国，以罗马教皇为首的西部教会与西欧社会的统治者相互利用。除了争夺最高领导权和对宗教教义的理解不同之外，东西教会在势力范围和经济利益等方面也展开了激烈争夺，矛盾日积月累。公元1054年，君士坦丁大主教和罗马教皇相互宣布革除对方教籍，基督教正式分裂。"东部教会标榜自己的'正统性'，自称'正教'（Orthodocia），因为是东部教会，又称'东正教'，又因为在崇拜仪式中采用希腊礼仪，所以又称'希腊正教'。西部教会则强调自己的'普世性'，自称公教(Catholicity)，因为其领导中心在罗马，所以又称'罗马公教'，汉语又译做'罗马天主教'。"[1]此后，两派处于"完全隔离的状态"。[2]后来在16世纪欧洲宗教改革过程中，天主教又分离出了一些教派，这些教派统称为"新教"，在欧洲主要流行于西部和北部。基督教的分裂不仅是欧洲文明的分裂，在此基础之上也引起了政治和民族的敌对。

就中东欧而言，"东、西教会各自的传统形成后，同时向东南欧开始传教活动，双方时有摩擦。东方教会在拜占廷皇帝的支持下在巴尔干地区的塞尔维亚、保加利亚等地区和中亚的格鲁吉亚取得了很大进展，而西方教会在匈牙利、波兰、捷克斯洛伐克等地占据了统治地位"。[3]捷克、斯洛伐克、匈牙利和波兰受天主教影响，且宗教信仰相对单一。立陶宛、拉脱维亚和爱沙尼亚则受天主教、新教和东正教的多种影响，但程度不同。比较复杂的是东南欧。大体上说，受拜占廷帝国影响的东斯拉夫人和巴尔干半岛东部、南部的保加利亚人、塞尔维亚人、黑山人、马其顿人、希腊人等信奉东正教；受西罗马影响的西斯拉夫人和巴尔干岛西部、北部的斯洛文尼亚人、克罗地亚人信奉天主教；而阿尔巴尼亚人分信天主教或东正教。

奥斯曼帝国13世纪在小亚细亚崛起，14世纪后半叶开始大举入侵巴尔干。到15世纪末，奥斯曼帝国几乎征服了整个巴尔干，并在这里统治了近500年。一手持剑，一手拿着《古兰经》的土耳其占领者，比起罗马帝国和拜占廷帝国，更加注重对占领区各民

1　王美秀、段琦、文庸、乐峰等：《基督教史》，南京：江苏人民出版社2006年版，第76—77页。
2　乐峰：《东正教史》，第17页。
3　王美秀、段琦、文庸、乐峰等等：《基督教史》，第132页。

族心灵上的征服，其突出表现就是在帝国范围内传播伊斯兰教。伊斯兰教于公元七世纪起源于阿拉伯半岛，创始人是穆罕默德，最高的神叫安拉，信徒称穆斯林。在奥斯曼帝国对外扩张的过程中，伊斯兰教在广泛传播到亚洲、非洲和欧洲的同时，也成了奥斯曼帝国对殖民地区进行精神统治的重要工具。土耳其人占领巴尔干后，便实施改变当地居民宗教信仰的政策。不过，主要出于经济上的考虑，土耳其人并没有采取强硬的做法，而是根据奥斯曼帝国的法律，主要纳税人是那些被征服的异教徒。也就是异教徒越多，帝国的财政就越有保障。因此，"奥斯曼帝国没有采取强制性措施来改变当地居民的信仰，允许东正教、天主教的存在，但教徒必须向当地政府缴纳人头税。这种税款很高，一般人几乎无力承担得起"，但是，"如果皈依了伊斯兰教，成为穆斯林，则可免交此项税款"。[1]结果，改变宗教信仰则成为减轻经济重负的一种途径。不仅如此，皈依伊斯兰教人还可以免受政治上的迫害，有助于提高自己的社会地位。出于经济原因和政治目的，东南欧的两部分人改变了自己的宗教信仰：一部分是信奉天主教或东正教的阿尔巴尼亚人，另一部分是波黑原来信仰东正教的塞尔维亚人。他们皈依了伊斯兰教，成为了穆斯林。但是，更多的东正教徒或天主教徒依然保持着自己原来的宗教信仰。

这样一来，政治影响和宗教信仰就将中东欧的不同民族或同一民族的不同部分与某一大国文明连在了一起，不仅割裂了中东欧民族，甚至也分化了某一民族。中世纪之前兴亡的西东罗马帝国影响比较大，延续而成了近代的西方文明和俄罗斯文明，西方文明是指起源于古希腊、古罗马的公民文化，即"由希腊城邦政治结构和公民文化、古代罗马共和精神和法律传统、中世纪基督教政治价值观和二元化权力体系以及日耳曼传统相互迭加与融合的产物"，[2]其特点是强调民主、共和与法治。俄罗斯文明即由拜占廷文明和游牧文明双重影响而产生的"既不属于欧洲也不属于亚洲，而是世界上非常独特的一部分"的文明，特点是民主色彩比较淡，而个人专制色彩非常强。它们对中东欧社会发展产生了非常大的影响。奥斯曼帝国盛衰于近代，欧洲的民族国家已经普遍建立，伊斯兰文明的影响更多地体现在东南欧的民族关系上。

中东欧的历史可以说就是上述这些文明之间不断交汇、融合与冲突的历史，民族关系和近代以后开始的国家构建与发展都受制这些文明撕裂，分歧、分裂、冲突有余而融合、

1　郝时远主编：《南斯拉夫联邦解体中的民族危机》，成都：四川民族出版社1993年版，第95—96页。
2　丛日云：《西方政治文化传统》，第7页。

认同不足。《帕尔格雷夫简明东欧历史地图》对此这样概括道："今天的东欧舞台上是三种不同文明的互动：西欧天主教 / 新教文明、东欧东正教文明和伊斯兰文明。为简化理解，我们可以借用地质学中的大陆板块构造来类比。第一文明都是由其地理上的核心区向外扩散，其世界观与其涵盖的社群一起经历了某些自然的、有机的发展。因此，每个核心区都可以看作是构成世界的板块，而且我们会发现东欧东正教板块就夹在西北方的西欧天主教板块和东南方的伊斯兰教板块之间。它们之间的分界线处的碰撞就像板块断层处那样通常引地震。"[1]

国际条约和国际体系的制约

欧洲近代民族是在文艺复兴以后开始形成的，历时两个多世纪。主权、领土和人口是民族国家的基本要素，因此，民族国家的构建就是内部和外部多方对这三个基本要素的认同。在西欧，那些封建制度发达但民族认同不强的国家，随着专制王权的确立、国际法准则的形成和民族文化的发展，逐渐确立了以国家为框架的民族认同并在此基础之上形成民族国家。但是，由于历史上中东欧出现过的王国或帝国一体化程度不高，以及长期受异族的统治或影响，中东欧的社会发展并没有像西欧那样发生明显的变化。就在西欧许多民族国家崛起为世界性大国的时候，中东欧各民族却处于东西方大国的压迫之下，用各种方式进行反抗，争取民族生存、独立和建立民族国家。不仅如此，中东欧内部及外部影响中东欧的大国在民族国家构建方面的共识是碎片化的，直到 1878 年以后才陆续单独或合伙建立起民族国家。所谓大国共识的碎片化，实际上是由于各种矛盾、利益交织在一起，世界性的大国对中东欧各民族建立单独的民族国家很难达成一致。由于大国共识的碎片化，中东欧民族国家在创建过程中内部的民族、宗教、语言、历史等方面的认同分歧，不同民族之间在主权、领土和人口等方面的认同差异，都得服从于外部大国之间在势力范围、利益瓜分方面的需要。因此，中东欧近代民族国家多半是建立在缺乏自身共识的基础之上，国家构建的内生性弱，而被动性强，服从于也受害于大国间"均

---

1   Denns P. Hupchich and Harold E. Cox, *The Palgrave Concise Historical Atlas of Eastern Europe*, Palgrave, 2001, Map4: Eastern Europe-Cultural.

势"的需要。[1]

从表1中可以看出，中东欧历史上曾经出现的强国中只有波兰存续到了近代，塞尔维亚王国几乎与中世纪同时终结，而匈牙利王国也消亡于新世纪朦朦胧胧的曙光之中，更不用说那些只是短期有过弱小民族的国家了。因此，中东欧各民族除了个别的与列强为伍之外，多数都处于外族的侵略和压迫之中。它们的这种境遇长的达上千年，短的也有几百年。由于具体的地理位置不同，巴尔干半岛上的民族主要受制于拜占廷帝国和后来的奥斯曼帝国。匈牙利在前期受制于拜占廷帝国和奥斯曼帝国，奥斯曼帝国衰落后长期受制于哈布斯堡王朝。捷克和斯洛伐克受制于日耳曼人，而制约波兰的除了西边的日耳曼人之外，还有东边的沙皇俄国人。爱沙尼亚、拉脱维亚受制于西欧、北欧的强国和俄国，立陶宛于1895年被沙皇俄国吞并。

在这样的背景下，中东欧的近代民族国家建立虽然离不开各民族自身长期不懈的斗争，但起关键作用的还是欧洲大国，都是在近代国际体系框架内大国角逐的结果。换句话说，中东欧近代的民族关系和国家构建是受大国关系和国际体系约束的。相关的大国有英国、法国、奥地利、普鲁士、沙皇俄国和奥斯曼帝国等，相关的国际体系有三十年战争之后形成的威斯特伐利亚体系，俄土、奥土、俄法等战争之后形成的维也纳体系，第一次世界大战之后形成的凡尔赛体系。大国是这些国际体系的支撑骨架，中东欧地区及这个地区的各民族不过是这些大国角斗的场所和争夺对象，对国际体系主要是依附，偶尔可以利用，但不能主宰，更不可能去改变。所以，中东欧的民族国家都是在战争特别是大国间战争之后由大国主导建立的。

中东欧最早出现的民族国家是希腊。拜占廷帝国灭亡不久，希腊于1460年被奥斯曼帝国征服并被统治了几百年。19世纪初，希腊掀起了反对土耳其人统治的浪潮，最终于1821年3月爆发了独立战争，同时宣布独立。但是，这场独立运动直到1829年英法俄三国联军击溃土埃联军之后才结束。此后，希腊又陷入内乱。为结束希腊内乱局面，在英、法、俄等列强的干预下，将希腊的国体由共和制变成了君主制。

接下来在中东欧地区建立的近代民族国家还是在巴尔干，罗马尼亚、保加利亚和阿尔巴尼亚，前两个是在1877—1878年俄土战争结束之后，后一个是1912年在两次巴

1　参见 [美] 小约瑟夫·奈《理解国际冲突：理论与历史》，张小明译，上海人民出版社2005年中文版，第70—71页。

尔干战争之后。

现在的罗马尼亚由特兰西瓦尼亚、摩尔多瓦和瓦拉几亚三部分构建。历史上，特兰西瓦尼亚 11—16 世纪属于匈牙利，16—17 世纪是奥斯曼帝国治下的一个公国，但从 17 世纪末又重新属于匈牙利，第一次世界大战之后再回到罗马尼亚人手中。奥匈帝国和沙皇俄国 17 世纪开始向巴尔干扩张的时候，摩尔多瓦和瓦拉几亚与巴尔干东部的民族一样都成了它们同奥斯曼帝国争夺的重点，其突出表现是奥土战争和俄土战争。前者的最终结果是奥匈帝国控制了包括特兰西瓦尼亚在内的巴尔干西北部，而后者在巴尔干东部拉锯战的后果是这两个大国的控制权限不断改变，当地的民族疆界被改来改去。但是，俄土战争也为罗马尼亚、保加利亚等民族的独立带来了机遇，它们乘机进行反抗压迫者的武装斗争，进行国家构建。摩尔多瓦和瓦拉几亚两公国在 1861 年就建立了统一的政府、议会、定都布加勒斯特并在正式文件中使用"罗马尼亚"国名。保加利亚人在 19 世纪 60—70 年代的俄土战争中建立了自己的武装，提出了建立共和国或建立联邦性质的塞尔维亚—保加利亚王国的设想。根据 1878 年 3 月俄土签订的《圣斯特法诺和约》，土耳其承认罗马尼亚的独立，罗马尼亚有权提出补偿。保加利亚完全自治，疆界包括保加利亚的南部、北部和整个马其顿，但俄军要在保加利亚驻扎两年。这样构建出的两个国家，不仅不是罗马尼亚人和保加利亚人所追求的，也不为欧洲其他大国所认可。于是，1878 年 6-7 月间，英国、奥匈帝国、法国、意大利、沙皇俄国和土耳其在柏林举行会议，通过了对《圣斯特法诺和约》修正的《柏林条约》。根据《柏林条约》，罗马尼亚东北的比萨拉比亚划给了俄国，但在东南从保加利亚获得了出海口多布罗加。保加利亚被分成三部分，获得自治的只是保加利亚北部和索非亚地区，东米鲁米利亚仍处于土耳其控制之下，而马其顿则还给土耳其。[1] 另外，奥匈帝国获得了对波黑的控制权，塞尔维亚和黑山独立。

俄土战争之后，阿尔巴尼亚人反抗外族压迫、争取独立的斗争也进入新的阶段。但是，周边的大国却无视阿尔巴尼亚人的存在，把信仰伊斯兰教的人称为土耳其人，把信仰东正教的阿尔巴尼亚人说成是希腊人，阿尔巴尼亚人居地也面临着黑山、塞尔维亚和

1　第一次世界大战之后，根据 1919 年 1 月的《讷伊条约》，保加利亚西部的马其顿地区被分割出去，其中，斯特鲁米察给了塞尔维亚人—克罗地亚人—斯洛文尼亚人王国，爱琴海沿岸的西色雷斯给了希腊，南多布罗加的部分地区给了罗马尼亚。

保加利亚瓜分的危险。1878年6月，不同地区的阿尔巴尼亚人代表在普里兹伦召开会议，建立了普里兹伦同盟，提出了包括今天的阿尔巴尼亚、希腊的北部、科索沃和马其顿大部分的"大阿尔巴尼亚"构想。但是，阿尔巴尼亚的民族认同与国际社会对阿尔巴尼亚的认同大相径庭。在第一次巴尔干战争期间，阿尔巴尼亚是反土联盟与土耳其交战的主要战场。根据反土联盟达成的协议，将土耳其人赶走之后，阿尔巴尼人居住的地方将由希腊、塞尔维亚和黑山瓜分。在这种情况下，1912年11月，阿尔巴尼亚民族主义者在发罗拉召开国民大会，宣布建立一个包括巴尔干半岛上所有阿尔巴尼亚人的国家。但是，阿尔巴尼亚人的这种做法与巴尔干半岛上的反土联盟的利益发生了严重冲突。于是，俄国、法国、英国、意大利、德国、奥地利六国外长在伦敦召开会议。这次会议虽然承认阿尔巴尼亚在形式上可以成为一个独立国家，但实际控制权必须掌握在六大国手中。不仅如此，伦敦会议还划定了阿尔巴尼亚疆界和人口，独立后的阿尔巴尼亚的领土和人口不及他们所希望的一半，成为巴尔干半岛上的跨界民族。在国家构建上，阿尔巴尼亚人的"大阿尔巴尼亚"共识在大国不认同的映衬下是那样的苍白无力。所以，直到今天，"大阿尔巴尼亚"还是阿尔巴尼亚人能想不能说的"梦"。

中东欧其他几个近代民族国家都是在第一次世界大战之后诞生的，是第一次世界大战结束后凡尔赛体系的直接产物。由于它们在几个王朝的废墟上建立起来的，所以，在民族关系、疆界和人口等方面更是充斥着种种认同的背离，对"未收回领土"[1]耿耿于怀的民族主义始终没有消失。

与几乎与第一次世界大战结束同步，巴尔干半岛保加利亚之外的南部斯拉夫民族建立了统一的近代民族国家，但单从名称上看，它就不是建立在各民族认同之上的。这个国家叫"塞尔维亚人、克罗地亚人、斯洛文尼亚人王国"。前文提到过，南部斯拉夫民族在宗教、外部影响等诸多方面有着巨大差异，在很大程度上也影响着它们对统一国家的追求，更不用说这个王国中的阿尔巴尼亚人了。这样的民族国家之所以能建立，一方面是塞尔维亚人有一种建立一个以它为中心的南斯拉夫人国家的追求，另一方面斯洛文尼亚人和克罗地亚人面临着被意大利和德意志吞并的危机。在这种客观条件下，摆脱奥匈帝国的统治、建立一个统一的国家就成了这些民族的临时性的选择，1915年3月，一

1　[美]海斯：《现代民族主义演进史》，帕米尔等译，上海：华东师范大学出版社2005年中文版，第243页。

个由克罗地亚人、斯洛文尼亚人和塞尔维亚人参加的"南斯拉夫委员会"在巴黎成立。1917年7月，就是哈布斯堡王朝岌岌可危的时候，塞尔维亚政府和"南斯拉夫委员会"在希腊开会，决定塞尔维亚人、克罗地亚人、斯洛文尼亚人将组成一个"民主的议会制君主国"。在这个国家中，三个民族平等，它们使用希里尔、拉丁两种字母和不同民族所信奉的宗教（东正教、天主教和伊斯兰教）也一律平等。1918年12月，"塞尔维亚人、克罗地亚人、斯洛文尼亚人王国"正式成立。在国家构建过程中，黑山人和马其顿人先后并入了塞尔维亚。战后形成的凡尔赛体系又将阿尔巴尼亚人为主体的科索沃和以匈牙利人为主体的伏伊伏丁那正式划归了塞尔维亚。有学者指出："一千多年来南斯拉夫各民族首次有了统一的独立国家，却没有形成有凝聚力的多民族共同体。无论从地区构成、民族成分还是人文历史背景、语言和宗教结构意义上说，王国全然就是一个十分复杂的、存在潜在冲突的社会共同体，民族危机是这个国家与生俱来的症结。"[1]

欧洲中东部的波兰、捷克斯洛伐克、匈牙利都可以说是第一次世界大战之后《凡尔赛条约》的产儿，而波罗的海三国则是在1918—1920年间复杂的国际形势下经过痛苦努力才获得了独立，但它存续不到20年。从民族国家构建的基本要素上看，这些国家的构建存在先天不足，一方面，在不同程度上缺少国内政治认同和国际政治认同；另一方面，大国和由大国主导的国际体系又将诸多政治不认同加强给这些民族国家。这些构成了欧洲在以后一百多年中矛盾、分裂和战争的显性原因。

波兰人认为，在1918年，波兰是重建而不是新建，因为"失去的123年"是因被俄、普、奥瓜分才亡国的。当然，那时候的波兰还不能算作近代民族国家。第一次世界大战开始后，为了将波兰人拉上自己的战车，俄、普、奥都承诺给予波兰人"自由和独立"。重建波兰问题虽然提上了日程，但是，亲德的波兰人、亲奥的波兰人、亲俄的波兰人及他们背后的德国、奥地利和俄国，在如何构建一个新波兰方面则各有其心。波兰最终得以重建主要是俄英法美的支持。早在1916年底，俄国就提出在三个占领区建立统一的自由波兰的主张，并获得了英法的支持。1917年1月，美国波兰裔的总统威尔逊在给参议院的咨文中也提出："应当建立统一、独立和自由的波兰。"[2]1918年11月，波兰共和国在德国霍亨索伦王朝、奥地利哈布斯堡王朝和俄国罗曼诺夫王朝的废墟上重建。但是，

1　余建华，"民族认同与南斯拉夫民族危机"，载《世界历史》2006年第5期，第75页。
2　转引自刘祖熙《波兰史》，北京：商务印书馆2006年版，第344—345页。

在疆域范围和人口方面，波兰人的设想还包括乌克兰、白俄罗斯、立陶宛、拉脱维亚的一小部分、德国的哥尼斯堡和西里西亚东部。但是，根据1921年波苏签订的《里加条约》，这些几乎都没能实现。[1]

在第一次世界大战中，捷克人和斯洛伐克人跟随奥匈军队同协约国作战。不过，认为同盟国会胜的人支持德奥，认为协约国会胜的投靠英法美。捷克斯洛伐克统一国家的建立实际上是亲英美的政治家托马斯·马萨里克和爱德华·贝奈斯。战争爆发后，他们流亡西欧，领导旨在争取建立独立的捷克—斯洛伐克的解放运动。为得到西方大国特别是美国的认同和支持，1918年4月，马萨里克来到了美国，他一方面广泛接触捷克和斯洛伐克侨民，就未来国家形式和斯洛伐克人在其中的地位达成了一致，另一方面与威尔逊商谈建立捷克斯洛伐克独立国家的条件。美国、英国和法国都相继承认未来的捷克斯洛伐克是协约国之一，马萨里克起草的《捷克斯洛伐克独立宣言》在美国发表。贝奈斯在巴黎成立了"捷克斯洛伐克解放委员会"并组建了海外军团，随同英法军队同协约国作战。1918年10月，奥匈帝国宣布投降后，捷克斯洛伐克共和国成立。新建的捷克斯洛伐克主要由捷克和斯洛伐克两大民族构建，由于《特里亚农条约》划归的卢塞尼亚原属于匈牙利，所以，捷克斯洛伐克也有匈牙利人。

比起波兰、捷克斯洛伐克的国家构建，匈牙利的独立民族国家是在原有的民族认同和领土认同被撕裂后建立的。在1867年诞生的奥匈帝国中，匈牙利人依附于奥地利，但又统治着斯洛伐克人、克罗地亚人等。1918年匈牙利宣布脱离奥地利，单独成国。但是，建立一个什么样的国家，匈牙利不同的政治派别却分歧很大。1918年11月，匈牙利建立了一个由社会民主党右派、小资产阶级激进派等组建的匈牙利共和国。此时的匈牙利不仅民族矛盾复杂，受俄国十月革命和德国十一月革命影响，各种政治矛盾也非常尖锐，特别是在莫斯科成立的匈牙利共产党号召匈牙利民众搞社会主义革命。社会民主党右派政府想在协约国的支持下镇压共产党，但又不敢答应协约国提出分割匈牙利的条件。于是，他们同匈牙利共产党谈判，最终建立了带有社会主义性质的匈牙利苏维埃共和国。这个共和国在存在的133天中，采取了一系列巩固政权、改造社会经济的措施。但是，1919年4月，法国联合罗马尼亚、捷克斯洛伐克、南斯拉夫等国的军队从东、北、南三

---

1   Denns P. Hupchich and Harold E. Cox, *The Palgrave Concise Historical Atlas of Eastern Europe*, N.Y.:Palgrave, 2001, Map 43: Eastern Europe,1923.

个方向对匈牙利发动了进攻；7月，协约国发动了更大规模的进攻；8月1日，匈牙利苏维埃政府被颠覆。匈牙利的领土也被罗马尼亚、斯洛伐克、塞尔维亚人一克罗地亚人一斯洛文尼亚人五国、波兰、奥地利和意大利等国瓜分。[1] 根据1920年的《特里亚农条约》，匈牙利失去了3/4的领土和2/3的人口。

立陶宛、拉脱维亚和爱沙尼亚国小言轻，地理位置又不像中欧和东南欧那样重要，在国际舞台上难见身影。16世纪，立陶宛与波兰合并时曾盛极一时，但18世纪末逐渐被沙皇俄国吞并，在第一次世界大战期，立陶宛一度被德国占领。1918年2月，立陶宛宣布独立并建立了西方式的共和国。但是，立陶宛的独立并不顺利，先后与苏俄军队和波兰军队发生战争。1920年7月，立陶宛与苏俄签订和约，苏俄承认立陶宛独立，但是，波兰军队占领了维尔纽斯和立陶宛的东部地区，立陶宛将第二大城市考纳斯作临时首都。爱沙尼亚和拉脱维亚比较相似，1918年之前都受制于俄国和德国，先后于1918年2月和11月宣布独立。独立后，这两个国家先与苏俄发生战争，然后被德国占领，德国人撤走后，又与苏俄发生战争。直到1920年，苏俄才分别于2月和8月承认这两个国家的独立。

由于存在着种种不认同以及造成这些不认同的因素仍旧起作用，到1918年，中东欧近代民族国家的构建实际上并没有完成，只是在凡尔赛体系和第二次世界大战之后的雅尔塔体系中搁置下来。直到20世纪90年代初雅尔塔体系消失后，南斯拉夫和捷克斯洛伐克两个联邦制国家相继解体，欧洲大陆上又出现新一波民族国家构建潮，产生多个民族国家。

社会发展模式的被动依赖

从1918年到1990年代初，中东欧国家的稳固程度与国际体系对它们约束的程度呈正相关态势，这些国家在民族关系和国家构建上的认同问题要么是隐性的，要么是以政治性的外貌显现出来。但是，当国际体系弱化和崩溃的时候，这些国家原有貌似认同中暗含的不认同迅速露出原形，每个国家内部和各个国家相互之间的乱象尽显，要么成为大国争霸的牺牲品，要么成为它们的马前卒，遭受一番苦难之后不得不再听命于大国建

1　Cf.Dennis P. Hupchick and Harold E. Cox, *The Palgrave Concise Historical Atlas of Eastern Europe*, N.Y.:palgrave, 2001,Map 44:Hungary after Trianon,1920—1939.

立的新的国际体系。

对中东欧国家来说，两次世界大战之间的 20 年是它们历史上相对的自由发展时期，表面上不再是哪个大国的附庸，也不再直接受哪个大国的控制。但是，由于第一次世界大战带来的不同结果把东欧国家分成了胜利者和失败者两部分。另外，英、法等国，社会主义的苏联和崛起的德、意法西斯国家之间的复杂关系，中东欧国家独立发展的进程仍然十分曲折，体现在民族关系、国家建构上的认同政治背离不断加剧。

中东欧多数国家不是独裁就是分裂，少数民族更多地被错误地对待。[1] 其中，南斯拉夫就是一个典型的例子。统一的南斯拉夫国家虽然建立了，但复杂的民族问题也跟着产生了，各民族围绕国家结构形式和政体的分歧和争论不断。"塞尔维亚人—克罗地亚人—斯洛文尼亚人王国"是在奥斯曼和奥匈帝国的废墟上建立的，当政者本应着力实施民族平等的政治，妥善解决民族间的历史纠纷，消除隔阂和分歧，增强民族团结。可事实正相反，国王亚历山大一世否认不同民族的存在，认为塞尔维亚人、克罗地亚人和斯洛文尼亚人是一个民族，黑山人是塞尔维亚人的一支，马其顿是南塞尔维亚人，穆斯林是宗教信仰问题。1921 年 6 月，王国的制宪议会在塞尔维亚政党坚持下强行通过了《维德节宪法》，以法律形式否定了不同民族的存在和实行中央集权的单一制。制宪议会表决时，塞尔维亚议员投票赞成，而斯洛文尼亚族和克罗地亚族议员持反对态度。此后，王国议会里各政党之间的争斗在很大程度上成了各民族之间的较量。为压制其他民族的反对，1929 年 1 月，亚历山大国王宣布废除宪法、解散议会，禁止和取缔了一切"旨在改变现存制度或具有宗教和民族性质"的政党组织，严惩一切"反国家的政治活动"。[2] 与此同时，亚历山大还将国名改为单一的南斯拉夫王国，把原来的 33 个州改为 9 个行省，塞尔维亚人在其中的 5 个省占有多数，而非南斯拉夫民族在国家政府中没有任何地位。经济上，南斯拉夫王国没有采取有效政策来缩小各民族之间在经济发展水平上的差距，相反，通过强化塞尔维亚的做法来扩大这种差距。宗教信仰上，南斯拉夫王国对塞尔维亚人所信奉的东正教给予特别的关照，使之拥有比较大的权益；而斯洛文尼亚人和克罗地亚人所信奉的天主教却享受不到这些权益，至于说阿尔巴尼亚族和波黑塞族穆斯林所

1　Aniba F. Prazmowska, *Eastern Europe and the Origins of the Second World War*, MaCmillan Press LTD, 2000, p.2.

2　郝时远主编：《南斯拉夫联邦解体中的民族危机》，成都：四川人民出版社 1993 年版，第 12—13 页。

信奉的伊斯兰教地位就更低了。总之，南斯拉夫王国表面上是维系了中央集权制的国家，但实际上加剧了各民族之间的不平等，由此产生的民族离心力更强、各民族对统一国家的认同感更弱。

第一次世界大战之后的 20 年，中东欧国家都在凡尔赛体系中受国际政治不认同的撕扯。受第一次世界大战和《凡尔赛条约》"伤害"最大的是匈牙利和保加利亚。在第一次世界大战期间，匈牙利是奥匈帝国的一部分，保加利亚是德、奥的盟友，因而在战后都成了战败国，割地赔款受限制，心中深深埋下了复仇的种子。匈牙利的霍尔蒂政权利用民众对《凡尔赛条约》不满而产生的民族主义情绪来煽动复仇主义和沙文主义，利用匈牙利与周边国家之间的历史恩怨与矛盾巩固自己的统治。保加利亚的直接反应虽然不像匈牙利那样激烈，但对塞尔维亚参与分割马其顿耿耿于怀，也因此与塞尔维亚人的关系紧张。根据相关条约，匈牙利和保加利亚失去的领土大多被捷克斯洛伐克、罗马尼亚和"塞尔维亚人—克罗地亚人—斯洛文尼亚人王国"三国得到。因此，与前两个国家要求修改《凡尔赛条约》相反，后三个国家主竭力反对修约，为此，它们还组成了巴尔干"小协约国"。匈牙利、保加利亚与小协约国之间的矛盾[1]，"集中反映了战后东欧国家之间的关系，也决定了东欧各国后来截然不同的政治走向，即追随德国法西斯还是反抗法西斯的重大政治原因"。[2]

希腊、阿尔巴尼亚、波兰和波罗的海三国虽然没有陷入上述两类国家所面临的那些纠结，但在认同政治上也各有难处。希腊和阿尔巴尼亚的主要问题是在实行什么政体上缺乏共识。第一次世界大战时是君制，1924 年改为共和制，1935 年又改为君主制。从1920 年再次独立，先是民主政府，1925 年成立共和国，1928 年又改为王国。与希腊不同的是，阿尔巴尼亚政坛上的主角就是索古一个人。波罗的海三国都很小，在两次世界大战之间主要是为生存而奋斗。波兰国家虽然是中东欧国家中最大的，但它的东西两端

1　"小协约国"是指在 1920 年、1921 年间，由捷克斯洛伐克、罗马尼亚及南斯拉夫共同组成的一个同盟。同盟目的为了抑制匈牙利的民族统一主义及领土收复主义，以及阻止哈布斯堡王朝的重建。法国认为，"小协约国"可以重建对德国的两线夹击威胁，是一个保障法国安全机会。缘于此，法国支持这个同盟，与"小协约国"的盟国签订了多个条约。由于英法对德意法西斯实施绥靖政策，小协约国在 1936 年开始崩解，1938 年《慕尼黑协定》签署后，同盟完全解散。

2　唐春林：《世界战争起源新论：东欧与两次世界大战》，北京：中国社会科学文献出版社 2003 年版，第 149 页。

是比它更为强大的苏联和德国。波兰的内部认同是靠毕苏茨基的强人统治，但外部却因既没有加入反对修约方也没有与要求修方为伍而缺乏国际社会对它的认同。德国是第一次世界大战的战败国，《凡尔赛条约》划定了它与波兰的边界。波苏边界划分却十分曲折。更重要的是，由于战争双方都对战后边界划分不满，导致苏联和波兰的关系长期处于紧张状态，也直接导致了苏联伙同纳粹德国于1939年瓜分了波兰。战后，同样是在大国的主导下，波兰东西边界都发生了向西位移。

第二次世界大战中，中东欧国家中的一些国家或被占领或被瓜分，另一些国家则与德意法西斯为伍。第二次世界大战虽然遍及欧亚非三大洲，但是，中东欧是欧洲的最初的战场也是主要的战场之一。命运又一次将中东欧国家卷入战争的漩涡，但主角是大国，中东欧国家只扮演悲剧性的配角或流浪者。即便它们的反法西斯运动，活动范围和力度也都附着在东西方大国关系框架之内。

第二次世界大战的后果是多方面的，但最重要的是确立了雅尔塔体系，欧洲一分为二。在这个体系中，希腊属于西欧国家，波罗的海三国成了苏联的组成部分，而其他七国加上1949年诞生的东德属于苏联的势力范围，成为地缘政治意义上东欧国家。在此后的40多年中，这些东欧国家就在这个体系中挣扎。在体现大国利益的雅尔塔体系中，民族关系和国家建构上的不认同只能深藏于内心。在苏联放松控制或改变控制方式时，东欧国家在某些方面的不认同也时有显露出摆脱苏联模式和苏联控制的言论和行为。同样是在雅尔塔体系当中，中东欧民族的内心还有着一些看似很荒谬隐情："波希米西属于捷克还是德国？特兰西瓦尼亚是匈牙利的还是罗马尼亚的？乌克兰人属于波兰还是俄罗斯？克罗地亚的边界在哪儿？保加利亚的领土在什么地方？塞尔维亚和希腊又在哪里？"[1]总之，东欧国家表面上的政治认同是建立在内外背离的基础之上，事实上的一切不认同都是在无声或有声中慢慢地积累着。

对东欧国家来说，它们核心的不认同就是苏联模式和苏联控制。东欧最基本的含义就是受苏联控制和实行苏联式的社会主义发展模式，而这八个国家在成为东欧国家之前是受不同的西欧国家控制，实行的都是资本主义模式。决定它们成为东欧的因素是第二次世界大战后的大国关系，而非它们自己的选择。雅尔塔体系将分裂的欧洲现实固化下来，

1　Peter F. Sugar, *East European Nationalism, Politics and Religion*, Ashgate Publishing Limited, 1999, p.7.

楚河汉界，井水不能犯河水。但是，无论从西方角度还是从苏联角度，资本主义模式和社会主义模式水火不容，于是出现划定范围（在欧洲）、限定方式（不直接动武）的冷战。东欧国家自诞生以来跟随和模仿西方并采取欧洲的发展模式，但在雅尔塔体系中成了西方的弃儿。它们不得不彻底割断欧洲模式，不得不全面实行苏联模式和接受苏联的控制，没有讨价还价的余地，也没有反抗的能力。只有在苏联在改革这种模式的时候，东欧国家似乎才看到了一丝光亮，努力地去改革甚至想借机摆脱苏联模式和苏联控制。但是，东欧国家这方面的言行如果跨越了雅尔塔体系，苏联毫不犹豫地用政治甚至军事手段将它们压制下去，而西方国家也是袖手旁观。所以，东欧国家从内心上说对苏联模式根本没有政治好感，更没有真正的认同感。有波兰学者将东欧国家对欧洲模式的留恋称为传统认同，而把对苏联模式的态度叫做"假想认同"，东欧国家同苏联的冲突在很大程度上反映的是这两种认同之间的矛盾。[1] 正因如此，在冷战结束之际，东欧国家对苏联模式和对苏联的长期积累的怨气一下迸发出来，所谓"东欧剧变"在东欧人自己眼里就是"回归欧洲"，延续的国家向欧洲模式转型，而新独立的民族则按欧盟给出的"欧洲方式"构建的。[2]

在苏联模式之下，作为国家建构主要基础的民族认同长期被误读，这是苏联、南斯拉夫和捷克斯洛伐克三个联邦制国家解体的重要原因。在实现苏联模式的国家中，民族问题从属于阶级问题，社会主义制度建立后不存在民族问题，民族主义是"资产阶级的"。在这样思想指导下，这三个联邦制国家在民族政策上从一开始就存在着缺陷。事实上，"现代国家建立的关键因素就是民族主义，一种充满激情的大众对基于领土、语言、文字的国家认同"。[3] 这样的民族主义在东欧广泛地存在，在苏联的波罗的海三个加盟共和国也存在。"正如 20 世纪 80 年代末期将证明的，波罗的海各共和国的苏联化是肤浅的。波罗的海各民族努力保持对独立时代的历史记忆，在独立的 20 年中它们是欧洲政治和文化的坚实的一部分，在苏联各加盟共和国中他们在遗产和生活方式方面是最西方化的共和国。"[4]

1　参见 [波] 布克辛斯，"中东欧政治认为的转型：以波兰为例"，载《现代哲学》2012 年第 1 期，第 1—8 页。

2　参见刘作奎《国家构建的"欧洲方式"：欧盟对西巴尔干国家政策研究（1991—2014）》，北京：中国社会科学出版社 2015 年版。

3　Stephen R. Bowers, "Ethnic Politics in Eastern Europe," *Conflict Studies*, No.248, Feb. 1992.

4　[美] 凯文·奥康纳：《波罗的海三国史》，王加丰等译，北京：中国大百科全书出版社 2009 年中文版，第 158 页。

南斯拉夫根据 1946 年宪法建立了联邦人民共和国。宪法规定各民族平等，但事实上平等的只是斯拉夫民族。塞尔维亚、克罗地亚、斯洛文尼亚、马其顿、黑山五个共和国的主体就是这五个同名的民族，波黑的主体则是塞尔维亚人、克罗地亚和波黑穆斯林。阿尔巴尼亚人和匈牙利人虽然人口数量大，但只能是少数民族。他们所在科索沃和伏伊伏丁那面积虽然比黑山的大，但也只是塞尔维亚共和国治下的自治省。这样的政策不仅没有平息塞尔维亚人和阿尔巴尼亚人的历史恩怨，反而强化了科索沃问题。有学者指出："南共中央战后照搬苏联的方案，采取的行政区划制度日后产生了诸多问题，它成为南斯拉夫乃至整个'社会（主义）阵营'各国解决民族问题的制度性隐患。"[1]

捷克和斯洛伐克两个民族虽然语言相近、信仰相同，但历史境遇却不完全相同。在同处一国的时候，由于捷克人处于主导地位，经济发展水平也比较高，斯洛伐克人感到的常常是不平等。正由于上述这些原因，捷克人和斯洛伐克人虽然长时间共处一国，但在绝大多数民众中没有形成共同的捷克斯洛伐克意识。至于说被强行并入苏联的波罗的海三国，对苏联更是没有丝毫的认同感。在拉脱维亚首都里加老城边上，有一座"1940—1991 年被占领博物馆"。它要告诉人们的是，在波罗的海三国民众的心中，苏联和德国都是占领者，都给他们带来了巨大的创伤，但苏联更甚。对他们来说，苏联的最后一次占领不仅剥夺了三国的独立，而且把它们强行并入苏联并统治了 40 多年。在这 40 多年中，拉脱维亚人、爱沙尼亚人、立陶宛人的减少，俄罗斯人的移入，共产党员人数的增加，都被视为苏联对波罗的海的"殖民地化"。[2] 正是由于不认同它们所在的国家，南斯拉夫社会制度剧变的同时，多民族的统一国家也解体了。由于民族关系复杂且历史包袱沉重，南斯拉夫的解体不仅血腥，而且时长，甚至可以说今天还没有结束，因为科索沃的最终地位仍然没有确定。捷克和斯洛伐克是在剧变之后和平分手，苏联的解体则是从波罗的海首先开始的。

在此后的 30 多年中，由原东欧国家演变而来的中东欧 13 国，从苏联独立出来的波罗的海三国走出了苏联扎结的篱笆，无一例外地回归了欧洲。从社会发展模式上说，它们全部回到第二次世界大战之前。但是，从新国家构建上说，它们中的一些回到了第一

1 　陈志强：《科索沃通史》，北京：中国社会科学出版社 2016 年版，第 249 页。

2 　孔寒冰：《寒冰走东欧》，上海人民出版社 2012 年版，第 35—43 页；[美] 凯文·奥康纳：《波罗的海三国史》，第 132—144 页。

次世界大战之前。由于欧洲模式自身的特点，这些国家无论在社会转型还是在新国家构建或是在这两者完成了的基础之上的社会发展都有较大的自由度，每个国家可以尽情地展示自身特征。但另一方面，这些国家又以融入欧洲一体化为目的，而且绝大多数国家已经达到了这个目的。欧盟有欧盟的规则，北约有北约的纪律，所以，中东欧国家实际上又进入了新的约束"牢笼"。对中东欧国家来说，"回归欧洲"就意味着它们必须让渡一些它们流汗、流泪甚至流血才得到的国家主权或民族特性。所以，如今的这些中东欧国家正纠结于"共性"（加入欧盟）和"个性"（维护主权）之间，依旧摆脱不了社会发展上"被动依赖"的宿命。从认同政治上说，在大国主导的国际社会管控下，中东欧国家在主权、疆界和人口构建上的不认同并没有完全消失，只是都被大国主导的国际社会强行地压制下来。在这方面，波黑之成国和科索沃之"成国"[1]就是非常显性的例证。更为重要的，前述那些影响认同的因素如今多半还在，有的弱化了，但也有的强化了。所以，在民族关系和国家构建上，中东欧一些国家仍然处于认同政治背离的困境之中。

结 语

中东欧原本是地缘政治上的东欧消失之后出现的一种地区称谓。但随着陆续加入北约和欧盟，作为单独区域的中东欧实际上已经不复存在。从学术研究角度说，2012年以后，对中东欧的研究发生了明显的分野。国外学界关注的重点，一是这些国家与欧盟的关系，二是这些国家的历史特别是冷战时期的历史，三是政治腐败和民族冲突，四是国别研究。国外学术界少有将它们再作为一个区域进行整体研究的文献了，越来越淡化中东欧的整体性。中国学界刚好相反，不仅越来越强调中东欧的整体性，而且还不断地扩大中东欧地区的外延，将从苏联分离出来的波罗的海三国和原属西欧的希腊纳入到中东欧，在中国与这些国家合作（"17+1"）的框架下进行整体研究和国别研究。与此同时，对由17国组成的中东欧的研究重点主要不在于历史也不是政治，而聚焦在中国同它们的经贸合作和人文交流上面，中东欧国家的国别研究也基本服务于此。时代在发展，学术也要与时俱进，但是深层次的、属于基础性的研究大概还不能抛弃。为了使"17+1"合作走得

1　科索沃事实上已经独立，但并没有得到包括中国在内的所有国家承认。

更好、更远，仍然要从历史、从国际政治角度关注这些国家的前世今生的状况及其影响因素。

本文上述五个部分从欧洲史角度论及了中东欧民族关系和国家构建过程中的认同政治，重点剖析了影响认同的各种因素。之所以不惜笔墨地写这些，主要想说明以下几点：第一，观察中东欧不能单从西方的或中国的视角去认识和评析中东欧，更应重视从中东欧自身的多样性、差异性来解读中东欧，"万花筒"式的中东欧才是真实的；第二，中东欧在民族关系和国家构建上的不认同仍然存在。当国内各民族之间的关系、相邻国家之间的关系比较平稳，地区和国际局势比较安定的时候，这些不认同多半是隐性的。反之，这些不认同就可能以包括冲突在内的多种方式显现出；第三，在中东欧，各民族之间、各国家之间存在程度不同的政治不认同是正常的状态。这样的状态可以利用，但不可能人为地改变。从中国发展同这些国家的关系角度看，我们可以把它们视为一个整体，但这不意味着我们视它们为一个整体，它们就真的是一个整体了。需要以正确的心态观察中东欧，在求"同"的同时，要时时关注"异"及其成因；第四，基于以上几点，从学术研究应有的内在逻辑上看，本文论及的中东欧很难形成一个可持续发展的区域研究对象，更谈不上构建所谓"中国特色、中国风格、中国气派的（中）东欧研究"学科了。[1]

（原文发表于《国际政治研究》2020 年第 2 期）

1　徐刚，"改革开放 40 年来的中国（中）东欧研究：基于学科建设的初步思考"，载《俄罗斯东欧中亚研究》2020 年第 1 期，第 31 页。

社会转型、新国家构建和社会发展

——"原苏东地区"近30年状况的研究

引言

    从20世纪80年代末起，地缘政治上的"苏东地区"开始发生剧烈的社会变动，即所谓的苏东剧变。经过近30年[1]的发展，这个地区的社会制度、国家结构、地缘政治都发生了重大变化。统一的苏联模式不复存在，取而代之的是多元化的发展模式，其中尤以西方模式为主。由于原有的特征已经没有了，"苏东地区"变成了"原苏东地区"。在这过程中，民主德国和联邦德国合并成为新的德国，苏联、南斯拉夫和捷克斯洛伐克三个联邦制国家都解体了，取而代之的是23个新的民族国家。加上国家结构没有发生变化的波兰、匈牙利、罗马尼亚、保加利亚和阿尔巴尼亚5国，"原苏东地区"出现了28个国家，它们分别属于欧亚大陆不同的次区域。其中，俄罗斯、白俄罗斯、乌克兰和摩尔多瓦位于欧洲东部，立陶宛、拉脱维亚和爱沙尼亚位于波罗的海，哈萨克斯坦、土库曼斯坦、乌兹别克斯坦、塔吉克斯坦和吉尔吉斯斯坦位于中亚，格鲁吉亚、亚美尼亚和阿塞拜疆位于外高加索，捷克、斯洛伐克、匈牙利和波兰位于中欧，保加利亚、罗马尼亚、阿尔巴尼亚、塞尔维亚、黑山、马其顿、波黑、克罗地亚和斯洛文尼亚位于东南欧。这6

---

1   这里所谓的30年是一种凑整的说法，而非精准的时间界定。事实上，新独立的国家多数是在1991年。但是，捷克和斯洛伐克独立成国是在1993年，而塞尔维亚和黑山最终独立成国是2006年。

个不同的次区域在地理位置、地缘政治、历史传统、民族宗教、政治文化等方面差别很大，区域内的各个国家在政治发展、经济发展和对外关系等方面的差别也很大。这些差别就成了"原苏东地区"最近 30 年发展的基本底色，映衬的是多样化和复杂化国内政治、地区政治和国际政治。

一元的"苏东地区"和多元的"原苏东地区"

"苏东地区"和"原苏东地区"是两个完全不同的概念。"苏东地区"是冷战期间的地缘政治概念，包括苏联和地缘政治上的东欧八国，都是共产党领导的社会主义国家。"原苏东地区"是由"苏东地区"演变而来的，包括苏东剧变之后在地理上位于原来苏联和东欧版图内那些延续下来的国家和新出现的国家。但在存续时间、内涵和性质上，"苏东地区"属于消失的，而"原苏东地区"则属于现存的。从社会发展模式上说，前者是一元的，而后者是多元的。

"苏东地区"是一个内容和形式都极不对称的合成词。"苏"指的是苏联，"东"指的是地缘政治意义上的"东欧"。前者是一个单独国家，后者则是一个由 8 个国家组成的群体。

1917 年十月革命后，列宁领导的布尔什维克党在俄国建立起世界上第一个社会主义政权，开始时称苏维埃俄国（简称苏俄），1922 年 12 月组建了苏维埃社会主义共和国联邦（简称苏联）。在地理位置上，苏联虽然横跨欧亚，但重心在欧洲东部，地理上属于东欧国家。到第二次世界大战结束时，社会主义制度在苏联已存在了近 30 年。在这过程中，苏联在 20 世纪 30 年代中后期形成了以政治上过度集权、经济上过度集中的社会发展模式[1]，称苏联模式或斯大林模式[2]。

1　中国著名的国际共产主义运动史研究专家高放先生认为，政治上的高度集权和经济上的高度集中在特定国家和特定时间不一定是错的，但是，"过度集权"和"过度集中"的弊端就十分明显了。对此，本文采纳了高放先生的观点。

2　在中国学术界，人们似乎更喜欢将苏联模式称为斯大林模式，以斯大林模式为名的专著有多部，而文章更是不计其数。之所以用斯大林模式而不用苏联模式，重要原因是这种模式最终形成于斯大林当政的时候。苏联模式的种种弊端似乎也都在斯大林时期显现出现并达到了顶峰，如政治上的党政不分、以党代政、个人集权和个人崇拜，缺少民主，破坏法制；经济上的结构比例失调，排斥市场经济；思想文化上的专断等。另外，使用斯大林模式，似乎还意在撇清斯大林时期与整个苏联、斯大林与列宁联系。这些做法有一定的道理，但从反思的角度说，把苏联社会主义制度的受挫只归咎于斯大林时期是远远不够的。

地缘政治上的东欧出现在第二次世界大战结束之后，由波兰、匈牙利、捷克斯洛伐克、德意志民主共和国（简称民主德国或东德）、保加利亚、罗马尼亚、阿尔巴尼亚、南斯拉夫等八国组成。与苏联相比，"东欧"的情况要复杂得多。第一，在地理位置上，民主德国、捷克斯洛伐克、波兰和匈牙利位于中欧，南斯拉夫、阿尔巴尼亚、保加利亚和罗马尼亚位于东南欧（巴尔干地区）。第二，在第二次世界大战之前，这些国家与大国的关系比较复杂。比如，在法国的支持下，捷克斯洛伐克、罗马尼亚、南斯拉夫3国建立了具有军事政治联盟性质的小协约。但是，在第二次世界大战之中，民主德国是德国的一部分，匈牙利、保加利亚和罗马尼亚站在法西斯一边，属于轴心国。波兰、南斯拉夫、捷克斯洛伐克、阿尔巴尼亚亲法国和英国，但都没能逃过被法西斯国家侵略和占领的命运。其中，波兰1939年被德国和苏联瓜分。但是，无论哪一类国家在外交上都没有与苏联结盟的。第三，这些国家在政治制度上有的是资产阶级共和国，有的是君主国，德国还是法西斯国家。经济制度都是以私有制为基础，但发展程度上差别很大，有的是发达的工业国，有的是工业—农业国，有的是比较落后的农业—工业国甚至是农业国。总之，它们与实行社会主义制度的苏联没有共同之处，基本上属于实行西方模式的"欧洲国家"，只是政治发展和经济发展的程度差别很大。

然而，是什么因素促成差别如此之大的苏联和这些国家走到了一起，组成了"苏东地区"呢？

有关这些国家为什么在战后都走上了社会主义道路的问题，国际关系史、国际共产主义运动史、世界社会主义等方面的著述都比较强调这些国家的某些共性，如共产党的领导，人民的意愿，反抗或抵抗法西斯运动等[1]。毫无疑问，这些都是需要考虑进去的因素，但是，最重要的还不是这些。比如，从共产党的力量角度说，在后来这些成为"东欧"的国家里，共产党虽然在二战之前就存在了，但总体上说都是规模较小，处境艰难，活动有限。在第二次世界大战期间，它们也只是反法西斯的抵抗力量之一。战后，除了南斯拉夫和阿尔巴尼亚两国的共产党之外，其他国家的共产党战后初期在国内政治生活中甚至还不占主导地位。一本国内比较权威的著作这样写道："无产阶级的领导组织共产党也已建立，虽然绝大多数在国内都处于非法地位，但已有了一定的群众基础。"[2]相比

1　参见方连庆、刘金质、王炳元主编《战后国际关系史（1945—1995）》（上），北京大学出版社1999年版，第89页。

2　高放主编：《国际共产主义运动史教本》，天津人民出版社1986年版，第344页。

而言，在后来成为"西欧"的一些国家，如意大利、法国和希腊等，共产党不仅人数甚众，而且拥有可观的武装力量。1945 年底，意大利共产党有党员 177 万，法共有党员 81 万。[1] 在希腊，"希共党员多达 40 万人，人民解放军拥有正规军 7 万多人，民族解放阵线有成员 150 万人。他们控制着全国 2/3 以上的地区。"[2] 可是，"东欧"和"西欧"的共产党后来的命运却不尽相同甚至恰恰相反。力量较弱的"东欧"的共产党成为社会主义国家的领导者，而力量较强的"西欧"的共产党只能在西方国家的政党政治中求生存谋发展。之所以如此，主要是因为苏美英等大国对战后欧洲的势力范围划分，从而使这些国家分属苏联和美国控制的两个世界。

反法西斯战争胜利的主要原因之一是建立了国际反法西斯联盟，而苏美英则是这个联盟的核心。它们不是一般的国家之间的联合，而是奉行社会主义制度和奉行资本主义制度的东西方两类国家之间的合作。1941 年苏德战争爆发后，苏联与英美正式结成了反法西斯同盟。它们在反法西斯战争中进行的合作是全方位的，同时相互关系也很复杂，自始至终伴有讨价还价和明争暗斗。单从欧洲战场上的格局看，英美与德国的战场在中欧的西部和南欧，而苏联同德国及其仆从国的战场在中欧的东部和东南欧。1944 年春苏联红军把敌军赶出国土后，越过苏波边界迅速向中欧和东南欧挺进。在这种背景下，1944 年 10 月，丘吉尔和斯大林通过密谈就今后它们的活动区域、范围和程度的划分达成了默契，这就是后来所谓的"巴尔干百分比"[3]。以后两国外长又多次协商，这个百分比的具体比例也有改动。最终，中欧的东部和除希腊之外的东南欧属于苏联的势力范围。

苏联红军在追歼德国法西斯军队的过程中，先后解放了波兰和捷克斯洛伐克，消灭了匈牙利、保加利亚的法西斯势力，清剿了罗马尼亚境内的德国军队，配合南斯拉夫人民解放军解放了贝尔格莱德，没有到过的只有阿尔巴尼亚一国。战争结束后，波兰、捷克斯洛伐克和德国东部由苏联占领。匈牙利、保加利亚和罗马尼亚成了战败国，盟国在这些国家中都设有管制委员会。委员会名义上由苏美英三国共管，但实际运作中却本着

1　帅能应主编：《发达资本主义国家共产党的历史与现状》，北京：中国人民大学出版社 1990 年版，第 8、44 页。

2　同上，第 184 页。

3　参见 [俄]《史料》杂志编委会《丘吉尔和斯大林划分东南欧势力范围：俄国档案中的百分比协定》，载华东师范大学国际冷战史研究中心：《冷战国际史研究》（III），北京：世界知识出版社 2006 年版，第 263 页。

谁占领、谁负责的原则，起决定性作用的还是苏联。"占领土地的人也要把他自己的社会制度强加在自己占领的土地上。每个人都强加他自己的社会制度。只要他的军队有力量这样做。不可能是别的。"[1] 在南斯拉夫和阿尔巴尼亚，反法西斯的抵抗运动主要是由共产党领导的，因而在表面上与苏联的联系十分密切。"从大西洋到乌拉尔山脉的欧洲很久以前就分成两个各自单独发展的部分，一部分与古罗马和天主教联系在一起，另一部分与拜占廷和东正教联系在一起。但是，二战之后，这两个欧洲之间的边界向西移动了几百公里，一些认为自己属于西方的国家蓦然发现自己此时处于东方了。"[2] 这段话反映了一部分中欧和东南欧国家民众的心态，也是后来它们反感苏联控制和苏联模式的隐形底色。所以，在第二次世界大战之后的 45 年中，"东欧"或"东欧国家"同"西欧"或"西欧国家"一样，表明的不是地理位置，而是受特定时空规范的地缘政治概念。"东欧国家"并不在欧洲的东边，而"西欧国家"也不只是在欧洲的西边。

所以，从诞生时起，"东欧国家"就与苏联紧紧地绑在了一起，形成了一个独特的地缘政治区域。为了牢牢地控制"东欧国家"，苏联先后主导建立了三个地区的组织，即在政治上控制东欧国家的"共产党情报局"（1947—1956 年），在经济上控制东欧国家的"经济互助委员会"（1949—1991 年），在军事上控制东欧国家的"华沙条约组织"（1955—1991 年）。在冷战期间，"苏东地区"与美国、西欧的全面抗衡和对峙成了冷战的主要内容。苏联和苏联模式的社会主义则是"苏东地区"的主要连接纽带。20 年 80 年代末 90 年代初，这些国家相继发生了急剧的社会制度变革。可以从多个角度来解读苏东剧变，但就其实质而言，它意味着苏东国家全面地放弃马克思主义的意识形态、共产党的领导和社会主义制度。与此同时，1991 年，长期控制东欧的苏联也解体了。没了苏联、马克思主义、共产党和社会主义这些基本要素，地缘政治意义上的"苏东地区"也就不存在了。在称谓上，各种相关研究文献中出现了"中欧""新欧洲""中间地带""中东欧"和"后社会主义"等各种说法。[3] 为了表明与西欧的亲近和对俄罗斯的疏离，一些坚持自己属于西方民族的人（如波兰历史学家奥斯卡·哈莱茨基、捷克作家米兰·昆德拉等）

1　转引自 [英] 本·福凯斯著《东欧共产主义的兴衰》，第 5 页。

2　Robert Bideleux and Ian Jeffries, *A History of Eastern Europe: Crisis and Change*, p. 8.

3　参见 [英] 本·福凯斯著《东欧共产主义的兴衰》，第 1 页；[波] 格泽戈尔兹·W. 科勒德克著：《从休克到治疗：后社会主义转轨的政治经济》，刘晓勇等译，上海远东出版社 2000 年版。

还提出了"东中欧"概念，以此说明它们的国家位于"西欧的东边"，而不是"东欧的西部"[1]。

在社会制度剧变之后，"苏东地区"的国家构成也发生了重大变化。民主德国于1990年5月与德意志联邦共和国（联邦德国）合并成新的德国，苏联于1991年底分裂成俄罗斯联邦、白俄罗斯、乌克兰、摩尔多瓦、立陶宛、爱沙尼亚、拉脱维亚、格鲁吉亚、亚美尼亚、阿塞拜疆、哈萨克斯坦、吉尔吉斯斯坦、塔吉克斯坦、乌兹别克斯坦等15个独立主权国家。南斯拉夫于1991—1992年间解体，斯洛文尼亚、克罗地亚、波斯尼亚和黑塞哥维那、马其顿先后宣布独立，塞尔维亚和黑山则组成南斯拉夫联盟共和国（南联盟）。2003年2月，南联盟改称塞尔维亚和黑山（简称塞黑）。2006年6月，塞尔维亚和黑山最终分手，成为两个独立国家。1993年1月，捷克斯洛伐克联邦共和国正式分离为捷克和斯洛伐克。至此，原苏东地区的九个国家演变成了大大小小28个国家。[2]

苏东剧变后果就是剪断了把苏联和"东欧"绑在一起的纽带。更为重要的是，剧变之后的国家或剧变之后新诞生国家都不再实行社会主义的政治和经济制度，意识形态上都转向多元的自由主义、社会民主主义和民族主义等，绝大多数国家的对外政策也从依附于苏联转向于欧盟和美国。它们与俄罗斯都保持着疏密不同经济联系，但几乎没有亲近者。与此同时，作为一个独特的地缘政治的"苏东地区"为多个次地理区域所取代，28个国家大体上可以划分为东欧、东南欧、东欧、波罗的海、外高加索、中亚等六个次地理区域。没有了冷战的藩篱，没有了苏联的阴影，没有了马克思列宁主义的意识形态，没有了社会主义的政治制度和经济制度，无论是这些区域还是区域里的国家都不再有任何共同的硬性约束，在社会发展的各方面上五色缤纷，差异性非常突出。

另外，在苏联和地缘政治上的"东欧"的原有的空间上，不同国家出于不同目的进行了重新组合，也出现了许多不同称谓的地区性组织。

在"原苏联地区"，苏联解体后，除波罗的海之外的由原加盟共和国演变而来的国家组建了进行多边合作的国家联合体，即独联体。格鲁吉亚和摩尔多瓦分别于1993年12月和1994年4月加入，土库曼斯坦和格鲁吉亚先后于2005年8月和2009年8月正式退出。不难看出，独联体的范围所及要小于苏联。从俄罗斯的对外政策角度考虑，

---

1 Robert Bideleux and Ian Jeffries, *A History of Eastern Europe: Crisis and Change*, p.10.

2 2008年2月，原为塞尔维亚自治省的科索沃宣布独立，到2012年底已获得97个国家的承认。由于中国尚未正式承认科索沃独立国家的地位，所以，本文不把其作为一个独立国家。

独联体国家由于多为苏联的近邻，在地缘政治上和经济、国防、民族、安全等领域都是俄罗斯要优先考虑的。因此，独联体通常也被称为"后苏联空间"。另外，在独联体内部，与俄罗斯关系比较微妙的格鲁吉亚、乌克兰、阿塞拜疆和摩尔多瓦等4国于1998年成立一个非正式地区联盟，其名称由它们英文国名的第一个字母组成称"古阿姆"（GUAM）。1998年，乌兹别克斯坦也加入了这一组织，但2005年又宣布退出。"古阿姆"的主要目的是要共同建设一条向欧洲输出里海油气的运输走廊，以此加强成员国与欧洲国家的经济联系。不过，这个组织有很浓厚的反俄和亲西方的色彩。

在中欧和东南欧地区，1991年2月，匈牙利、波兰和捷克斯洛伐克三国领导人举行会议，经过协商一致决定在建立多党议会制和向市场经济过渡方面相互交流经验，在加入欧共体方面协调行动，加强彼此间合作，成立区域合作组织。由于这次会议是在匈牙利的维谢格拉德城堡举行的，参加会议的三国也被称为维谢格拉德集团（Visegrad Group)。捷克斯洛伐克分家后，维谢格拉德集团变由四国组成，即V—4。加入了欧盟之后，四国仍然通过领导人每年定期会晤和议会之间的对话机制来扩大维谢格拉德集团的作用和影响。1992年底，维谢格拉德四国在波兰的华沙签署文件，决定成立中欧自由贸易协定（Central European Free and Trade Agreement）。2006年，包括希腊在内的所有巴尔干国家和土耳其都参加了这个协定。2007年5月，中欧自由贸易协定改称为"东南欧自由贸易协定"（Eastern and South European Free and Trade Agreement)，发展成以巴尔干国家为主体的区域合作组织。除此之外，巴尔干国家1996年还在保加利亚首都索非亚成立了东南欧合作进程（South Eastern European Cooperation Process）和地区合作委员会（Regional Cooperation Council)，后一个组织的前身是"东南欧稳定公约"（Stability Pact for South Eastern Europe）。

总之，"原苏东地区"与原来的"苏东地区"已经完全不是一回事了。在"原苏东地区"，不同地理区域之间和同一地理地域中的各个国家之间都不可相互指代和替代。它们唯一的共同点是过去时的，即它们或它们的母体都曾是"苏东地区"的一员。

社会转型、新国家构建和社会发展的 30 年

对于从"苏东地区"到"原苏东地区"的社会变迁，学术界多使用社会转型或者社

会转轨。2015 年东方出版社出版了陆南泉教授主编的一套四本的《曲折的历程》，分别论述了俄罗斯、中亚、中东欧 1989 年以后 25 年的社会转型。"本套丛书所论述的转型系指原苏东国家在发生剧变后对各种体制进行根本性改革的制度变迁过程，其主要内容是，由原来高度集权的政治体制与高度集中的指令性计划经济体制向政治民主化、经济市场化体制过渡。"[1] 一般而论，这样的说法没有任何问题，这种社会变迁始于"苏东地区"而终于"原苏东地区"。

但是，社会转型本身就是一种比较复杂的社会现象，而具体到民族、宗教、历史、国内政治、地区政治和国际政治等多种因素迭加在一起的"苏东地区"来说，社会转型这种现象就更加复杂。从"苏东地区"向"原苏东地区"的社会变迁，也就是从苏联模式向西方模式的社会转型。苏联模式是十月革命之后开始形成并于 20 世纪 30 年代中期正式形成的一种社会主义建设的方式和方法，其基本内容是政治上共产党单独执政、经济上实行生产资料公有制基础之上的指令性计划经济，意识形态上是马克思主义的指导思想，对外关系上强调的是与实行资本主义制度的西方国家的对立和斗争，特点是单一性和非均衡性。虽然在细节上苏联模式在不同的时空有一定的差别，但它形成之后特别是在冷战时期，苏联模式的这些基本内容及其特征没有也不可能改变，改变了就无所谓苏联模式了。因此，苏联模式有绝对的排他性。西方模式是 17—18 世纪英法资产阶级革命之后在西欧开始形成的社会发展方式，其基本内容是政治上的多党议会民主制，经济上是生产资料私有制基础之上的市场经济，意识形态上的多元化，对外关系上的现实主义。比起苏联模式，西方模式的基本特征是开放度更大，包容性更大，因而时空差异性也更大。苏联从 1917 年到 1991 年，东欧国家从 1945 年到 1989 年实行的都是苏联模式。但从 1989 年开始，这些国家都先后发生社会制度的急剧变化，共产党单独执政转向多党制，公有制和计划经济转向私有制和市场经济，意识形态的一元化转向多元化，对外关系则随着政治、经济的转变而呈多样性，总体上说是向西方模式转变，但在具体内容或方式上的差别较大。在这过程中，有两个现实的疑问对社会转型提出了挑战。

第一个疑问是"苏东地区"的社会转型完了没有？就这个地区而言，社会转型是有特定含义的，指的从苏联模式转向西方模式的过程，而非其他指向。不同的国家由于前提条件和客观环境的不同，这个过程进展得快慢和时间长短区别很大，各个方面的转型

1　陆南泉总编：《曲折的历程》，北京：东方出版社 2015 年版，第 001 页。

也不是齐头并进。但无论如何，当多党的议会民主制由宪法确立了下来并成为现实政治制度的基本架构的时候，以后的政治发展还叫转型吗？当通过"休克疗法"或者通过渐进方式确立了以私有制为基础的市场经济的时候，以后的经济发展还叫转型吗？当根据实际需要而形成了自己的外交特色的时候，以后的对外关系还叫转型吗？这些疑问适用于转型前后国家结构没有变化的匈牙利、波兰、阿尔巴尼亚、保加利亚和罗马尼亚等国。然而，苏联东欧社会剧变过程中，三个联邦制国家都解体了，苏联变成了 15 个国家，南斯拉夫变成了 6 个国家，捷克斯洛伐克变成了两个国家。"原苏联地区"的新民族国家成立于 1991 年，"前南地区"的新民族国家中有 4 个出现在 1991 年，两个出现在 2006 年，捷克和斯洛伐克出现在 1993 年。由于在社会转型之前不是独立的民族国家，而新的民族国家又是按西方模式构建的，由此产生了第二个疑问，即这些新建立的民族国家存在不存在社会转型？实际上，多数国家虽然从诞生之日起就基本上按西方模式框架进行国家构建的，但基础都是原来苏联模式的国家母体，因此，它们的新国家构建可能也有社会转型的因素，但新国家构建是主要的，社会转型则是从属的。这种特征在那些内部民族与宗教矛盾比较尖锐的国家里更为明显。在这些国家中，有的主要是确立各民族和不同党派的国家认同，如波黑、马其顿、亚美尼亚等。有的主要是维护国家领土完整，防止分裂，如摩尔多瓦的德涅斯河左岸（"德左"）问题、塞尔维亚的科索沃问题等。有的国家还发生过时间长短不一、规模大小不等的武装冲突和战争，如塔吉克斯坦的内战、亚美尼亚和阿塞拜疆的纳卡冲突等。也有的国家主要是确立政治认同，如乌克兰等。在这些新诞生的国家中，新国家构建、国家认同和社会转型往往是搅在一起的。

在对"原苏东地区"28 个国家进行了比较全面、系统的研究之后，本文认为，从"苏东地区"到"原苏东地区"的这 30 年的主题不止是社会转型，应当包括相互交错、迭加在一起的三方面内容，即社会转型、新国家构建和社会发展。

第一方面内容是内涵和外延都有很大的区别的社会转型。

社会转型（Social Transformation）是社会的一种特殊的发展状态和阶段。不论是发展的某一方面（如政治、经济、文化、意识形态）还是发展的整体，社会转型所描述的都是从一种状态或模式向另外一种状态或模式的变迁，带有很强的过渡性特点。既然是一种过渡性的发展状态或模式，不论哪一种社会转型都有起点和终点，都是一个长短不等的过程，都有各自的目标和途径。一个地区或一个国家的社会转型都是复杂的政治、经济和意识形态现象，在不同的时间或不同的空间会有不同的侧重方面。所以，从"苏东地区"到"原苏东地区"的社会变迁具体落实每个具体国家有区别甚至有很大区别的。本文将 28 个国家的社会转型分为四类。

波兰、匈牙利、保加利亚、罗马尼亚、阿尔巴尼亚是第一类。在社会转型的过程中，这五个国家结构没有发生变化，完整地延续下来并完全继承了苏联模式的遗产。所以，它们社会转型的内容就是否定苏联模式的合法性，在此基础上转向西方式社会发展模式。在这些国家中，波兰和匈牙利在转型之前量变积累比较充分，去苏联模式化及其后的新社会发展模式的确立与发展相对顺畅。保加利亚、罗马尼亚、阿尔巴尼亚的社会转型主要是受波兰、匈牙利等国社会剧变的冲击，转型之前量变积累相对不充分，去苏联模式化及其后新社会模式的确立都较仓促并且充斥着动荡甚至暴力，所需时间也相对长些。

除俄罗斯外的"原苏联地区"国家和除塞尔维亚外的前南地区国家是第二类。这些国家都是社会制度发生剧变过程中新成立的国家，在社会主义时期只是苏联的加盟共和国或者南斯拉夫的共和国。它们从其母体（苏联和南斯拉夫）那里继承的国家遗产很少甚至没有。所以，作为一个独立主权国家后，内政外交机构需要重新建构。对这些国家而言，社会发展的内容除了去苏联模式化外，更为重要的是构建新的国家。国家虽然是新建的，但赖以建立的基础却是苏联模式的废墟。在这些国家中，斯洛文尼亚、克罗地亚和波罗的海三国转型前的经济发展程度、民主化程度都比较高，历史上与西方的关系较为紧密，转型条件准备较充分，按新社会发展模式进行的国家构建比较顺利。波黑、马其顿和黑山主要受困于民族、宗教矛盾、地区政治或国际政治，构建统一国家的历程比较艰难或曲折。与此相适应，它们的社会转型也不顺畅。中亚五国、外高加索三国转型前经济发展程度、民主化的程度都比较低，历史上的社会发展与西方国家与西方模式几乎没有什么联系，转型条件准备不够充分，新社会发展模式确立的过程更加漫长和艰难。

俄罗斯、塞尔维亚是第三类。俄罗斯是苏联的继承者，塞尔维亚是南斯拉夫的继承者。实际上，它们几乎不存在独立建国的问题。但是，也正因为它们完整地继承了苏联和南斯拉夫的遗产，因而去苏联模式化和新制度构建的任务繁重。

捷克斯洛伐克是第四类。捷克、斯洛伐克在捷克斯洛伐克社会转型基本完成之后和平分家。它们虽然也是新建立的国家，但原来的共同资产（有形的和无形的）和国家机构都是协商划分，因此，各自国家的重建任务不重，社会发展的主要内容是去苏联模式化、巩固新的社会发展模式。由于捷克斯洛伐克转型前经济发展程度、民主化程度较高，历史上与西方的关系较为紧密，转型条件准备较充分，和平分家后的捷克和斯洛伐克新社会发展模式的巩固也比较顺利。

社会转型的内容常常依据不同的标准划分成不同的类别，如经济转型、政治转型、文化转型等等。不仅是不同的国家，就是在同一个国家，这些不同方面的转型不仅不是同步的，而且差别比较大。但总体来说，社会转型是相对短暂的。它只是社会发展中的某一个过渡性或连接阶段，但不同方面的转型所需要的时间并不一样。达伦多夫在苏东剧变开始后不久在《东方融入西方了吗？》一文说："建立新的政治机构，编纂一部新宪法和选举法需要六个月时间，建立基本可行的市场经济可能就需要六年时间，可建成一种公民社会将需要六十年时间。"[1] 对"苏东国家"来说，达伦多夫的这番话可能有些夸张，但它们的政治、经济和外交转型的时间差却是客观的存在。大体上可以这样概括，政治上去苏联模式化的时间比较短，甚至可以说就是苏东剧变本身。在剧变过程中，这些国家都很快地实行了议会制、通过了宪法确立了新的政治制度，进行了多党制的选举等。经济上的去苏联模式化主要是通过私有化、市场化实现的。但是，由于初始条件不一样，有的国家采取激进的"休克疗法"，有的国家则采取渐进的方式，也有的国家将这两种方法混合使用。但总体上说，经济转型的时间要远远长于政治转型，而且各国之间的差别也很大。加入欧盟越早的国家，经济转型过程越短，而西巴尔干和后苏联空间的多数国家经济转型的过程也很漫长。外交上的转型不仅所需时间长，而且差别更大。中东欧国家和波罗的海三国在第二次世界大战之前属于西方模式的欧洲国家，因此，以"回归欧洲"为主要的外交目标。波兰、捷克、匈牙利、斯洛文尼亚、波罗的海三国 1999 年加入了北约，2004 年参加了欧盟。斯洛伐克、保加利亚和罗马尼亚于 2004 年加入北约，斯洛伐克同年也加入了欧盟，而保加利亚和罗马尼亚加入欧盟的时间是 2007 年。克罗地亚先后于 2009 年和 2013 年加入北约和欧盟，阿尔巴尼亚于 2009 年加入北约，黑山于 2016 年加入北约。

第二方面内容是分离、分裂和分手构建而成的新国家。

从"苏东地区"到"原苏东地区"30 年的另一个重要内容是新国家构建。在剧变过

1　John Keane, *Global Civil Society*? Cambridge: Cambridge University Press. 2003. p.159.

程中或稍后，"苏东地区"中的民主德国、苏联、南斯拉夫和捷克斯洛伐克消失了。其中，民主德国回归到德国母体当中，而三个联邦制的国家都解体了，在它们的基础上出现了23个新的国家。但是，这些新国家诞生的方式和新国家构建过程差别巨大。

苏联各加盟共和国是在分离中独立成国的。生于苏联格鲁吉亚、后移居到法国的苏联问题专家埃莱娜·卡雷尔·唐科斯早在20世纪80年代初就警告说，苏联在民族问题上已陷入危机，非俄罗斯民族反对"一体化"和"俄罗斯化"，宗教的复苏已同民族斗争结合起来。虽然在苏联"不存在民族独立运动"，但各少数民族同中央政权的矛盾日益尖锐，苏联当局将像沙俄一样，"无法走出民族问题的死胡同"[1]。苏联的命运果真如此。1987年8月，也就是《苏德互不侵犯条约》签订48周年之际，立陶宛、爱沙尼亚和拉脱维亚三国的首都同时举行了抗议该条约和将波罗的海三国并入苏联的示威游行。1989年8月29日，三国的民族主义组织——人民阵线在立陶宛和爱沙尼亚共产党领导人的支持下，联合举行了规模更大的抗议苏德条约的行动，200多万人手拉手形成长达600多公里的"波罗的海之路"，这条人链将塔林、里加和维尔纽斯连接起来。[2]三国民众高唱三国独立时期的国歌，高呼"俄罗斯人从波罗的海滚出去"。1990年，波罗的海三国先是共产党宣布脱离苏共独立，然后宣布国家独立。外高加索地区的民族问题主要体现在亚美尼亚和阿塞拜疆因领土归属而产生的纠纷，1989年底双方竟动用了现代化武器激战，范围也向周边其他地区扩展。1990年6月，苏联最大的加盟共和国——俄罗斯联邦通过了主权宣言。在此前后，其他加盟共和国也都纷纷宣布独立。在这种情况下，1990年12月8日，俄罗斯、乌克兰和白俄罗斯的首脑叶利钦、克拉夫丘克和舒什科维奇在白俄罗斯的别洛韦日森林签署了成立"独立国家联合体"的协议，宣布"作为国际法主体和地缘政治现实的苏联将停止自己的存在"[3]。自此，统一的苏联分裂成15个独立主权国家。

南斯拉夫各共和国是在分裂中独立成国的。在东欧社会主义国家中，南联邦的民族和宗教问题最复杂，各斯拉夫民族之间、斯拉夫民族和非斯拉夫民族之间的历史恩怨、利益冲突由来已久并贯穿始终。如果把南联邦比作航行在汪洋大海中一条船的话，那么，

1　[法]埃莱娜·卡·唐科斯：《分崩离析的帝国》，郝文译，北京：新华出版社1982年中文版，译者的话。

2　[英]阿兰．帕尔默著：《波罗的海史》，胡志勇译，北京：中国出版集团东方出版中心2013年中文版，第455页。

3　[俄]格·萨塔罗夫等著：《叶利钦时代》，高增训等译，北京：东方出版社2002年中文版，第194页。

六个共和国和两个自治省就是摇橹的船工。船工们虽然各怀心事，但无奈铁托这位强硬的船长的权威，得听他的口令向前划行。1980年铁托去世后，南联邦就变成了一艘"无舵手"的划艇了。南斯拉夫的民族问题首先从科索沃以冲突的方式爆发，并且一步一步地朝着民族危机方向发展。1989年3月开始，南联邦政府在科索沃实行宵禁。在东欧其他国家社会剧变的冲击下，南联邦的各种矛盾也迅速地激化起来，其中，是分离还是维护联邦成为主要矛盾。1989年10月，南共联盟宣布放弃垄断地位，在南斯拉夫实行多党制。1990年1月，由于斯洛文尼亚、克罗地亚和马其顿三个共和国共盟拒绝出席，南共联盟第十四次大会无法正常举行。大会筹委员建议将党名改为民主社会党并将权力移交给"南共联盟——维护南斯拉夫运动"，有70多年的历史、执政45年的南共联盟退出历史舞台。在接下来的多党制大选中，除了塞尔维亚社会党和黑山共盟之外，其他几个共和国由共盟演变而来的党派全都落马失利，政权主要落入到强调独立的民族主义政党手中。

这些民族主义政党上台后，便加快了各自共和国脱离南联邦的步伐。斯洛文尼亚和克罗地亚于1991年6月同时宣布脱离南联邦。接着，波黑、马其顿也宣布独立。塞尔维亚和黑山则成立了南联盟。在这个过程中，克罗地亚境内的5万塞尔维亚人不断举行示威，反对克罗地亚独立，宣布成立"克拉伊纳共和国"，要求并入塞尔维亚。当时这个"共和国"控制了克罗地亚与波黑接壤的塞族地区。类似的情况也发生在波黑，塞族聚居区也成立了共和国并要求与塞尔维亚合并。于是，克罗地亚和波黑都发生了战争，造成大量的人员伤亡和财产损失。1995年底，在国际社会的干预下，南联盟、克罗地亚和波黑三国领导人米洛舍维奇、图季曼和伊泽特贝戈维奇先后在美国代顿达成了波黑停战协议。根据这个协议，武克瓦尔等地回到克罗地亚手中，而波黑成为一个由穆克联邦和塞尔维亚共和国两个分治实体组成的统一国家。也就从波黑内战开始，科索沃地位问题演变成阿族武装与南联盟军警之间的战争，国际社会特别是北约也逐渐干预进来，1999年发生了北约对南联盟七十多天的狂轰滥炸。战争之后，科索沃由联合国托管，但实际上已经独立了。又过了差不多10年，2008年2月科索沃宣布独立。在这过程中，塞尔维亚和黑山也渐行渐远。2003年2月，南联盟更名为塞尔维亚和黑山。2006年6月黑山正式宣布独立。至此，南联邦一分为七，统一的南斯拉夫国家不再存在。

捷克斯洛伐克在协商分手中独立成国的。捷克和斯洛伐克两个民族同属西斯拉夫人，长期同呼吸共命运，相互关系比较好。但是，由地区发展不平稳和在国家中的地位不平等而起的屈从感使斯洛伐克人特别渴望独立和拥有自己的国家。捷克斯洛伐克社会剧变之后，斯洛伐克人和捷克人便开始就国家权力分配问题进行讨价还价，希望自己也能成为国际法的主体。于是，他们主张用"捷克—斯洛伐克"为名取代"捷克斯洛伐克共和国"。1992年6月议会选举后，两个对国家结构和经济转型问题持截然不同观点的政党分别在捷克和斯洛伐克胜出。在协商不成的情况下，两党领导人达成解散联邦的协议。根据捷克斯洛伐克议会11月通过的《捷克和斯洛伐克联邦共和国解体法》，从1993年1月1日起，斯洛伐克正式独立，圆了自己千百年的国家梦。当时，斯洛伐克人普遍认为，捷克斯洛伐克解体的主要原因是捷克人不愿意给予斯洛伐克人以平等的地位。与前两个联邦制国家相比，特别是与南斯拉夫相比，捷克斯洛伐克的解体最大的特点是平和，不仅没有暴力冲突，至少在公开场合连相互抵毁的过激言行都少有。

第三方面的内容是多样化和参差不齐的社会发展。

一般而论，社会转型结束之后，转型国家都会有一个质的飞跃，从农业的、乡村的、封闭或半封闭的传统社会变为工业的、城镇的、开放的现代型社会。然后，社会发展在新的形态下又开始了新的积累。对"原苏东地区"的国家来说，社会转型的结束均以把建立多党制、议会民主和市场经济的法治国家为主内容的社会发展模式写进宪法为标志，但转型后的社会发展状况却大不相同。苏联模式尽管失败了，但是，有些国家新的社会发展模式构建的条件并不完善，权威主义政治、寡头经济和腐败成为多党制和市场经济的伴生物甚至替代物。有些国家历史上民主化程度、经济发展水平都比较高并且与西欧国家联系较为密切，新的社会发展模式构建过程相对比较容易，转型后的社会发展比较顺畅。有些国家历史上民主化程度低和经济发展都比较低并且与西欧国家联系较为疏远，排斥新社会发展模式的力量较强，转型后的社会发展比较曲折。

"原苏东地区"的28个国家在转型之后或新国家构建之后，都步入了新的社会模式下的发展阶段。但是，由于转型上的差异和新国家构建上的差异，这些国家接下来的社会发展也呈多样化，各方面的发展程度也参差不齐。下面第一个表格反映的是这些国家2015年的两个经济指标，第二个表格反映的是"回归欧洲"的情况。

表 1 "原苏东地区"国家 GDP 和人均 GDP（2015 年）

国家	GDP 总量（亿美元、排序）		人均 GDP（美元、排序）	
俄罗斯	12830.0	1	8748.4	11
波兰	4713.6	2	12421.3	8
捷克	1953.1	3	18491.9	2
罗马尼亚	1875.9	4	9519.9	10
哈萨克斯坦	1372.8	5	7713.6	12
匈牙利	1258.2	6	12815.0	7
乌克兰	932.7	7	2185.7	24
斯洛伐克	897.7	8	16535.9	4
保加利亚	532.4	9	7469.0	13
克罗地亚	507.2	10	12160.1	9
白俄罗斯	474.1	11	4986.5	18
斯洛文尼亚	447.1	12	21652.3	1
立陶宛	427.4	13	14879.7	5
塞尔维亚	383.0	14	5426.9	16
阿塞拜疆	378.5	15	3876.9	21
土库曼斯坦	361.8	16	6389.3	15
拉脱维亚	275.7	17	14064.7	6
爱沙尼亚	233.4	18	17727.5	3
波黑	169.1	19	4808.4	19
格鲁吉亚	143.8	20	3865.8	22
阿尔巴尼亚	118.6	21	4125.0	20
马其顿	109.0	22	5237.1	17
亚美尼亚	105.7	23	3614.7	23
塔吉克斯坦	69.5	24	795.8	28
摩尔多瓦	67.5	25	1900.2	26
乌兹别克斯坦	67.2	26	2110.6	25
吉尔吉斯斯坦	65.5	27	1077.0	27
黑山	43.7	28	7023.5	14

资料来源：世界银行数据库（2016 年），https://data.worldbank.org/indicator/。

表2　回归欧洲的程度

国家	与北约的关系	与欧盟的关系	与申根区的关系	与欧元区的关系
波兰	成员（1999年）	成员（2004年）	成员（2007年）	
捷克	成员（1999年）	成员（2004年）	成员（2007年）	
斯洛伐克	成员（2004年）	成员（2004年）	成员（2007年）	成员（2009年）
匈牙利	成员（1999年）	成员（2004年）	成员（2007年）	
立陶宛	成员（2004年）	成员（2004年）	成员（2007年）	成员（2015年）
拉脱维亚	成员（2004年）	成员（2004年）	成员（2007年）	成员（2014年）
爱沙尼亚	成员（2004年）	成员（2004年）	成员（2007年）	成员（2011年）
罗马尼亚	成员（2004年）	成员（2007年）	申请（2007年）	
保加利亚	成员（2004年）	成员（2007年）	申请（2007年）	
斯洛文尼亚	成员（2004年）	成员（2004年）	成员（2007年）	成员（2007年）
克罗地亚	成员（2009年）	成员（2013年）		
塞尔维亚	加入北约"和平伙伴关系计划"（2006年）	候选国（2012年）		
马其顿	加入北约"和平伙伴关系计划"（1995年）	候选国（2005年）		
波黑	加入北约"和平伙伴关系计划"（2006年）	潜在候选国（2003年）		
黑山	成员（2017年）	候选国（2010年）		使用欧元
阿尔巴尼亚	成员（2009年）	候选国（2014年）		
俄罗斯	加入北约"和平伙伴关系计划"（1994年）			
乌克兰	加入北约"和平伙伴关系计划"（1994年）	联系国（2015年）		
白俄罗斯	加入北约"和平伙伴关系计划"（1995年）	"东方合作伙伴计划"成员（2009年）		
格鲁吉亚	加入北约"和平伙伴关系计划"（1994年）	联系国（2014年）		

亚美尼亚	加入北约"和平伙伴关系计划"（1994年）	签署"合作伙伴关系协定"（1996年）		
阿塞拜疆	加入北约"和平伙伴关系计划"（1994年）	与欧盟就"战略伙伴关系协定"举行多轮谈判（2017年）		
哈萨克斯坦	加入北约"和平伙伴关系计划"（1995年）			
吉尔吉斯斯坦	加入北约"和平伙伴关系计划"（1994年）			
塔吉克斯坦	加入北约"和平伙伴关系计划"（2002年）			
土库曼斯坦	加入北约"和平伙伴关系计划"（1994年）			
乌兹别克斯坦	加入北约"和平伙伴关系计划"（1995年）			
摩尔多瓦	加入北约"和平伙伴关系计划"（1994年）	与欧盟签署《东部伙伴关系宣言》（2009年）		

资料来源：作者自制。

经过 30 年多样化的社会转型、新国家构建和社会发展，包括 28 个国家的"原苏东地区"成为世界上最为多元、最为复杂的新的地缘政治区域。如果将上文所讲的总结一下的话，可以做以下概括。第一，28 个国家分属的中欧、东南欧、东欧、波罗的海、外高加索、中亚等 6 个次区域。整体上说，它们的同质性比较弱，相互联结程度比较低。第二，许多国家内部的民族关系错综复杂，对国家的统一建构和社会发展有非常大的影响。不同民族在统一国家的认同上，在新国家的体制构建以及内外政策上，在自身在统一国家中的地位和作用上都不同程度地存在着分歧和矛盾，而这些分歧和矛盾也会波及到它们的对外关系上。第三，由于历史或政治上的原因，一些相邻国家之间在领土、主权、民族等方面的关系错综复杂，影响着地区的合作与稳定。第四，这些国家与大国之间的关系错综复杂，同西欧、美国、俄罗斯、土耳其等国不是等量齐观的，亲疏远近差异各有侧重，同中国的关系也有比较大的不同。总之，"原苏东地区"这些复杂关系是民族宗教、历史文化、国内政治、地区政治、国际政治和国际影响等诸多因素综合作用的结果，形成的时间长，短时期内难以消除。

"原苏东地区"各国的三重特征

如果从整体观察和分析"原苏东地区"28 个国家最近 30 年的历程，各国的社会发展都明显地有三个层次的特征，即共性、区域性和个性。

所谓共性，指的是这 28 个国家都具有的特征，即去苏联模式化和西方模式化。无论是完整延续下的国家还是在苏联模式废墟上新构建的国家，在政治制度上无一例外地实行了多党制，原来的共产党除个别的之外或者改名换姓参与政党政治，或早已销声匿迹不复存在。在经济制度上，这些国家几乎都实行了私有化和市场经济，原来的公有制和计划经济也都被打破。总的说来，苏联模式是整齐划一的，无视国情的需要和历史的传统。当然，苏联模式本身在非本质的某些方面随着时间推移或在不同国家也有些许变化。时间上的变化主要体现在所谓改革上面，实际上是在不触动（也不可能触动）这种模式的本质特征（共产党的领导和社会主义制度）的前提下进行有限的调整，社会在这种进退不定的反复中缓慢行进。空间上的变化主要体现在苏联模式在苏联、东欧国家的差别上。苏联是这种社会主义模式的"原产地"，而东欧国家则是被迫接受这种模式。不仅如此，由于战后雅尔塔体系的约束，这些国家属于苏联"领地"，虽然排斥苏联模式，但也别无选择，更无法也无力公开反抗。东欧国家的社会发展只能在与苏联模式、与苏联没有根本性冲突的前提下尽可能地显现自己的特点。因此，苏联模式各方面的特征带有很强的社会制度指向。从本质上说，苏东国家社会制度剧变和解体后新国家构建，也可以说都是去苏联模式的过程。不论在表现形式、持续时间和程度上有什么区别或多么大的不同，去苏联模式化却是一样的，社会发展不再有定性化的特征。一党独大还是多党并存，公有制主导还是各种所有制形式同在，都不再是特定的社会制度的标识了。

所谓区域性，指的是同处一个地理区域国家共有的特征。如前所述，原苏东地区 28 个国家从地理位置上可以分为 6 个次地理区域。不同区域里的国家在各方面的差别比较大，而在相同区域中的国家在各方面的共性比较大。东欧的俄罗斯、乌克兰和白俄罗斯不仅都是东斯拉夫民族、主要信奉东正教，而且共同支撑起强大的沙皇俄国和苏联，苏联的最终解体也是它们共同做出决定的。在独立成国之后的发展过程中，俄罗斯和白俄罗斯的关系极为密切，乌克兰位于西欧文明和俄罗斯文明的交汇处，受东西方大国强有力的撕扯。但是，乌克兰的向俄、亲俄的势力也很强。波罗的海三国在历史上就是"抱团"生存与发展，民众主要信奉新教或天主教，上个世纪20—30年代都按西方模式建立了独立国家，第二次世界大战中被苏联和德国争来夺去，战后又都被并入苏联。由于长期西方影响但被强行并入苏联，波罗的海三国对苏联的认同较弱，而摆脱的意愿很强。所以，它们独立后很快就回归了欧洲。中亚五国虽然大小有别，但都是以伊兰教为主要信仰的国家，政治文化、历史传统甚至生活习俗都比较相近甚至相同。它们都属欧亚草原突厥民族国家，历史上主要受蒙古鞑靼人的影响，19世纪中叶部分或全部并入沙皇俄国，20世纪20—30年代成为苏联的加盟共和国。不过，中亚五国在边界、跨境民族、资源等方面存在着程度不同的矛盾和冲突。另外，中亚五国几乎没有回欧洲的因素，但受俄罗斯、美国和中国的影响差别比较大。外高加索虽然也是一个独立区域，但不同于中亚和波罗的海，这里的格鲁吉亚、阿塞拜疆和亚美尼亚三国在民族、宗教、历史、文化以及它们与周边大国的关系同质性较差。因此，外高加索三国不仅相互之间矛盾冲突不断，而且与俄罗斯的关系复杂，格俄之间甚至还发生过战争。在"原苏东地区"的国家中，匈牙利、捷克、斯洛伐克和波兰四国组成的中欧地区在许多方面的同质性强，回归欧洲的程度高，在6个区域中是最发达的。它们不仅早已加入了北约、欧盟，还组建了V—4集团，但比较起来，东南欧地区不仅国家多，而且异质性强，发展差别明显。斯洛文尼亚、克罗地亚、罗马尼亚、保加利亚都已经是北约和欧盟的成员，其中，斯洛文尼亚还加入欧元区和申根区。阿尔巴尼亚和黑山只是北约的成员，而其他国家还都远近不同地站在欧洲的大门口。另外，有些国家仍面临着国家构建上的问题，波黑三大民族对统一国家的认同问题，马其顿的国名得到国际社会认同的问题，塞尔维亚与科索沃的关系问题等。总之，取代地缘政治上的苏东的6个次地理区域，各自的发展特征非常明显。

除了去苏联模式化的共性和多样化的地区性之外，28个国家在最近30年社会发展过程中也彰显出了各自的特性。苏联模式强制推行的是政治制度、经济制度、意识形态和对外关系的一致性，否定任何差异性。"原苏联地区"的15个国家在社会主义时期是统一的整体，体制上根本无差别而言。东欧国家情况要复杂，它们在二战结束之前都属于西方阵营，二战之后被强行划为苏联的势力范围，社会发展模式在1945—1947年间发生了第一次转型。冷战开始后，苏联将自己的社会发展模式强加到东欧国家，摆脱苏联控制和苏联模式是东欧国家的共同诉求。但是，由于力量对比不对称和国际格局的制约，东欧国家的这种诉求没有也不可能有本质上的冲破。相比之下，西方模式包容性比较大，开放度比较高，对原苏东地区各国没有统一的具体格式要求，没有用强力推行这种模式。在强制统一的苏联模式失效而西方模式又不强求一致的情况下，这些国家在社会转型、新国家构建和社会发展上受自身的历史传统和政治文化影响比较大，因而都在不同程度上凸显自己的特征。外部影响仍旧存在，但不同区域甚至同一区域里的国家所受的外部影响及其程度却是不一样的。正因如此，每一个国家无论在社会转型上还是在新国家构建或是社会发展上都在不同程度上显示出了自己的特点。不用说处于不同区域，即使同处一个区域里，一个国家的状况也不同于另一个国家的。这些个性在很大程度上外化为政治发展、经济发展、对外政策以及相互关系的差别上面。

上述共性、地区性和个性三个层次的特征使得"原苏东地区"各国最近30年的发展状况是多样性的，同时也有很大差异性。分析、研究这种多样性和差异性有多方面的价值和意义。第一，有助于全面和深刻认识"原苏东地区"最近30年社会发展的复杂状况及其成因，关注这些国家个体差别、区域差别和发展的梯次差别，进而突破整齐划一的社会转型的思维定式。第二，可以从不同角度总结"原苏东地区"社会转型、新国家构建和社会发展过程中可供中国借鉴的经验教训，比如，处理好社会转型与社会稳定的关系，处理好社会发展与政治认同的关系，处理好民族宗教与国家认同的关系，处理民主、民生与国家发展的关系。第三，分析、研究这种多样性和差异性还可以直接服务于"一带一路"战略构想和中国与中东欧国家的"16+1"合作机制。在"一带一路"倡议沿线所及的65个国家和地区中，"原苏联东欧"地区占28个，而"16+1"合作机制中包括了"原东欧地区"的13个国家和"原苏联地区"的三个国家。在"一带一路"战略构想实施和中国与中东欧十六国的各方面关系急剧升温的背景下，认清原苏东地区28个国家的差异性和复杂性是推动中国同它们合作关系的前提。

社会主义与"原苏东地区"的社会转型和社会发展

"苏东地区"变成了"原苏东地区"之后，连接原苏联和东欧国家的那条社会主义纽带也被撕成"碎条"。在"苏东地区"，政党是单一的，即只有共产主义政党。社会主义是单色的，即苏联模式。但是，在"原苏东地区"，政党是多元的，有自由主义的政党，有民族主义的政党，有保守主义的政党，有民粹主义的政党，当然，还有社会主义的政党。就社会主义政党来说，它也是多元化的，除由原共产党演变或分裂而来的社会民主党、社会党以及原少数坚持信仰不变的共产党外，这个地区还出现了许多重建的或新建的社会民主党、社会党、共产党以及其他类型的社会主义政党或团体。与此相适应，这些政党虽然有坚持传统马克思主义的，但更多的信奉民主社会主义或社会民主主义。即便是民主社会主义，不同国家的社会主义政党或同一国家不同的社会主义政党也因在政治生活中的地位或为了选举往往也都有各自的解释，国别性、民族性和政党性特点比较鲜明。社会主义政党也不再是这个地区占主导地位的政党，而是多种类型的政党之一，多样化的社会主义政党生存于不同类型政党中间。社会主义不再是这些国家的唯一的意识形态，而只是若干种"主义"之一。除社会主义之外，这些国家中还有自由主义、保守主义、民粹主义、民族主义等等。多元化社会主义思想淹没在各种政治思潮当中。

比较起来，在"后苏联空间"，多数国家的政党图谱相对简单明了，包括社会主义政党在内的政党的作用都很有限，因为这些国家都是总统威权政治。下面举几个典型的例子。第一个例子是俄罗斯。经过二十多年的演变与发展，俄罗斯的政党体制逐步形成了相对稳定的多党并存、一党独大的政党格局。议会下院（国家杜马）是各政党活动的主要平台，政党在国家政治生活中的地位被固定下来，各类政党尤其是议会大党将国家杜马作为其表达政策主张的主要场所。从 2007 年第五届杜马选举和 2011 年第六届杜马选举的结果来看，形成了四个议会内政党及少数几个议会外政党共存的格局。政党政治发展受制于总统权力，形成了总统控制下的一党独大的政权党体制。由于权力向行政部门集中，小党也更容易靠向"政权党"。在这种情况下，俄罗斯共产党和其他社会民主主义政党数量虽然不断增加，但群众支持率较为低下，很难动摇统一俄罗斯党"一党独大"的地位。第二个例子是白俄罗斯。由于卢卡申科在白俄罗斯政坛上的地位越来越稳固，越来越多的政党开始支持他。由于早在竞选总统和在与最高苏维埃争夺权力时，几乎没有得到政党的任何实质性的支持，卢卡申科对政党一直不是十分信任。他在政治地位稳固的过程中不断地削弱政党的影响力，这突出表现在议会两院有政党背景的议员的减少。2000—2004 年间，白俄罗斯议会中有政党背景的议员仅占16%，政党在议会的力量很弱，几乎没有什么反对派的声音。在 2012 年的议会选举中，共产党获得 3 个席位，农业党、为了劳动和公平的共和党各获得 1 个席位，三党均为亲总统政党，无党派议员占总数的 95%。在此之后，从整体上来看，不管是支持卢卡申科的政党还是反对他的政党，在白俄罗斯国家政治中影响力都很小。白俄罗斯国会两院中无党派人士占绝大多数，政党在国内政治中处于十分弱势的地位。第三个例子是哈萨克斯坦。尽管宪法明确规定，国家实施三权分立和多党制，合法注册的 6 个政党都拥有各自的政治纲领，但是，哈萨克斯坦政党体制中仍然形成了以总统纳扎尔巴耶夫领导的"祖国之光"人民民主党一党独大的政党格局。以议会下院选举为例，"祖国之光"人民民主党 2007 年 8 月获得全部 98 个议席，2012 年获得 83 个议席，2016 年 3 月获得 84 个议席。当然，在"后苏联空间"也有一些例外。比如，乌克兰独立以来，乌克兰政治体制经历四次变革，街头政治成为乌克兰政治发展的标签，政党斗争复杂持续激烈，爆发了所谓的"橙色革命"和"广场革命"并演化为内战，成为自柏林墙倒塌之后欧亚大陆上最严重的政治灾难。波罗的海三国由于社会转型和新国家重建都比较顺畅，政党政治则以常态发展。

但是，在"原东欧地区"，政党政治光谱却五颜六色。中右翼的主体是自由民主党和保守党。它们在经济上推行放松控制、私有化、自由化的经济政策，在政治、民族、伦理道德、文化观念上持保守主义的立场。属于前者的有阿尔巴尼亚民主党、保加利亚民主力量联盟、波兰公民纲领党、捷克公民民主党、罗马尼亚国家自由党、匈牙利自由民主主义者联盟和民主论坛、斯洛文尼亚自由民主党和民主党等。属于后者的有波兰全国基督教运动、罗马尼亚基督教民主人民党和基督教民主党、基督教民主联盟—捷克斯洛伐克人民党、新斯洛文尼亚基督教人民党、匈牙利基督教民主人民党和基督教民主党、斯洛伐克基督教民主运动和民主基督教联盟—民主党。此外，中东欧国家普遍存在的农民党也可归为中右翼，如波兰人民党、捷克农民党、克罗地亚农民党、罗马尼亚农民党、阿尔巴尼亚农民党、保加利亚农民党等。

极右翼的是民粹主义政党，主要有波兰的法律与公正党、自卫党、波兰家庭联盟，匈牙利的青民盟、尤比克党、民主论坛，斯洛伐克的方向—社会民主党、民斯运、公民谅解党、斯洛伐克民族党，保加利亚的稳定与振兴国民运动、西美昂二世全国运动、欧洲发展公民党、"阿塔卡"联盟，罗马尼亚的民主自由党、大罗马尼亚党，捷克的"阿诺"运动，克罗地亚的克罗地亚斯拉夫尼亚和巴拉尼亚民主联盟等。这些民粹主义政党不拘泥于某种特定的意识形态，在竞选中使用什么"主义"完全取决于是否有助于动员民众。例如，波兰的法律与公正党高举天主教保守主义、欧洲怀疑主义、民族保守主义等右翼价值观，经济上奉行的却是类似于左翼的民族经济保护主义或社会市场经济原则。在民族和宗教层面极端保守，经济政策上则提倡可以视为左翼的"社会民族经济"。[1]"阿诺"运动直接将自己定位为跨越"左""右"的"企业化政党"，"反对"和"企业化"成为它的代表性口号。

另外，介于中右翼和极右翼之间的民族主义政党的力量也比较大。这类政党影响非常大，可以分为温和的民族主义政党和激进的民族主义政党。前者在活动中对其他民族施以宽容的政策，主张保护该国少数民族的利益，在执政或选举过程中倾向于与其他民族的政党结成联盟。例如，保加利亚土耳其人"争取权利与自由运动"，罗马尼亚匈牙利族民主联盟、斯洛伐克匈牙利人联盟党等。后者在活动中对其他民族或者民族主义政党持有偏见，采取较为强硬的政策，对待民族间的冲突往往诉诸武力而不是协商和和解，如塞尔维亚激进党和社会党、克罗地亚民主联盟。

社会主义政党是中东欧的左翼。毫无疑问，苏联模式的失败并不意味着"原苏东地区"社会主义力量的消亡。相反，教条主义式的社会主义的衰落为"原苏东地区"社会主义的发展提供了新的契机。在剧变之初，原苏联地区形成了以共产党为主、社会民主党为辅的格局。共产党在一些国家议会中不仅占有一定数量的议席甚至还是最大的反对党或者主要政党，其中摩共还在2001年和2005年两度赢得议会大选，连续执政8年。社会民主党在剧变后的大部分时间内或是不能通过得票率5%的选举门槛，或是以在野党的身份存在，即便是参加执政联盟也只是充当配角，无法把自己的理论主张完全上升为政府的政策。2008年之后，原苏联地区的共产主义力量呈衰微态势，而社会民主党逐渐扎根并且影响在相对扩大。社会民主党经过多次分化组合，逐渐从分散走向联合，影响力稳步上升，一些政党已经成为执政党。

与原苏联地区不同的是，原东欧地区形成了以社会民主党为主、共产党为辅的社会主义力量格局。经过剧变初期的式微之后，社会民主党在1993年后相继执政并占据了原东欧政坛的半壁江山。然而，随着2008年前后民粹主义政党的兴起，社会民主党的活

1　Andrea L.P. Pirro, "Populist Radical Right Parties in Central and Eastern Europe: The Different Context and Issues of the Prophets of the Patria," *Government and Opposition*, Vol.49, No.4, 2014, p. 615.

动空间受到挤压，影响力呈下降趋势。波兰、匈牙利、捷克、罗马尼亚、保加利亚五国的社会民主党选票下滑和席位减少趋势比较明显，问鼎权柄渐行渐远。共产党在原东欧地区影响力较小。大部分共产党虽然参加议会选举，但是获得议席的机会不大。

社会主义政党在原苏东国家社会转型、新国家构建和社会发展过程中扮演着不可替代的重要的作用。

在反共浪潮高涨的剧变初期，社会主义政党处境非常艰难。台上的右翼力量无一例外地把反共作为维护自己统治、赚取政治资本的工具。即便是改弦更张的社会民主党也因与共产党的历史联系而被作为打击的对象。1994年后，社会主义力量开始在原苏东地区复苏。无论在台上或台下，社会主义政党都采取了积极的态度和作为，不仅积极适应社会的急剧变化，着力推动制度的变革，而且充当了新社会制度的践行者和中下层社会群体代言人的角色。

第一，社会主义政党是渐进转型的倡导者。

中东欧国家的右翼政党一般在上台后都接受了"休克疗法"，导致经济持续衰退，普通民众生活水平下降。与之相反，社会主义政党尽管认同私有化和市场化的改革思路，但是反对过急过快的激进改革，主张各种经济形式并存，实行自由市场经济与国家宏观干预相结合的混合经济体制；倡导建立以社会和生态为导向的社会市场经济，在经济发展和社会公正之间寻求平衡，强调加强社会保障、保护劳动者的利益。例如，摩共执政期间在经济领域注重恢复和发展经济，建立符合市场经济的管理体制，纠正激进改革路线，在恢复经济、提高人民生活水平方面取得了巨大成就。在执政的第一个4年，摩尔多瓦国内生产总值年增长率都在6%以上；新增工作岗位10万个，职工平均月工资增加1倍，建立了较完善的社会保障体系。捷克社会民主党在1993年的代表大会上，尖锐地批评了右翼政府推行的新自由主义经济方针和自由放任式的经济改革，并且明确提出以建立"瑞典式福利国家"为竞选口号。在执政期间，捷克社会民主党致力于解决民众最为关心的教育、医疗、住房等问题，推出"工业复康计划"，制定"经济复兴计划"，努力推进捷克经济改革的平稳化，减轻社会转型给民众带来的痛苦。

同时，社会主义政党也为"原苏东地区"民主制度的巩固做出了贡献。社会民主党在党的重要文献中均强调，尊重宪法作为国家根本大法具有至高无上的地位，法律面前人人平等，任何团体和个人都必须在法律框架内进行活动；强调选举在民主政治中不可替代的作用，强调国家权力机关必须通过民主选举的方式产生；遵守立法、司法、行政互相独立、制衡的原则。在执政期，社会民主党不断推动多党制议会民主制走向成熟、完善。在野时期，各社会主义政党严格遵循议会程序，恪尽职守，在议会中扮演"建设性反对派"的角色。大部分共产党作为体制内的政党也成为民主制度的重要参与者。例如，俄共根据俄罗斯转型的现实情况，调整了自己的组织和活动原则，强调在党纲和党章基础上进行活动时，必须遵守俄罗斯联邦宪法、联邦宪法性法律、联邦《政党法》、其他联邦法律以及俄罗斯联邦的其他法规。

第二，社会主义政党是中下层利益的代表。政治经济转轨过程需要付出高昂的社会代价，相当一部分人尤其是中下层民众的利益会严重受损。社会民主党在维护中下层民众利益，充当其政治代言人方面起到了积极的作用。转轨初期，社会民主党无论是在台上还是在台下，均致力于维护中下层民众的利益，减轻经济转轨给他们带来的阵痛。例如，捷克社会民主党1998年到2006年的执政期内，将建立和发展社会福利确定为工作重点，建立健全各种社会保障制度，在养老、教育、医疗、住房等方面推出了一系列优惠措施。当然，由于转轨的复杂性，社会党政策调整的空间实际是有限的。然而，当各国经济私有化和自由化改造完成时，社会民主党的政策调整给它们带来了左翼身份认同的困境，因为左右翼政党经济策略上的不同之处正在逐渐消失。在新自由主义全球扩张的背景下，社会民主党不得不采取降低税收、削减社会福利等政策来刺激经济发展，从而招致了中下层民众不满。他们开始转向支持新民粹主义政党。新民粹主义政党的支持者主要是在转轨中生活状况长期得不到改善的中下层民众，而这在一定程度上威胁到了社会主义政党的群众基础。2008年前后，一些国家的社会主义政党在多次选举中被新民粹主义政党击败，丧失执政地位，比如波兰民主左派联盟、匈牙利社会党、捷克社会民主党、保加利亚社会党、罗马尼亚社会民主党。

共产党同样扮演着中下层利益代言人的角色。摩共执政期间一直注重改善中下层民众的福利。在其第二次执政期间，摩尔多瓦财政社会保障支出与2000年相比增加了8倍多。其中，卫生医疗支出增长了5倍，教育支出增长了5.2倍。月平均工资与退休金分别增长了4.7倍和8.1倍。同时，在野的共产党在议会活动中坚决地反对右翼政府推行的激进私有化和削减社会福利的做法。例如，俄共曾利用第一大反对党、在议会中占多数席位的优势，对俄罗斯当局采取不合作的态度，多次投票反对政府提出的激进改革方案和政府总理人选，推动杜马先后通过了一系列比较符合民心的决议，支持主张采取稳健经济政策的切尔诺梅尔金和普里马科夫出任政府总理及其旨在加强国家宏观调控以摆脱危机的纲领。此外，在日常活动中，共产党通过游行和集会抗议当局的某些政策来维护工人阶级的利益，从而扩大自己的影响力。例如，2017 年"五一国际劳动节"时，斯洛伐克共产党组织工人进行了争取合法权利的游行。另外，一些共产党开始注重利用脸书和推特等社交媒体宣传自己的理念，组织活动来维护中下层利益。

在可预见的范围内，随着政党内外部环境的不断变化，尤其是在民粹主义政党的冲击下，社会主义政党生存环境愈加严峻。"原苏联地区"的共产党颓势还要持续一段时间，社会民主党能否稳步壮大还是未知数。原东欧地区的社会民主党虽然遭受民粹主义政党挤压，但作为主要政党的地位短期内不会改变，而共产党依然难以迅速崛起。在未来，社会主义政党能否实现真正意义上的复兴从根本上说取决于自身的建设。社会主义政党只有通过自我革新才能走出困境。对目前处于低潮的"原苏东地区"社会主义政党来讲，选举绩效既让其面临着艰难的挑战，也给它们提供了自我革新、走出困境的机遇。

（原文发表于《国际政治研究》2018 年第 3 期）

"苏东地区"社会主义纽带的形成、断裂及其原因

　　世界社会主义在 20 世纪经历过辉煌也遭遇到低潮，前者是第二次世界大战之后"苏东地区"（"苏联东欧地区"的简称）的出现，后者为 80 年代末 90 年代初的社会剧变使"苏东地区"演变为"原苏东地区"。由于这两件大事承载着太重的"爱"与"恨"之情结，世界上不同时空的形形色色的人对它们有着不一样甚至完全对立的看法与评价。冷战结束后的二十多年来，虽然学者们相关研究中的"情绪化"弱了许多，而"科学化"强了不少，但是，"爱"与"恨"之情结依旧，并在很大程度上影响着相关研究成果的客观性。"苏东地区"的出现、发展与终结，新的"原苏东地区"的形成，实际上反映的都是欧洲社会主义在特殊的大国关系和不同的历史文化背景中非同寻常的发展。

"苏东地区"的促成因素

　　一个大国和若干个关系原本不密切甚至敌对的小国形成一个特殊的地缘区域，必定有特殊的促成因素和连接纽带。不解析"苏东地区"的这些基因编码，就很难理解社会主义在这个区域的曲折发展和复杂变化。

　　"苏东地区"是在第二次世界大战结束后出现的，是社会主义从一国到多国大发展的重要标志。世界上第一个建立起社会主义制度的国家是苏联。1917 年十月革命后，列宁领导的布尔什维克党在俄国建立了社会主义政权，开始时称苏维埃俄国，1922 年 12

月组建了苏维埃社会主义共和国联邦，简称苏联。在地理位置上，苏联虽然横跨欧亚，但重心在东欧，属于欧洲国家。到二战结束时，社会主义制度在苏联已建立了近30年。不仅如此，苏联还在30年代中后期形成了以政治上高度集权、经济上过度集中的社会发展模式，也称斯大林模式。与苏联相比，"东欧"的情况却复杂得多。首先，在地理位置上，民主德国、捷克斯洛伐克、波兰和匈牙利属于中欧，南斯拉夫、阿尔巴尼亚、保加利亚和罗马尼亚属于东南欧。其次，在二战之前和之中，民主德国是德国的一部分，匈牙利、保加利亚和罗马尼亚站在法西斯一边，属于轴心国。波兰、南斯拉夫、捷克斯洛伐克、阿尔巴尼亚亲法国和英国，但都没能逃过被法西斯国家占领、瓜分的命运。其中，波兰还是被德国和苏联瓜分的。总之，无论哪一类国家都没有与苏联结盟的。最后，这些国家在政治体制上有的是资产阶级共和国，有的是君主国，德国还是法西斯国家；在经济体制上都是以私有制为基础，但经济发展程度差别很大，有的是发达的工业国，有的是工业—农业国，有的是比较落后的农业—工业国甚至是农业国。总之，它们与苏联模式的社会主义没有共同之处。

然而，是什么因素促成性质与发展差别如此之大的苏联和这些国家走到了一起？

有关国际共产主义运动史、世界社会主义等方面的著述都比较强调某些共性，如共产党的领导，人民的愿意，反抗或抵抗法西斯运动等等。毫无疑问，这些都是需要考虑的因素，但是，最重要的或许不是这些。比如，从共产党的力量角度说，在后来成为"东欧"的这些国家，共产党虽然在二战之前就存在了，但总体上说都是规模较小，处境艰难，活动有限。除了南斯拉夫和阿尔巴尼亚两国的共产党之外，其他国家的共产党战后初期在国内政治生活中甚至还不占主导地位。另一方面，在后来成为"西欧"的那些国家，如意大利、法国和希腊等，共产党不仅人数甚众，而且拥有可观的武装力量。可是，这些共产党后来的命运却恰恰相反，"东欧"的共产党成为社会主义国家的主宰，而"西欧"的共产党只能在西方国家的政党政治中求生存、谋发展。之所以如此，苏、美、英等大国在战时的合作和战后的势力范围划分是关键的促成因素。

反法西斯战争胜利的主要原因之一是建立了国际反法西斯联盟，而苏、美、英则是这个联盟的核心。它们不是一般的国家间联合，而是奉行社会主义制度和奉行资本主义制度的东西方两类国家之间的合作。1941年苏德战争爆发后，苏联与英美正式结成了反法西斯同盟。它们在反法西斯战争中进行的合作是全方位的，同时也很复杂，自始至终伴随着讨价还价并伴以明争暗斗。单从欧洲战场上的格局看，英美与德国的战场在中欧的西部和南欧，而苏联同德国及其仆从国的战场在中欧的东部和东南欧。1944年春苏联红军把敌军赶出国土后，越过苏波边境迅速向中欧和东南欧挺进。在这种背景下，1944年10月，丘吉尔和斯大林通过密谈就今后各自活动的区域、范围和程度的划分达成了默契，这就是后来所谓的"巴尔干百分比"。[1]以后英国和苏联两国外长又多次协商，这个百分比的具体比例也有改动。最终，中欧的东部和除希腊之外的巴尔干半岛都属于苏联的势力范围。

苏联红军在追歼德国法西斯军队的过程中，先后解放了波兰和捷克斯洛伐克，消灭了匈牙利、保加利亚的法西斯势力，清剿了罗马尼亚境内的德国军队，配合南斯拉夫人民解放军解放了贝尔格莱德，没有到过的只有阿尔巴尼亚。战争结束后，波兰、捷克斯洛伐克和德国东部由苏联占领。匈牙利、保加利亚和罗马尼亚成了战败国，盟国在这些国家中设有管制委员会。该委员会名义上由苏、美、英三国共管，但实际运作中却本着谁占领、谁负责的原则，起决定性作用的还是苏联。"占领土地的人也要把他自己的社会制度强加在自己占领的土地上。每个人都强加他自己的社会制度。只要他的军队有力量这样做。不可能是别的。"[2]在南斯拉夫和阿尔巴尼亚，反法西斯的抵抗运动主要是由共产党领导的，因而在客观上与苏联的联系十分密切，也属于苏联的势力范围。"从大西洋到乌拉尔山脉的欧洲很久以前就分成两个各自单独发展的部分，一部分与古罗马和天主教联系在一起，另一部分与拜占廷和东正教联系在一起。但是，二战之后，这两个欧洲之间的边界向西移动了几百公里，一些认为自己属于西方的国家蓦然发现自己此时处于东方了。"[3]米兰·昆德拉的这段话反映了一部分中欧和东南欧国家民众的心态，也是后来他们逆反苏联控制和斯大林模式的隐形底色。

1　参见［俄］《史料》杂志编委会《丘吉尔与斯大林划分东南欧势力范围：俄国档案中的百分比协定》，载华东师范大学国际冷战史研究中心《冷战国际史研究》(第3辑)，世界知识出版社2006年版，第263页。

2　转引自［英］本·福凯斯《东欧共产主义的兴衰》，第5页。

3　Robert Bideleux and Ian Jeffries, *A History of Eastern Europe: Crisis and Change*, New York: Routledge, 1998, p. 8.

"苏东地区"的连接纽带

欧洲被大国分裂之后，原本与西方大国关系更为密切的中欧东部和东南欧的国家成为苏联势力范围的东欧国家。那么，又是什么把苏联和东欧国家紧紧地连接成为一体？没有美、英、苏之间势力范围划分，这些国家就不能与苏联结成联盟；没有与苏联结盟，这些国家也不可能走上社会主义道路。社会主义既是连接苏联东欧国家的一条纽带，更是苏联控制东欧国家的一种手段，而且后者从属于前者。

1944—1948 年间，为了维持与西方国家结成的战争联系和维护在战后的既得利益，苏联没有支持甚至反对东欧国家迅速确立斯大林模式的社会制度，而推行一种被称为人民民主的社会制度。有学者指出："斯大林之所以让东欧国家建立人民民主制度，不急于实行社会主义，主要是从同西方国家关系的策略角度，也就是从苏联当时外交政策的需要考虑的。"[1] 其实，实行人民民主制度就是斯大林维持战时与西方大国合作关系的一种具体体现。问题在于，西方国家特别是美国出于对苏联共产党领导的社会主义制度的本能敌视和反感，再加上独霸天下的欲望，不可能将战时与苏联的合作持续下去。丘吉尔的"富尔顿演说"，凯南的"遏制政策"，马歇尔计划和杜鲁门主义等等都是有力的脚注。

苏联与西方国家战时联盟没能持续多久，最终打破东西方大国同盟关系的是 1947 年开始的"冷战"。"冷战"被用来说明当时资本主义与社会主义两大阵营由过去的联盟关系转向冲突，也是指 1947 年开始的美苏之间除了直接动用武力以外的一切敌对行为，范围涉及政治、经济、外交、思想、文化等各个方面。苏联同西方关系发生的变化反映在东欧政治发展上主要体现在以下几个方面：很快实现了共产党的一党制，完全倒向了苏联，经济领域开始进行社会主义性质的改造。从这时起，"东欧国家国内生活中清楚地出现了一种新的取向。那就是社会组织的斯大林模式"[2]，东欧国家的斯大林模式化是苏联彻底控制了它们的标志。至此，真正地缘政治意义上的"苏东地区"正式确立起来了。

在以后的 40 多年里，东欧国家在内政和外交方面紧紧地依附于苏联，苏联则加强了

1　李宗禹等著：《斯大林模式研究》，北京：中央编译出版社 1999 年版，第 374 页。

2　Т. В. Волокитина，Г, П. Мурашко，А, Ф. Носкова，Т. А. Покивайлова，Москва и Восточная Европа，Становление политических режимов советского типа (1949—1953)：Очерки истории, - М.：РОССПЭН，2002г.с. 56.

对东欧政治、经济、军事等各个方面的控制。原本充满多样性的、"万花筒"般的东欧被迫接受统一的苏联社会主义模式。东欧的独立自主诉求与苏联的大党主义、大国主义之间，从一开始就存在着矛盾与冲突。完全照抄照搬斯大林模式、接受苏联的领导与尊重本国国情、实现本民族利益相违背，探索一条适合自身特点的社会主义道路、寻求主权独立和与苏联的平等关系又受时代条件和国际环境的制约。这样一来，冲破斯大林模式、摆脱苏联的控制和要求独立自主就成了这一时期东欧社会发展的一条主线。

围绕着这条主线，有两种现象特别值得关注。第一种现象是东欧国家的改革。夹在相互对立的东西方大国之间，东欧这些小国无权、无力也无法决定自己的命运，于是，与苏联结盟并走上社会主义道路就成了一种必然。但是，这些国家身上有多种反对苏联控制和斯大林模式的西欧基因。在无法公开抗争的环境中，这些基因常常以社会主义建设中的本国特色等形式表现出来。苏联出于自身发展的需要，随着时间推移也不得不针对斯大林模式的一些弊端进行改革（也就是弱化斯大林模式），同时也要求东欧国家同步跟进以便牢牢地控制住东欧。原本就排斥这种模式的东欧国家当然乐不可支，不仅跟进，甚至在改革方面走得更远，企图摆脱斯大林模式和苏联的控制。于是，改革时常突破苏联所能够允许的底线。结果，东欧的许多改革都是以喜剧开始，以悲剧告终。改革还是不改革，改革到什么范围和程度，实际上也都成为苏联控制东欧的一种手段。第二种现象是西方的不干预。由于属于"苏东地区"内部事务，苏联对东欧的控制甚至出兵镇压，西方国家只是袖手旁观，从没有从国家角度或国际法角度干预过，更不用说强行和武力干涉了。当然，它们在舆论宣传上的攻击、明里暗中支持东欧国家的反对者等方面不遗余力。但是，这些毕竟摆不到台面上来。所以，在东西方大国关系和苏联控制不变的情况下，连接"苏东地区"的纽带就断不了，东欧国家怎么改革都不可能摆脱苏联控制和斯大林模式。

连接纽带的断裂

20世纪80年代末90年代初，这里的国家相继发生了急剧的社会制度变革，即所谓的苏东剧变。关于苏东剧变的原因，近20多年来，世界上不同的人们怀着不同的心境作出了许多不同的解读。如果不作价值上的判断，除了东欧国家内部政治、经济和民族等方面的深刻危机，人们都注意到了一个不可忽视的重要因素，即苏联放松了对东欧的控制和放弃了斯大林模式。

本文并不否认苏东剧变有其他多重或深层因素，只是想强调指出，在"苏东地区"，没有苏联自身的变化和苏联的允许、鼓励和支持，东欧国家不可能将苏联与它们自己紧紧绑在一起的纽带挣开，即单靠自己的力量不可能摆脱苏联控制和斯大林模式，而戈尔巴乔夫所做的一切正是促进苏联放弃对东欧的控制和斯大林模式的关键因素。

在社会制度剧变之后，"苏东地区"的国家构成也发生了重大变化。苏联于 1991 年底解体，分裂成俄罗斯联邦、白俄罗斯、乌克兰、摩尔多瓦、立陶宛、爱沙尼亚、拉脱维亚、格鲁吉亚、亚美尼亚、阿塞拜疆、哈萨克斯坦、吉尔吉斯斯坦、塔吉克斯坦、乌兹别克斯坦等 15 个独立主权国家。民主德国于 1990 年 5 月与德意志联邦共和国（联邦德国）合并成新的德国。南斯拉夫于 1991—1992 年间解体，斯洛文尼亚、克罗地亚、波斯尼亚和黑塞哥维那、马其顿先后宣布独立，塞尔维亚和黑山则组成南斯拉夫联盟共和国（南联盟）。2003 年 2 月，南联盟改称塞尔维亚和黑山。2006 年 6 月，塞尔维亚和黑山分手，成为两个独立国家。1993 年 1 月，捷克斯洛伐克联邦共和国正式分离为捷克和斯洛伐克。至此，原苏东九个国家演变成了大大小小 28 个国家。

苏东剧变最大的后果就是剪断了把苏联和东欧绑在一起的纽带，不仅斯大林模式不再存在，而且作为统一制度的社会主义也没有了。从社会发展上说，苏联好像回到十月革命前，而东欧国家则似乎回到了第二次世界大战结束之前。

没有任何统一纽带联系的"原苏东地区"

更为重要的是，剧变之后的国家或剧变之后新诞生的国家价值取向上都从马克思主义转向自由主义和民族主义，绝大多数国家的对外政策也从对苏联的依附转向面向美国和西欧。与此同时，作为一个独特的地缘政治区域的"苏联东欧"为多个地理区域所取代，28 个国家分属中亚、欧亚、外高加索、波罗的海、东欧、中欧、东南欧等七个区域。没有了冷战的藩篱，没有了苏联的控制没有了社会主义的政治和经济制度，无论是这些区域还是区域里的各个国家都不再有任何共同的硬性约束，社会发展的各个方面五彩缤纷，差异性非常突出。以加入欧盟为例，有的早已是它的成员，实现了"回归欧洲"的梦想；

有的站在它的大门口，望眼欲穿；有的相距遥远，感叹可望而不可及；也有的认为加入与否与自己关系不大。

于是，在苏联和地缘政治上的东欧的原有空间上，不同国家出于不同目的进行了重新组合，也出现了许多不同的称谓。在原苏联地区，苏联解体后，由原加盟共和国演变而来的国家（除波罗的海三国外）组建了进行多边合作的独立国家联合体，即独联体。格鲁吉亚和摩尔多瓦分别于1993年12月和1994年4月加入，土库曼斯坦和格鲁吉亚先后于2005年8月和2009年8月正式退出。独联体的范围所及要小于苏联。由于独联体国家多为俄罗斯的近邻，在地缘政治上和经济、国防、民族安全等领域都是俄罗斯对外政策优先考虑的对象。因此，独联体也被称为"后苏联空间"。另外，在独联体内部，与俄罗斯关系比较微妙的国家———格鲁吉亚、乌克兰、阿塞拜疆和摩尔多瓦等四国于1997年成立一个非正式地区联盟，其名称由四国国名的第一个字母组成（俄文为ГУАМ，英文为GUAM），中文音译为"古阿姆"。1998年，乌兹别克斯坦加入了这一组织，但2005年又正式退出。"古阿姆"组织受西方影响，有很浓厚的反俄色彩。

在中欧和东南欧地区，1991年2月，匈牙利、波兰和捷克斯洛伐克三国领导人举行会议，经过协商一致决定在建立多党议会制和向市场经济过渡方面相互交流经验，在加入欧共体方面协调行动，加强彼此间合作，成立区域合作组织。由于这次会议是在匈牙利的维谢格拉德城堡举行的，所以，参加会议的三国也被称为维谢格拉德集团。捷克斯洛伐克分家后，维谢格拉德集团变为由四国组成。加入欧盟后，四国仍然通过领导人每年定期会晤和议会之间的对话机制来扩大维谢格拉德集团的作用和影响。1992年底，维谢格拉德四国在波兰签署了建立中欧自由贸易区的协定。之后斯洛文尼亚、罗马尼亚、保加利亚、克罗地亚、马其顿等先后加入。2004年和2007年有七个国家因加入欧盟而退出协定。2007年5月，中欧自由贸易协定为东南欧自由贸易协定所取代，发展成以巴尔干国家为主体的区域合作组织。此外，巴尔干国家1996年还在保加利亚首都索非亚成立了名为"东南欧合作进程"的地区性组织。在称谓上，各种相关研究文献中出现了"中欧""另一个欧洲""中间地带""中东欧"和"后社会主义"等各种说法。

总之，这七个地理区域整体上与原来的"苏东地区"已完全不是一回事。它们唯一的共同点是过去时的，那就是都曾是"苏东地区"的一员。所以，如果今天仍把它们作为统一的整体进行研究，只能用"原苏东地区"称之。于是，"原苏东地区"成了有特殊内涵的新的地缘政治概念。

那么，"苏东地区"的那条社会主义纽带在"原苏东地区"的命运如何？

形象地说，这条纽带失去了"唯一连接者"的功能之后，自身也被撕成"碎条"。在"苏东地区"，社会主义政党是单一的，即共产党；社会主义是单色的，即斯大林模式。但是，在"原苏东地区"，社会主义政党是多元化的，除由原共产党演变或分裂而来的社会民主党、社会党以及坚持信仰不变的共产党外，这个地区还出现了许多重建的或新建的社会民主党、社会党、共产党以及其他类型的社会主义政党或团体。与此相适应，这些政党有坚持马克思主义的，但更多的信奉民主社会主义或社会民主主义。即便是民主社会主义，不同国家的社会主义政党或同一国家不同的社会主义政党也因在社会上和选举中所处的地位不同往往作出各自不同的解释，国别性、民族性和政党性特点比较鲜明。社会主义政党不再是这个地区占主导地位的政党，而是多种类型的政党之一。除社会主义政党外，这些国家更多的还是极右翼、右翼、中右翼和中派类型的政党。同时，社会主义也不再是这些国家的唯一的意识形态，而只是若干种"主义"之一。除社会主义外，这些国家中还有自由主义、保守主义、民粹主义、民族主义等等。多元化的社会主义思想淹没在各种政治思潮当中，多样化的社会主义政党生存于不同类型的政党中间。

（原文发表于《当代世界与社会主义》2013 年第 3 期）

二十年东欧转型过程中的社会主义理论与实践

东欧近 20 年来社会主义的发展明显地带有社会转型的色彩。在转型过程中，东欧各国的社会发展模式离苏联模式越来越远，而与西欧的发展模式越来越近。与之相适应，各国的社会主义理论和实践也离苏联式的社会主义越来越远，而与西欧式的社会主义越来越近。同时，东欧的社会转型又是一个"向欧洲看齐"的持续过程，尽管总的方向一致，但由于经济发展水平、政治民主化程度、文化和宗教传统与西欧国家有着较大不同，东欧社会主义的理论与实践同西欧的社会主义也有所区别，蕴含了许多转轨赋予它的新形式和新内容，从而丰富了世界社会主义的内涵。

多元化：东欧社会主义的理论特征

在东欧剧变过程中，随着各国共产党纷纷倒台，俄国化的马克思主义在意识形态领域的垄断地位不复存在。面对社会宏观环境的巨大变迁，各国的社会主义者必须提出在新形势开展社会主义运动的新方案。由于他们对社会主义的内涵、实现社会主义的方式以及对过去的社会主义实践等方面的不同诠释，东欧的社会主义思潮出现了民主社会主义[1]和共产主义两大类。

东欧的民主社会主义大体是直接从西欧导入的舶来品。剧变之初，各国的社会民主党直接按照西欧的模板制定了自己的纲领和主张。但是，它们很快便认识到简单的照搬是不够的，必须根据转轨过程中的具体情况来调整某些主张。因而，东欧的民主社会主义在一些方面又不同于西欧。

东欧民主社会主义的基本原则和精神与西方的民主社会主义是一致的，认同社会党国际和欧洲社会党倡导的自由、民主、团结、社会公正等价值观；提倡思想来源的多元化，把马克思主义作为其众多思想来源之一。与西欧的民主社会主义不同的是，东欧的民主社会主义更加强调吸收本国社会主义运动中的优秀成分和爱国主义的成分，撇清与过去的"社会主义"的关系，同斯大林主义及其变种划清界限。与西欧的民主社会主义一样，东欧的民主社会主义也放弃了社会主义对资本主义的制度取代，而接受各国已经回到资本主义社会的现实，把"驯服"现有的资本主义制度作为己任，但在"驯服"资本主义的做法上却略有不同。

大致来看，东欧民主社会主义的理论特征主要表现在以下几个方面。

在政治上，民主社会主义反对任何形式的权力垄断，提倡建立一个多元主义的民主法治国家。第一，法治的原则。宪法和法律拥有至高无上的地位，国家机构、政党、社会团体和个人都必须在法律许可的范围内活动。第二，民主的原则。国家的权力机构必须通过民主选举的方式产生，选举权、知情权和监督权是公民天赋的权利；实现政治多元化，建立多党制，各政治组织和派别在法律允许的范围内自由竞争；建立强大而独立的公民社会机构是政治民主不可或缺的要素。第三，分权的原则。国家的立法、司法和行政权力应相互独立、相互制衡；各类组织之间也应该合理分工，防止权力过于集中。

---

1 从二次大战后到苏东剧变前的这段时间"民主社会主义"一直是西方社会民主党的指导思想。苏东剧变后，由于一些共产党纷纷宣布接受"民主社会主义"，西欧社会民主党为了表示自己与前者的区别，开始采用"社会民主主义"的概念。西欧社会民主党的上述变化给东欧社会民主党造成了下述影响：一是一些由共产党改名来的社会民主党进一步与西欧社会民主党接近，采用"社会民主主义"的概念；二是另一些由共产党改名来的社会民主党为了突出自己主张的社会主义色彩依旧使用"民主社会主义"的概念；三是大多数重建或新建的社会民主党为了标明自己与前者的不同采用"社会民主主义"的概念。然而，在大多数情况下，民主社会主义与社会民主主义的不同仅仅是停留在字面上，各党的具体政策主张和活动方式并没有根本区别。因而，本文将两者统称为民主社会主义，将信奉民主社会主义的政党统称为社会民主党。

在经济上，民主社会主义反对右翼力量推行的极端自由主义的转轨战略，反对完全抛弃国家作用而由市场解决一切经济问题，倡导通过"渐进转轨"的方式建立社会的和生态导向的市场经济。第一，社会市场的原则。市场不能完全代替国家执行经济政策，市场经济必须同国家干预和国家承担社会福利责任相结合。第二，混合所有制的原则。摒弃只有私有制才符合市场经济的逻辑和只有私有制才能取得最高的经济效益的教条，通过法律来保证各种所有制形式，使各种所有制自由竞争。在所有制改造过程中，不能剥夺职工参与决定的权利。第三，生态导向的原则。在处理经济增长与生态环境保护之间的关系问题上，应把生态优先放在首要地位，不能以牺牲环境为代价发展经济。

在社会政策上，民主社会主义奉行社会公正的原则，在经济转轨的过程中不能剥夺人们享受社会福利和安定生活的权利，各种社会集团和个人应当合理分担社会变革的代价。第一，社会公正的原则。国家必须实行积极的、有利于人民安居乐业和促进生产的社会福利政策，经济变革不能让依靠劳动收入维持生计的人们付出代价。第二，平等的原则。保证所有公民拥有平等的受教育权，关爱年轻一代，为年轻人提供平等的教育机会和就业机会；为妇女提供平等的就业机会，提高妇女在社会中的地位；实现各民族间的平等、和睦和团结，保护少数民族的权利。

在外交上，民主社会主义拥护国家主权独立和领土完整；支持通过外交努力建立民主、和平、安全和有利于合作的国际关系，提倡和平解决国际争端；加强各国人民间的交流、团结和友谊以共同对付当代的全球性挑战；支持欧洲一体化进程，主张欧盟新的成员国应当在平等基础上积极参与欧盟的政策制定和所有其他领域的活动。

在党际关系上，民主社会主义倡导加强世界上的包括改革的共产党和社会民主党在内的左翼政党之间的合作，特别是与西欧左翼政党以及东欧国家改革的左派党之间的合作；发展与其他一切民主的和负责任的政治力量之间的合作，尊重进步的资产阶级人道主义者为和平、民主和平等经济关系所作的努力，寻求在可能的领域同资产阶级政治力量开展合作。[1]

与民主社会主义相比，东欧的共产主义不仅与西欧的共产主义较为疏远，而且内部差异性则更大，可分为新共产主义和传统的共产主义两大类。

---

[1] 具体可参见东欧各国主要社会民主党的党纲。

新共产主义在思想来源上接受马克思、恩格斯、列宁和其他有关社会人道主义的思想家的学说，并把发展马克思主义、列宁主义作为己任；同时，新共产主义还继承了本国社会主义运动和爱国主义运动中民主的优秀的传统。例如，前南斯拉夫地区的新共产主义还加进了铁托主义的内容，认为铁托主义是一种与斯大林主义不同的社会主义建设思想，是把马克思主义普遍真理与前南斯拉夫地区的具体国情相结合、探索自身出路的一种尝试。[1]

在历史问题和对待资本主义的问题上，新共产主义认为对过去的社会主义实践要采取两分法，反对进行任何不尊重历史、为一时政治需要服务的片面评价。应当既肯定社会主义时期取得的成就，如实行绝大部分生产资料的社会—集体所有制，建立合作社经济，改变工农业落后面貌，改善劳动者的生活条件等进步的方面；同时，又要看到苏联模式中存在的滥用权力、大搞特权、损害劳动人民利益等错误。东欧社会主义的失败并不意味着社会主义代替资本主义的缘由不复存在，相反，社会主义的历史任务没有完成，新的问题仍在层出不穷，更迫切需要实现社会主义。资本主义虽然没有在短时期内灭亡，但生产社会化和生产资料私有制之间的矛盾已使它危机四伏：在一国范围内，失业大量增加，贫富差距不断扩大，社会压迫不断加剧，生态和社会问题已成为灾难性问题；政府放弃了对福利、经济发展和社会发展的责任，福利社会的幻想已经幻灭。在国际范围内，资本主义的经济全球化成为发达国家剥削和压迫落后国家的新殖民手段。跨国垄断资本的增长、全球资产阶级的出现已经造成国际社会两极分化，造成对自然环境的破坏和资源的浪费，威胁着世界人民的生活环境，甚至引发了欧洲和世界范围内的动荡和战争。

新共产主义坚决反对现存的社会制度，认为这是历史的倒退。资本主义的复辟已经在各国造成人道的灾难，导致了深刻的政治、经济和道德危机。私有化使大部分国家财富控制在少数人手中，结果是广大民众的生活标准降低，社会保障消失，失业和犯罪增加，社会稳定和社会公德遭到破坏。共产主义的政党是代表和保护社会最广泛阶层利益的工人、农民和知识分子的政党，应当为消灭私有制、推翻资本主义制度、建立社会主义和共产主义社会而奋斗。暴力革命是实现社会主义和共产主义的最终方式，但多党议会民主制、市场经济转轨等现实因素使得"在资本主义体制框架内为社会主义未来而斗争"

1　http://www.komunisttisubotice.org.sr/（2009－07－12）；hattp://www.rkp-bih.cjb.net/（2008－01－07）；http://www.marksist.com（2008－01－09）.

成为必须和必要的。在革命时机尚未成熟的时候，共产主义的政党应当采取和平的斗争方式，一是要在资本主义制度框架内建设强大的社会福利国家和团结的社会，为实现社会主义奠定物质基础；二是要利用资产阶级民主可能提供的一切方法揭露资产阶级的本质，说服和动员人民与资本主义作斗争，奠定实现社会主义的群众基础；三是要通过参与议会选举、参与福利国家建设以及游行和示威等方式来争取和保护工人阶级的当前利益。

传统的共产主义与新共产主义的区别主要在对待斯大林主义的态度和共产主义政党的活动方式上。传统的共产主义认为，斯大林主义是指导社会主义建设的科学思想，是对马克思主义和列宁主义的创造性发展；苏联模式是社会主义唯一正确的模式，苏联和东欧的社会主义在实践中背离了斯大林主义，走上了修正主义道路，所以才遭受失败。传统的共产主义主张采取与资本主义制度毫不妥协的态度，强调斗争是推翻资本主义的唯一方式。传统共产主义认为，历史上工人阶级所有权益的取得都是通过武装斗争，指望资本家拱手交出政权只是幻想，因而，推翻"资产阶级压迫的唯一方式是通过武装斗争来唤起公众夺取政权的意识"。当社会总危机到来时，资产阶级就会放弃和平的假面具，对工人阶级进行武装镇压，那时无产阶级通过暴力手段夺取政权就会成为可能。[1]

多样化：社会主义的实践特征

社会主义政党既是社会主义思潮的载体，也是社会主义实践的主要行为体。东欧社会主义实践多样化的最主要表现形式就是各种社会主义政党力量大小的不同，以及与此相联系的在各国社会发展中的地位和作用的不同。有的政党想方设法保持住自己的执政地位，努力将自己的社会主义理念付诸实施。有的政党根据本国的政治发展制定或调整自己的纲领和路线，力争在大选中获得更多的选票以便执政或参政。有的政党处境十分困难，正在为生存和发展而拼搏。

社会民主党是东欧力量最强、影响最大的社会主义政党。大体上可以分为三类。第一类是由原执政的共产党演变而来的"改建党"，如波兰共和国社会民主党、匈牙利社会党、

1　具体参见捷摩共、斯洛伐克共产党和前南地区各共产党的党纲。

斯洛伐克民主左翼党、斯洛文尼亚社会民主党、保加利亚社会党、阿尔巴尼亚社会党等。第二类是二战前的老社会党重建或恢复活动的"重建党"，如捷克社会民主党、波兰社会党、罗马尼亚社会民主党、匈牙利社会民主党、保加利亚社会民主党等。第三类是剧变后新成立的"新建党"，如波兰劳动联盟等。在这三类民主社会主义政党中，"改建党"力量最大，"重建党"次之，"新建党"最小。

在剧变初期，东欧社会民主党的处境非常艰难。台上的右翼政党无一例外地把反共作为维护自己统治、赚取政治资本的工具。即便是改弦更张的社会民主党也因和共产党的历史联系而被作为打击的对象。它们虽然获得了合法地位，但右翼政党在竞选过程中总是抓住它们的"历史债务"不放，来降低后继党在民众中的支持率。不过，社会民主党的境况随着民众狂热情绪的退却发生了变化。转轨产生了经济衰退和通货膨胀，生活水平急剧下降，引发了社会动荡和混乱。在痛苦的现实面前，人们对政府评判的标准开始从感情上的好恶转向看重经济上的成绩。面对右翼政党治国无术、发展经济乏力的事实，人们不得不重新考虑自己的选择。东欧各国社会民主党抓住这个机遇，逐步明确自己民主社会主义的主张，并有别于自由主义政党政策主张，逐渐赢得了民众的支持。它们注意消除和避免前共产党的不良影响，强调意识形态、经济形式和政治制度的多元性、民主性和宽容性；赞成社会主义，但不当传统社会主义的卫道士；主张市场经济和议会民主制，但不做照搬西方社会的倡导者。最终，东欧各国的社会民主党从1993年开始相继执掌政权，一些学者将其称之为左翼的回归。[1]

此后，东欧各国的社会民主党又多次获得执政的机会，占据了各国政坛的半壁江山。"新建党"的波兰民主左派联盟两次执政（1993—1997年、2001—2005年），匈牙利社会党三次执政（1994—1998年、2002—2006年、2006—2010年），保加利亚社会党三次执政（1990—1991年、1995—1996年、2005—2009年），阿尔巴尼亚社会党两次执政（1997—2001年、2001—2005年），斯洛文尼亚社会民主党也于2008年开始执政。"重建党"的捷克社会民主党两次执政（1998—2002年、2002—2006年），罗马尼亚社会民主党三次执政（1992—1996年、2000—2004年，2008—2009年）。在执政期间，东欧各国社会民主党纷纷实践其具有民主社会主义色彩的纲领：在一定程

1　Charles Uukowski，Bamabas Raca and Edward Elgar (eds.), *The Return of the Left in Post-communist States, Current Trends and Future Prospects*, Northempton: Edward Elgar Publishing, Inc. 1999.

度上放缓了转轨步伐，把实现经济的稳定摆在首位；尽量采取一些旨在提高人们生活水平、减轻民众痛苦的措施，减少改革的社会代价；积极推动各国加盟入约的进程，各国加盟入约的许多重要谈判就是在社会民主党执政期间完成的。

东欧的共产党数量很多，大体可以分为四类。第一类是有些国家的共产党在剧变中更名为社会民主党后，部分不满此举的共产党员不愿意放弃共产主义原则延续而来的共产党。比如，捷克和摩拉维亚共产党（简称捷摩共）、斯洛伐克共产党、匈牙利共产主义工人党、保加利亚工人的社会主义党、阿尔巴尼亚共产党和塞尔维亚的南斯拉夫共产主义者联盟等。第二类是有些国家的共产党在剧变中被禁止了活动，经过一段时间之后，共产党的活动被合法化，部分共产党重新恢复了共产党。比如，波兰共产主义者联盟。第三类是由共产党更名而来的社会民主党党内的左翼由于意识形态或具体主张上的分歧分离出来组建的新共产党，它们否认与原共产党有任何历史联系。比如，保加利亚共产党。第四类是新建的共产党，这类党与原共产党没有历史渊源。比如，保加利亚新共产党和"前进！斯洛文尼亚马克思主义派"。

上述共产党在本国政坛上的影响比较小。有的共产党否定现存的社会制度，也拒绝注册，它们的活动方式是秘密的。有的共产党拒绝参加议会选举，它们的主要活动方式是直接向工人宣传自己的理论主张，或者通过游行和集会抗议当局的某些政策来维护工人阶级的利益，从而扩大自己的影响力。有的共产党则参加议会选举，但由于获得议席的机会不大，它们往往把选举作为向民众宣传自己的主张的一种方式。在这些共产党中，捷摩共是个例外。首先，捷摩共是东欧各国共产党中唯一凭借自己力量在议会选举中获得议席、能够在议会中表达自己声音的党。[1]1996年，捷摩共作为单独的政党参加议会大选，获得了10%—13%的选票，成为议会第三大党。自此，捷摩共在议会大选中一直保持着10%—20%的得票率，站稳了议会第三大党的位子。其次，捷摩共是捷克党员人数最多的政党，截至2010年，拥有党员6627人。[2]捷摩共拥有很高比例的固定支持者，他们大多是在1945—1948年入党的人。1997年后，随着捷克经济形势的恶化，许多改

1　保加利亚共产党在议会选举中得票率并不高但由于选前与社会党结成选举联盟在选举后社会党按约定会分给它一个议席。

2　捷摩共官方网站：http://www.kscm.cx（2010 – 05 – 08）。

革的受害者、被边缘化的人加入到捷摩共的队伍中来，成为捷摩共的新生力量。[1]最后，捷摩共是捷克组织最为庞大的政党，截止到 2010 年共有支部 4039 个。捷摩共的各级党组织之间是一种垂直的上下级关系，同时，上级党组织又注重与下级之间的对话和协商。这种集中与民主结合的政党组织方式防止了党员的流失，保证了相对稳定的选票来源。

东欧社会主义运动多样化的另一个表现是工会的独立发展。在社会主义时期，东欧各国的工会没有自己的独立性，惟共产党的"命"是从。剧变之后，东欧的工会有了独立发展的机遇。尽管工会的覆盖率不像社会主义时期那么高，但工会的活动更为积极。从代表工人与资方谈判到组织工人罢工，工会力图在劳资关系中扮演工人利益捍卫者的角色。根据 2008 年的一份报告，在较早加入欧盟的几个国家中，工人签署集体协议比率（Collective Bargaining Coverage）达到 30% 左右，最高的是斯洛文尼亚，达到 100%，最低的是捷克，为 27.5%，斯洛伐克 48%，波兰 40%，匈牙利 34%。[2]

然而，东欧的工会在工人运动中的影响力却远没有西欧的工会那么大。在转轨过程中，私有化和市场化的改革是各国的既定政策，左翼政府和右翼政府的区别只在于私有化和市场化的方式和进程；同时，为了吸引经济转轨所需要的资金，各国政府纷纷为外资融入打开方便之门。在要发展还是要维护工人权益之间，政府倾向于前者。在这种客观背景下，工会在与资方的谈判中必然处于被动地位，取得成效并不大。[3]从剧变至今，东欧的工会走的是一条下坡路，波兰、匈牙利、捷克、斯洛伐克和斯洛文尼亚的工会密度（Trade Union Density）逐渐减少。从 1993 年到 2003 年，其他东欧国家的工会规模也大幅缩小。保加利亚独立工会联盟（CITUB）的人数从 14.26 万减少到 3.9 万，减幅达 72.7%；劳动者联盟（CL Podkrepa）的人数从 50 万减少到 10.9 万，减幅达 78.2%；其他工会的人数也由 2.6 万减少到了 1.1 万，减幅达 95.9%。在罗马尼亚，国家工会联盟（artel Alfa）的人数从 120 万减少到 10 万，减幅达 16.7%；国家自由工会联盟（CNSLR）的

1　阿丹·诺瓦克，"捷共重新崛起的秘密"，载《当代世界与社会主义》2000 年第 4 期。

2　Anna Baranowska, Michael Gebel，"Temporary Employment in Central and Eastern Europe: Individual Rist Patterns and Institutional Contest"，*Arbeitspapiere Working Papers*，No.106, 2008.

3　David Ost，"The End of Postcommunism Trade Union in Eastern Europe"，*East European Politics and Societies*，Volume 23, Number1, February 2009. ［法］弗·朗索瓦·巴富瓦尔：《从 "休克" 到重建：东欧的社会转型与全球化 - 欧洲化》，北京：社会科学文献出版社 2010 年中文版，第 249—253 页。

人数从 12.84 万减少到 7.98 万，减幅达 37.9%。[1]

东欧社会主义发展中的转型因素

社会思潮的演变以及与之相联系的实践活动，总是以社会环境的变迁为土壤，带有时代的印记。东欧社会主义的发展状况就与它所处的转型时期密切相关。当东欧的社会发展总方向由苏联模式转向西方模式时，便锁定了社会主义的理论及其实践的基本内涵。

在经济方面，在转型时期"可供东欧国家选择的西欧模式是相同的，无论是瑞典式的社会市场经济还是撒切尔的新自由主义，都具有完善的私有制、发达的私人金融市场和活跃的劳动力市场等市场经济共通的东西。东欧经济体制转型的最基本目标就是建立这样的市场经济"[2]。面对经济领域的重大变革，单一的公有制和指令性计划经济的提法已经不再合时宜，社会主义政党必须顺应形势调整自己的主张。大多数社会民主党的经济主张转变为提倡混合所有制，弱化政府干预。它们与右翼政党的不同之处是反对将私有化和放松控制推至极限，更强调在经济转轨中更多地考虑中低收入者的利益。与社会民主党形成鲜明对比的是，共产党倡导的以国有经济为基础的混合经济的主张对选民来说则显得比较保守，因而没有获得上台的机会。同时，经济成分、利益关系、分配方式、组织形式等的多样化推动了社会阶层的新变化，有的民众向往西欧式的社会民主主义，有的民众则留恋昔日的共产主义，有的民众则要建立一种不同于前两者的新共产主义，这些民众便成为了不同社会主义政党的群众基础。社会主义政党活动过程中要选取不同的阶级、阶层或利益集团作为自己要争取的选民对象，在活动中代表它们的利益。因此，它们也就成了有不同社会基础的政党。

在政治方面，议会民主制已经在东欧各国扎根，各政党要想获得执政地位必须通过选举的方式，暴力手段夺取政权的可能性极小，也得不到广大民众的支持。就政党关系而言，在经历了一段时间的分化和重组后，绝大多数国家形成了以多党竞争为基础的政

1　Heribert Kohler "Where Do Trade Union Stand Today in Eastern Europe? Ttock-taking After EU Enlargement", *International Trade Union Cooperation Briefing Paper*, No.5/2008.

2　Jeffrey Sacks, "Eastern European Economies: What is to be Done?", *The Economist* 13—19, Jan. 1990, p.23.

党制度。大多数政党的合法地位得到宪法和法律的保障，政党阵线分野逐渐清晰，左、中左、中右、右并存的政党格局基本形成；政党关系逐渐缓和，各主要政党能够遵守多党轮流执政的游戏规则，通过合法的和对话的而非暴力的方式解决彼此的摩擦。在这样的背景下，社会主义政党要想得到民众的广泛认可，获得上台的机会，它们无论是在台上还是在台下都必须遵守上述游戏规则，否则只能让自己越来越孤立。

在对外关系方面，处在西方和俄罗斯夹缝中的东欧国家在剧变后既需要外部的经济援助来促进经济转轨，又需要一把新的"保护伞"来维护国家安全。出于对历史上沙俄和苏联压迫的余悸，更出于对欧盟提供的广阔市场和给予相对落后成员国的优惠政策的向往，东欧各国在西方和俄罗斯之间选择了前者。加入欧盟和北约不仅成为各国外交政策的头等大事，也成为民众关心的头等大事。因此，东欧各国的社会主义政党在加盟入约中的态度和表现直接影响到它们的发展情况。坚定支持加入欧盟和北约、致力于与西欧社会民主党搞好关系的社会民主党，比较迎合民意，在民众中影响力就更大。相反，大多共产党希望与俄罗斯和俄共搞好关系，而反对加入北约甚至欧盟，这与大多数民众的愿望不符，影响力就会小些。

正是社会主义者对转型现实的不同应对方式，产生了共产主义与民主社会主义在东欧的不同命运。可以说，转型的 20 年是东欧共产主义影响式微的 20 年，也是民主社会主义影响增大的 20 年。

东欧社会民主党通过自身的一系列改造迎合了现实的需要，获得了较大成功，却也使它们陷入身份认同的危机之中。东欧社会民主党自身定位为代表中下层利益的政党。然而，在新自由主义的冲击下，东欧社会民主党与右翼政党的政策趋同的趋势越来越明显。在台下，东欧社会民主党可以一味地为中下层民众的利益呼喊。但是，一旦上台，它的政策推行起来会遇到重重阻力，以至于社会主义政党自己就放弃了承诺，不得不采取右翼政党主张的降低税收、削减社会福利、限制工资增长等政策来刺激经济发展。因而，有些中下层民众认为社会民主党只说不做，是一个口号上的左翼政党、行动上的右翼政党。导致东欧社会民主党身份认同危机的另一个因素是腐败问题。东欧社会民主党上台后也会出现严重的腐败问题。例如，波兰民主左翼联盟在 2001 年上台后就一直受腐败问题困扰，最终因腐败输掉了选举。类似的情况也出现在其他东欧国家的社会主义政党身上，如在 2010 年议会大选中惨败的匈牙利社会党。腐败给部分民众的印象就是，社会民主党是只关心自身利益的政党。一部分曾经支持社会民主党的中下层民众逐渐地寄希望于一个"超越传统左右"的新型政党、一个由"非官僚"的领袖领导的能够代表人民的党来改变现状。这是近年来东欧民粹主义迅速崛起的重要原因。[1]因此，东欧社会民主党需要明确身份定位，解决"三个代表"的问题，即代表什么人、代表什么理念以及代表什么政策。

东欧共产党面临的问题在于离现实太远，其主张过于激进和理想化，与现实政治和民众需求存在距离，难以被大多数民众和其他政治力量接受，也就没有机会上台执政并把自己的主张上升为国家政策。因而，东欧的共产党需要在坚持马克思主义基本原则的情况下，使自己的主张更贴近实际，更具有可行性。

结语

2008 年金融危机爆发后东欧各国的经济出现了大幅度衰退，爆发了工人罢工、游行等一系列反抗新自由主义的运动。许多人都认为，金融危机为左翼政党提供了新的契机，因为选民理论上不应该选择当年鼓吹自由主义的罪魁祸首——右翼政党来处理目前的金融危机。政治局势却没有向有利于左翼政党的方向发展。在 2008 年底至 2010 年 4 月的几次议会选举中，社会民主党无一例外的落败，共产党也未有很大起色。目前，除斯洛文尼亚和黑山外，东欧台上执政的都是右翼政党，形成剧变后的又一次"右翼的回归"。然而，社会主义政党当前的困境与以往有所不同。以往社会民主党落败的原因可能是腐败丑闻、振兴经济无力或者选民想换换口味，但这次更大程度上是选民对社会主义政党的主张没有新意的一次报复，这主要可以从两方面看出。首先，整个社会的思潮是向左转的，选民对社会主义政党期待得很多，失望也更多。社会民主党竞选纲领中的提法依

1　在波兰，法律与公正党获得了 9.5% 的选票；在 2005 年的议会大选中法律与公正党以 27.0% 的选票成为议会第一大党获得组阁权。在斯洛伐克，民主斯洛伐克运动－人民党获得 8.79% 的选票成为执政联盟中的一员。在保加利亚，保加利亚公民欧洲发展党在 2009 年 7 月举行的议会选举中以 39.7% 比 17.7% 的巨大优势再次战胜社会党。在匈牙利，青年民主主义者联盟－匈牙利公民联盟在 2006 年的议会大选中共获得 386 个议席中的 164 席成为议会第二大党；在 2010 年的议会选举中青民盟和基民党竞选联盟赢得 206 席获得组阁权，"为了更好的匈牙利运动"获得 26 席。在罗马尼亚，罗马尼亚的民主自由党在其领袖、现任总统伯塞斯库的带领下力量不断扩大，在 2008 年的议会大选中获得 115 个议席成为议会第一大党。

然没有新意，延续了以往竞选纲领的老套。共产党在分析金融危机的原因方面比较深刻，但在如何解决危机方面却没有提出现实方案，依旧扮演着不合时宜的角色。其次，社会主义政党的溃败在整个欧洲是普遍现象，执政 13 年的英国工党也下台了。美国《新闻周刊》说，欧洲左派的失败是由于"依恋旧式观念""怨言多，办法少"[1]。《新左派评论》的编委和评论家塔里克·阿里（Tariq Ali）也认为："当民众转向左翼思想时，社会必须有相应的政治工具来满足民众的诉求，但是现在在法国还找不到这样的政治工具。不光是法国，大多数欧洲国家也都存在着同样的问题。"[2]《卫报》的表述更明了："这种左派'没辙了'的看法仍旧普遍存在。"[3] 上述说法都有一定的道理。但是，在西欧的社会主义政党全线溃败的情况下，东欧的社会主义政党又如何大获全胜呢？凭借 20 年来的积累，东欧社会主义政党骤然淡出政治舞台的可能性极小，但如何提出一套左翼色彩的现实可行的理论却是它们不得不考虑的长久之计。

　　（原文由孔寒冰和项佐涛合作，发表于《马克思主义与现实》2010 年第 5 期）

1　转引自《环球时报》2009 年 6 月 2 日。

2　转引自《21 世纪经济报道》2009 年 2 月 6 日。

3　Andy Beckett, "Has the Left blown its big chance of success", *The Guardian*, 17 August 2009.

中国与中东欧国家"16+1"合作机制的若干问题探讨

　　被称作中国国家级顶层战略的"一带一路"沿线所及的国家和地区有 65 个，其中，东亚 11 个，西亚 18 个，南亚 8 个，中亚 5 个，独联体 7 个，中东欧 16 个。显而易见，中东欧国家占有举足轻重的地位。在"一带一路"正式提出的前一年，中国与这 16 个国家的合作机制（即"16+1"）开始形成，其标志就是 2012 年 4 月在华沙举行的中国与中东欧国家领导人会晤。在这样的背景下，中国与中东欧十六国的各方面关系急剧升温，同时也成为学术界研究的一个"热点"。然而，越是"热点"，越需要"冷思考"。2015 年 11 月，李克强总理在里加第六届中国—中东欧国家经贸论坛上的讲话中提出了平等协商、互相尊重，互利互惠、合作共赢，开放包容、携手同行，联动发展、共创共享四项原则。对于中国和中东欧国家关系顺畅发展、合作卓有成效来说，这些原则毫无疑问是重要的保障。但是，中国与中东欧十六国的"关系""合作"都是双方构建的，一方是中国，另一方却是一个国家群体。所以，中东欧十六国有哪些差异性？它们与中国的差异性在哪儿？互补性有多大？认清这些问题对于有效地从具体操作层面上推动中国与中东欧国家的"关系"与"合作"，不仅是非常必要的，而且是必需的。

　　中东欧十六国涵盖三个地理区域，即中欧（波兰、匈牙利、捷克和斯洛伐克）、东南欧（罗马尼亚、保加利亚、阿尔巴尼亚、斯洛文尼亚、克罗地亚、塞尔维亚、波黑、马其顿和黑山）、波罗的海（立陶宛、拉脱维亚和爱沙尼亚）。如今，把它们称为中东欧国家已成定论。

但实际上，中东欧国家的内涵却是多重的。第一，它指的是地理位置上的中欧和东欧国家，包括欧洲中部的德国、瑞士、奥地利、捷克、斯洛伐克、匈牙利、波兰，欧洲东部的波罗的海三国、乌克兰、摩尔多瓦、白俄罗斯、俄罗斯。这种意义上的中东欧，几乎从来没有人这样使用。第二，它指的是由原来地缘政治上的东欧演变而来的中东欧国家。地缘政治上东欧存在于冷战期间，指欧洲二战分裂后与苏联以及与苏联模式的社会主义制度紧紧联系在一起的民主德国、波兰、匈牙利、捷克斯洛伐克、南斯拉夫、阿尔巴尼亚、保加利亚和罗马尼亚等八个国家。在地理位置上，前四个地处中欧东部，后四个地处东南欧。冷战结束之后，民主德国消失，捷克斯洛伐克分裂成两个国家，南斯拉夫分裂成六个国家，再加上国家结构没有发生变化的波兰、匈牙利、罗马尼亚、保加利亚和阿尔巴尼亚，一共十三个，被称为中东欧国家。尽管地理方位的描述并不准确，但是，这种说法是特定的地区研究概念，被中外学术界广泛采用。第三，中国外交部提出的中东欧十六国，即除了这十三个国家之外，再加上波罗的海三国。但是，这个概念仅仅是应用于"16+1"合作机制上或中国—中东欧国家合作上，而不用在第二种意义上的中东欧研究当中。

地区研究意义上的十三个中东欧国家，是从原地缘政治上的东欧演变而来。"16+1"合作机制意义上的十六个中东欧国家，又加上了从苏联分离而来的波罗的海三国。苏联解体后演变成十五个国家，为什么只将波罗的海三国与地缘政治上东欧演变而来的十三国合在一起呢？中国外交部这样提出来肯定不是从学术角度，所以，无法也没有必要从学术角度去考证。但是，如果从历史角度去考察，这十六个国家确实有共同的特征，那就是它们都曾是欧洲国家，而现在又都程度不同地回归欧洲。

说它们都曾是欧洲国家，指的是社会发展模式上是西欧式的多党制、市场经济并与西欧大国结盟，而非苏联式的一党制、计划经济并与苏联结盟。在第二次世界大战之前和之中，民主德国是法西斯德国的一部分，匈牙利、保加利亚和罗马尼亚站在法西斯一边，属于轴心国。波兰、南斯拉夫、捷克斯洛伐克、阿尔巴尼亚亲法国和英国。但是，这些国家都没能逃过被法西斯国家瓜分、占领的命运。其中，波兰还是被德国和苏联瓜分的。无论哪一类国家都没有与苏联结盟。这些国家在政治体制上有的是资产阶级共和国，有的是君主国，德国还是法西斯国家。在经济体制上都是以私有制为基础，但发展程度上差别很大，有的是发达的工业国，有的是工业—农业国，有的是比较落后的农业一工业国甚至是农业国。无论是哪一类国家，都没有实行苏联的政治体制和经济体制。波罗的海三国的情况稍复杂一些，长期受制于西方，但最终被强行并入苏联。早在1918年，波罗的海三国都曾宣布独立并且建立了西方式共和国，后一度被波兰或苏俄占领，但在1920年又都独立并存在了近二十年。1939年德国入侵波兰后，波罗的海三国被苏联根据与德国的秘密条约占领，苏德战争爆发后又被德国占领，1944年苏军进入后被强行并入苏联。此外，还有一点也不应忽视，那就是波罗的海三国的主要宗教信仰与西欧、中欧国家基本相同，而后苏联空间欧洲部分的其他国家基本上是东正教国家。

不难看出，中东欧十六国在社会发展模式上原本都是欧洲的。第二次世界大战之后，前十三个国家被硬切割下来而成为苏联势力范围的"东欧"，而后三个不仅被中断欧洲的发展进程而且成为苏联的组成部分。因此，当苏联不复存在之后，原东欧国家和波罗的海三国在社会发展模式上都抛弃了苏联模式或苏联而重新"回归欧洲"。从这个角度说，将这十六个国家当做一个整体作为中国的合作伙伴，建立起"16+1"合作机制似乎也有其内在逻辑。

虽然如此，从亲密关系、有效合作的角度说，中国应当关注中东欧十六国的差异性。中东欧十六国不是一个长期形成的稳定共同体，多样性、差异性非常大，历史的负担重，受国际社会的影响复杂。所以，这些差别会在很大程度上影响到十六国作为一个地区的内聚性，中国同它们合作的领域、程度、规模甚至结果也都与这些差别有着直接的关联。以下按2015年的数据列出的只是物理意义上比较典型的几方面差别。

第一，领土大小和人口多少上的差别大，参见表1。

表1　中东欧国家领土和人口概况

国家	领土面积（平方千米）	排序	人口总数（万人）	排序
波兰	312679	1	3798.6	1
罗马尼亚	238391	2	1981.5	2
保加利亚	111001.9	3	717.8	5
匈牙利	93030	4	984.3	4
塞尔维亚	88300	5	709.5	6
捷克	78866	6	1054.6	3
立陶宛	65300	7	290.5	10
拉脱维亚	64589	8	197.8	14

克罗地亚	56594	9	420.3	8
波黑	51200	10	381.0	9
斯洛伐克	49037	11	542.4	7
爱沙尼亚	45339	12	131.5	15
阿尔巴尼亚	28700	13	288.9	11
马其顿	25713	14	207.8	12
斯洛文尼亚	20273	15	206.4	13
黑山	13800	16	62.2	16

数据来源：中国外交部，http://www.fmprc.gov.cn；世界银行数据库，http://www.worldbank.org。

第二，经济发展水平上的差别大，参见表2。

表2　中东欧国家经济发展水平

国家	GDP 总量（亿美元）	排序	人均 GDP（美元）	排序
波兰	4770.7	1	14655.2	6
捷克	1851.6	2	21224.6	2
罗马尼亚	1779.5	3	9538.9	10
匈牙利	1217.1	4	14519.1	7
斯洛伐克	872.6	5	18644.0	3
保加利亚	502.0	6	7612.0	11
克罗地亚	487.3	7	13875.7	9
斯洛文尼亚	427.8	8	23781.3	1
立陶宛	414.0	9	15346.8	5
塞尔维亚	371.6	10	5663.4	13
拉脱维亚	270.0	11	14327.9	8
爱沙尼亚	224.6	12	17603.5	4
波黑	161.9	13	4801.9	15
阿尔巴尼亚	114.0	14	4543.1	16
马其顿	100.9	15	5093.8	14
黑山	39.9	16	7262.7	12

数据来源：世界银行数据库，http://www.worldbank.org。

第三，宗教文化上的差别大，参见表3。

表 3 中东欧国家宗教信仰状况[1]

国家	天主教（%）	东正教（%）	伊斯兰教（%）
波兰	87.6	1.3	
捷克	11.5		
斯洛伐克	74.0		
匈牙利	52.8		
罗马尼亚	10.7	81.9	0.9
保加利亚	1.7	59.4	7.8
塞尔维亚	6.0	84.6	3.1
马其顿	0.4	64.8	33.3
阿尔巴尼亚	10.0	6.8	56.7
波黑	15.2	30.7	50.7
克罗地亚	86.3	4.4	1.5
斯洛文尼亚	58.7	2.3	2.4
黑山	3.4	72.1	19.1
拉脱维亚	20.6	15.3	
爱沙尼亚	12.1	16.2	
立陶宛	78.8	4.1	

数据来源：美国中央情报局，https://www.cia.gov/library。

---

1 其中，捷克无神论者占的比例很大，有著作说，根据 2001 年的统计数据，捷克社会的无神论者已上升到 58.3%，10% 的居民未明确表明自己的宗教信仰，有宗教信仰的只占 31.7%。在信教者当中，83% 的教徒信仰天主教和新教。参见陈广嗣、姜俐编《捷克》，中国社会科学出版社 2005 年版，第 27 页。

第四，回归欧洲的程度差别大，参见表4。

表 4　中东欧国家回归欧洲状况

国家	加入北约时间	加入欧盟时间	加入申根区时间	加入欧元区时间
波兰	1999 年	2004 年	2007 年	
捷克	1999 年	2004 年	2007 年	
斯洛伐克	2004 年	2004 年	2007 年	2009 年
匈牙利	1999 年	2004 年	2007 年	
立陶宛	1999 年	2004 年	2007 年	2015 年
拉脱维亚	1999 年	2004 年	2007 年	2014 年
爱沙尼亚	1999 年	2004 年	2007 年	2011 年
罗马尼亚	2004 年	2007 年		
保加利亚	2004 年	2007 年		
斯洛文尼亚	2004 年	2004 年	2007 年	2007 年
克罗地亚	2009 年	2013 年		
塞尔维亚		2010 年申请		
马其顿				
波黑				
黑山	2016 年			
阿尔巴尼亚	2009 年	2009 年申请		

　　除了这些比较大的差别之外，作为一个人为构建出的新区域，中东欧十六国的同质性比较弱，再加上国内和国际、历史与现实、宗教与文化等多方面因素，所以，具有多重的复杂性。第一，波罗的海三国与中东欧另外十三个国家在历史上不属于同一区域，相互联结程度比较低。第二，许多国家的内部民族关系错综复杂，对国家的统一建构和社会发展有非常大的影响。比如，马其顿的马其顿族和阿尔巴尼亚族，波黑的塞尔维亚族、克罗地亚族和穆斯林，它们在统一国家的认同上，在新国家的体制构建以及内外政策上，自己在统一国家中的地位和作用上，都不同程度地存在着分歧和矛盾，而这些分歧和矛盾也会波及到对外关系上。第三，由于历史或政治上的原因，一些相邻国家之间的关系错综复杂，影响着地区的合作与稳定。比如，塞尔维亚与克罗地亚在现代历史上和南联邦解体时武装冲突的后续影响，阿尔巴尼亚与塞尔维亚在科索沃问题上的矛盾，斯洛伐

克与匈牙利、匈牙利与罗马尼亚在跨界民族问题上的分歧等。第四，这些国家与大国之间的关系错综复杂，同西欧、美国、俄罗斯、土耳其等国并不等量齐观，亲疏远近各有侧重。此外，它们同中国的关系也有比较大不同。中东欧的这些复杂关系是民族宗教、历史文化、国内政治、地区政治、国际政治和国际影响等诸多因素综合作用的结果，形成的时间长，短时期内难以消除。这些"老病"虽然在不同程度上为"回归欧洲"的大势所遮掩，但对十六国作为一个整体的内聚性、对外关系的一致性的影响是不言而喻的。中国与中东欧十六国的合作要顺利地前行，不仅要认清这些差异性和复杂性，而且必须超越它们。否则，稍有不慎，"16+1合作"就会受阻。

然而，认清中东欧十六国的差异性和复杂性还只是问题的一个方面。"关系"与"合作"涉及的都是双方或多方的，相关双方的差异性和互补性是重要的影响因素。中国与中东欧国家的关系能否顺利发展，"16+1合作"能否有效进行，毫无疑问是不能忽视这种差异性和互补性的。

中国与中东欧国家之间的差别之处不仅多，而且程度大。

第一，社会制度和运行体制不同。中国是亚洲的大国，实行共产党领导下的社会主义制度。十六国都是欧洲的中小国家，实行多党的议会民主制。一般而论，中国内政外交上的政策都由共产党制定和调整，有很强的延续性，中东欧国家内政外交上的政策则受政党政治的影响而有较强的易变性。不仅如此，十六个国家的政治、经济运行机制也不一致，这更加大了中国同十六国发展合作关系的难度。

第二，领土面积大小和人口多少相差巨大。中国的领土面积为963.4万平方千米，是十六国领土面积（1342812.9平方千米）的7.2倍。中国的人口13.7亿，是十六国人口（1.2亿）的11.4倍。领土面积大小和人口多少肯定不是决定是否建立友好关系的前提，但绝对是影响合作规模和程度的重要因素，比如，它们至少是市场容量和买卖能力的基本指标。在领土面积上，中东欧十六国中超过十万平方千米的只有波兰、罗马尼亚和保加利亚（分别为312679、238292、111001.9平方千米），超过五万平方千米的有匈牙利、塞尔维亚、捷克、立陶宛、拉脱维亚、克罗地亚、波黑（分别为93030、88300、78866、65300、64589、56594、51200平方千米），超过二万平方千米的有斯洛伐克、爱沙尼亚、阿尔巴尼亚、马其顿、斯洛文尼亚（分别为49037、45339、28700、25713、20273平方千米），二万平方千米之下的是黑山（13800平方千米）。

在人口数量上，中东欧十六国中超过千万的有波兰、罗马尼亚和捷克，分别为3798.6、1981.5和1054.6万。超过500万的有匈牙利、保加利亚、塞尔维亚和斯洛伐克，分别为984.3、717.8、709.5和542.4万。超过200万的有克罗地亚、波黑、立陶宛、阿尔巴尼亚、马其顿、斯洛文尼亚，分别为420.3、381.0、290.5、288.9、207.8和206.4万。200万之下的有拉脱维亚、爱沙尼亚、黑山，分别是197.8、131.5和62、2万。

第三，经济总量相差巨大。中国2015年的GDP总量是11.1万亿美元，是中东欧十六国总和（1.4万亿美元）的7.9倍。如果具体到每一个中东欧国家，这种经济实力相比就更悬殊了。同样，经济实力上的差别也不是建立友好关系的前提条件，但绝对是影响合作规模和程度的重要因素。在GDP总量方面，中东欧十六国中上千亿美元的有波兰、捷克、罗马尼亚、匈牙利，分别是4770.7、1851.6、1779.5、1217.1亿美元。超过500亿美元的有斯洛伐克和保加利亚，分别是872.6、502.0亿美元。超过200亿美元的有克罗地亚、斯洛文尼亚、立陶宛、塞尔维亚、拉脱维亚、爱沙尼亚，分别是487.3、427.8、414.0、371.6、270.0、224.6亿美元。超过100亿美元的有波黑、阿尔巴尼亚、马其顿，分别是161.9、114.0、100.9亿美元。100亿美元以下的只有黑山，为39.9亿美元。不过，在人均GDP方面，中国是6497.7美元，只强于塞尔维亚（5663.4美元）、马其顿（5093.8美元）、波黑（4801.9美元）和阿尔巴尼亚（4543.1美元），落后于斯洛文尼亚（23781.3美元）、捷克（21224.6美元）、斯洛伐克（18644.0美元）、爱沙尼亚（17603.5美元）、立陶宛（15346.8美元）、波兰（14655.2美元）、匈牙利（14519.1美元）、拉脱维亚（14327.9美元）、克罗地亚（13875.7美元）、罗马尼亚（9538.9美元）、保加利亚（7612.0美元）、黑山（7262.7美元）。中国与中东欧十六国经济实力悬殊，中东欧十六国之间经济实力悬殊，这些悬殊是决定中国同这十六个国家经贸合作程度和规模的重要因素。

由于有如此多、如此大的差别，再加上地理位置及地缘政治等方面的原因，中国与中东欧十六国的互补性也比较弱。

第一，中国与中东欧十六国互不为主要的贸易伙伴。中国主要贸易伙伴中头四位是美国、日本、韩国、德国，而没有一个中东欧国家。在十六国的主要贸易伙伴中，中国除了在阿尔巴尼亚排第三之外，在其他十五国中的排位都在四名之外，而且所占份额也不大。另一方面，这些国家的主要贸易伙伴是德国、意大利、法国等（见表5）。

表 5 中国以及中东欧国家进出口贸易伙伴及贸易额（%）

国家	出口贸易伙伴	进口贸易伙伴
中国	美国（18.0）、欧盟（15.6）、中国香港（14.6）、日本（6.0）	欧盟（12.4）、韩国（10.4）、美国（9.0）、中国台湾（8.6）
波兰	欧盟（78.8）、俄罗斯（2.9）、美国（2.3）、乌克兰（1.7）	欧盟（58.9）、中国（11.8）、俄罗斯（7.6）、美国（2.7）
捷克	欧盟（83.1）、美国（2.4）、俄罗斯（2.0）、瑞士（1.6）	欧盟（65.3）、中国（13.4）、俄罗斯（3.1）、韩国（2.4）
斯洛伐克	欧盟（85.2）、美国（2.2）、俄罗斯（2.2）、瑞士（1.6）	欧盟（55.5）、中国（8.5）、韩国（6.6）、俄罗斯（5.3）
匈牙利	欧盟（79.2）、美国（3.6）、土耳其（2.0）、中国（1.8）	欧盟（76.4）、中国（5.8）、俄罗斯（4.0）、美国（2.1）
斯洛文尼亚	欧盟（76.6）、塞尔维亚（3.5）、俄罗斯（3.3）、波黑（2.6）	欧盟（70.7）、中国（6.5）、美国（2.5）、韩国（2.0）
克罗地亚	欧盟（66.6）、波黑（9.7）、塞尔维亚（5.5）、美国（2.3）	欧盟（78.0）、中国（2.8）、波黑（2.7）、塞尔维亚（2.4）
罗马尼亚	欧盟（73.7）、土耳其（3.9）、美国（1.9）、俄罗斯（1.8）	欧盟（77.1）、中国（4.6）、土耳其（3.6）、俄罗斯（3.2）
保加利亚	欧盟（63.8）、土耳其（8.6）、中国（2.4）、塞尔维亚（2.0）	欧盟（63.9）、俄罗斯（12.0）、土耳其（5.7）、中国（3.7）
塞尔维亚	欧盟（65.7）、波黑（8.8）、俄罗斯（5.4）、黑山（5.1）	欧盟（62.4）、俄罗斯（9.6）、中国（8.5）、土耳其（3.2）
黑山	欧盟（35.7）、塞尔维亚（22.1）、波黑（9.3）、土耳其（6.7）	欧盟（41.3）、塞尔维亚（28.1）、中国（10.3）、波黑（6.5）
马其顿	欧盟（77.2）、塞尔维亚（8.7）、中国（3.2）、波黑（1.8）	欧盟（62.1）、塞尔维亚（8.1）、中国（6.1）、土耳其（5.0）
波黑	欧盟（71.6）、塞尔维亚（8.5）、土耳其（3.9）、黑山（2.9）	欧盟（60.8）、塞尔维亚（10.9）、中国（6.9）、俄罗斯（5.7）
阿尔巴尼亚	欧盟（75.3）、塞尔维亚（9.9）、土耳其（2.9）、中国（2.7）	欧盟（61.7）、中国（8.6）、土耳其（8.0）、塞尔维亚（4.8）
立陶宛	欧盟（61.2）、俄罗斯（13.6）、白俄罗斯（4.6）、美国（4.4）	欧盟（67.0）、俄罗斯（16.9）、白俄罗斯（3.5）、中国（2.9）

| 拉脱维亚 | 欧盟（72.6）、俄罗斯（8.1）、挪威（2.2）、土耳其（1.7） | 欧盟（78.8）、俄罗斯（8.6）、中国（3.3）、白俄罗斯（2.4） |
| 爱沙尼亚 | 欧盟（69.1）、俄罗斯（9.7）、美国（4.9）、挪威（3.8） | 欧盟（63.4）、俄罗斯（9.6）、中国（8.0）、美国（2.0） |

数据来源：世界贸易组织数据库，http://stat.wto.org/CountryProfile。

第二，中国和中东欧十六国互不为主要出口对象国。中国商品出口的前十位国家和进口商品的前十位国家中没有一个是中东欧十六国。如果做一个横向比较的话，中国向西欧国家出口商品的数量远远高于向中东欧十六国出口的数量。反过来，中国从西欧国家进口商品的数量也远远高于从中东欧十六国进口的数量（见表6、7、8）。

表6　中国进出口贸易前十名国家

出口	贸易额（亿美元）	进口	贸易额（亿美元）
美国	4092.1	韩国	1745.1
日本	1356.2	美国	1478.1
韩国	1012.7	日本	1429.0
德国	691.5	德国	876.2
越南	660.2	澳大利亚	735.1
英国	595.7	马来西亚	532.8
荷兰	594.5	巴西	440.9
印度	582.3	瑞士	411.0
马来西亚	439.8	泰国	371.2
澳大利亚	403.1	俄罗斯	332.6

表7　中国出口欧洲主要国家及中东欧国家贸易额

欧洲主要国家	贸易额（亿美元）	中东欧国家	贸易额（亿美元）
德国	691.5	波兰	143.4
英国	595.7	捷克	82.3
荷兰	594.5	匈牙利	52.0
俄罗斯	347.5	罗马尼亚	31.6
意大利	278.3	斯洛伐克	27.8

法国	267.4	斯洛文尼亚	20.9
西班牙	218.5	立陶宛	12.1
比利时	162.1	保加利亚	10.4
瑞典	71.0	拉脱维亚	10.2
丹麦	61.5	克罗地亚	9.9
希腊	36.6	爱沙尼亚	9.5
芬兰	35.4	阿尔巴尼亚	4.3
乌克兰	35.2	塞尔维亚	4.1
瑞士	31.7	黑山	1.3
葡萄牙	28.9	马其顿	0.9
挪威	28.6	波黑	0.6

表 8 中国进口欧洲主要国家及中东欧国家贸易额

欧洲主要国家	贸易额（亿美元）	中东欧国家	贸易额（亿美元）
德国	876.2	匈牙利	28.8
瑞士	411.0	捷克	27.8
俄罗斯	332.6	波兰	27.4
法国	246.2	斯洛伐克	22.4
英国	189.3	罗马尼亚	12.9
意大利	168.2	保加利亚	7.5
荷兰	87.8	斯洛文尼亚	2.9
比利时	70.1	爱沙尼亚	2.3
瑞典	64.2	立陶宛	1.4
西班牙	55.9	拉脱维亚	1.4
奥地利	49.7	阿尔巴尼亚	1.3
爱尔兰	42.9	塞尔维亚	1.3
挪威	41.5	马其顿	1.3
丹麦	41.0	克罗地亚	1.1
乌克兰	35.6	波黑	0.5
芬兰	34.8	黑山	0.2

第三，中国与中东欧十六国在文化教育交流上面的互补性也比较低。以 2014 年中

国学生的留学对象国为例，居前五位的为美国（260914人）、澳大利亚（90245人）、日本（85226人）、英国（86204人）、加拿大（42011人）[2013年的数据为韩国（38109人）、法国（25388人）、德国（21886人）]。但是，同期留学中东欧十六国的中国学生总共才1615人。其中，波兰（608人）、匈牙利（490人）、捷克（240人）、罗马尼亚（96人）、爱沙尼亚（65人）、保加利亚（41人）、斯洛伐克（24人）、斯洛文尼亚（16人），去其余国家留学的平均人数不足5人。这只是总数，还没有进一步考察是读博士（硕士）学位还是仅仅学习语言。反向的数据，笔者没有统计，但可以断定的是中东欧十六国学生留学的对象国主要为西欧和美国，到中国来留学的数量极小。

当然，中国与中东欧国家之间巨大的差异性和由此而产生的较弱的互补性都是"先天的"，不可能也没有必要改变。中国与中东欧十六国关系的这种特征是客观存在的，因此，也是中国同中东欧十六国发展"关系"和进行"合作"的基本前提，也是评估中国与中东欧国家"关系"与"合作"重要性的基本依据之一。

多样性、复杂性是中东欧地区的突出特征，中国与这些国家在各方面的差异性巨大。"16+1"合作机制就是建立在这种多样、复杂和差异基础之上的，范围所及多种领域和多个层次。良好并且定位很高的政治关系，是落实"16+1"合作机制的基本前提和可靠保证。它可以通过首脑人互访、领导人峰会以及各种会议、论坛来进行整体性的构建、升级，相对来说成本也比较低，构建起来难度也不大。不仅如此，构建这种政治关系时，前述中东欧十六国的差异性和复杂性，中国与它们比较弱的互补性的影响不大甚至可以说不受什么影响，如果有什么障碍也都能够用和平共处五项原则化解。但是，历史经验证明，政治关系往往又是脆弱的和易变的，受其他多重因素的影响。中东欧十六国都是政党政治，党派和首脑频繁更替会在一定程度上影响国家内政外交方面具体政策的延续。与此相联系，中东欧十六国在与中国交往过程中，会在不同程度上受到国内政治、地区政治和国际政治的干扰。政治关系需要坚实而牢固的经贸关系来支撑。如果说"16+1"合作机制为一座桥梁的话，那么，它必须是结实的和耐久的，而不是一座临时的便桥，需要有基石和钢梁。在很大程度上，这种基石和钢梁就是经贸关系。中国发展同中东欧十六国的友好关系，加强各方面的合作必须要考虑到和超越十六国多元的利益诉求和易变的内外政策。

比如，在具体的经贸合作上，中国不太可能将十六国作为一个整体，而是要面对一个个的具体国家。因此，必须了解中东欧十六国的上述差异性和复杂性，以及与中国的差异性和互补性，根据它们来确定与每个国家具体合作的领域、总量和档次等，在此基础上进行"精准性"的合作。所谓"精准性"，主要是指中国同中东欧十六国在各方面的合作要找好契合点，真正是互需互补，规模和档次适度。做到这些的基本前提是对中东欧十六国的多样性以及中国与它们的差异性进行详细、深入的分析和考察，而不是脱离这些进行政治论证或学术论证。虽然差异性大和经济贸易、文化交流等方面的互补性弱，但决不意味着中国与中东欧十六国没有合作的空间。事实正相反，近些年来，中国同中东欧国家在许多方面的合作卓有成效。但应看到，这些有成效的合作都是非常具体的，是同某一国家在某一方面的合作，数量和规模相对来说也都有限。由于中东欧十六国的多样性和复杂性，由于中国同它们的巨大差异性和较弱的互补性，中国与中东欧国家的经贸合作也必然是多样性的、多层性的。另外，考虑到中国对外经贸关系的格局和重点，考虑到中东欧各国对外经贸关系的格局和重点，中国与中东欧经贸合作的价值和意义也应恰当地评估，既不可小觑但也不能高估。在恰当、全面评估的基础之上，中国的不同地区、不同行业的不同企业分别有针对性地同中东欧十六国开展点对点、面对面的合作，积小、积少成多，为"一带一路"战略的实施，为中国与中东欧十六国的关系发展提供坚实的物质支撑。

中东欧在"一带一路"战略中占有重要的地位，中国与它们合作是否扎实和有效在相当大的程度上影响着"一带一路"战略的实施。但是，中国是世界第二大经济体，而中东欧十六国是一个差异性大、内涵复杂的区域。中国的内政外交政策是单一的和可持续的，而中东欧十六国是多样的和易变的。中国经贸合作的主要对象是西欧、美国、日韩、俄罗斯等，而中东欧十六国的主要对象是西欧。发展中国与中东欧国家的友好关系和进行有效的合作，不能无视这些特点，而要认清它们，顺势利用它们。不仅如此，中国与中东欧十六国合作要放在中国整个对外关系的格局当中，地位和作用应该恰当，而不易"大干快上"，一哄而起，更不能为达到某种政治目的不计成本。从学者角度说，详细地描述和分析这些特点更有着特殊的意义，为中国发展同中东欧十六国的关系，为加强合作提供坚实的智力支持，而不是顺势唱高调论证，更不能误导。

（原文由孔寒冰和韦冲霄合作，发表于上海《社会科学》2017 年第 11 期）

对东欧、中欧和东南欧国家社会转型的考察和思索

引言

我从事于苏联东欧社会发展教学与研究已近二十年，但在 2008 年之前，除了原东德地区和俄罗斯的莫斯科、圣彼得堡之外，这些地区的其他国家都没有到过。为了提高自己教学与科研的水平，了解原苏东地区社会发展的现状，2009 年 2—3 月、8—11 月和 2010 年 3—6 月，我先利用参加国际会议的机会，而后又在北京大学博诚基金的资助下对东欧（原苏联的欧洲部分）、中欧（波兰、匈牙利、捷克和斯洛伐克）和东南欧（巴尔干半岛）进行了历时七个月的实地考察和学术访问。在这期间，我先后到了俄罗斯、白俄罗斯、乌克兰、波罗的海三国、摩尔多瓦、波兰、匈牙利、捷克、斯洛伐克、斯洛文尼亚、塞尔维亚、阿尔巴尼亚、马其顿、波黑、保加利亚和罗马尼亚等国近百个城市。此外，为了有所比较，我还访问了德国、奥地利、意大利和瑞士等四个西欧国家的十余个城市。

我考察和访问的主要内容有以下几个方面：第一，访问这些国家相关的大学和研究机构近二十多所，参加了五次国际学术会议，与数十名当地知名学者进行学术交流。第二，参观了几百处与中东欧国家政治、历史和文化发展有关的城市、村镇、自然景观、遗址、遗迹、纪念场所等等。第三，了解这些国家政治、经济、外交以及与中国关系的历史与现状。

第四，会见了一些国家的社会主义政党领导人或政治家。其中，比较重要的有：阿尔巴尼亚的前总统迈达尼，总理顾问切卡，社会党创始人之一马乔；匈牙利布达佩斯选举委员会正副主席，匈中友好协会主席、前驻华大使叶桐；罗马尼亚前财政部长和欧洲议会议员丹尼尔·戴阿努，外交国务秘书多鲁·科斯塔；波兰托伦市长菲德列维奇，埃德玛萨雷克出版公司董事会主席亚当博士；摩尔多瓦的教育部长等。第五，广泛地接触了这些国家驻华使节和中国驻这些国家的外交官员。前者包括波黑驻华大使克瓦契维奇，塞尔维亚驻华大使乌多维契基，波兰驻华大使霍米茨基，罗马尼亚驻华大使伊斯蒂奇瓦亚，阿尔巴尼亚驻华大使佩卡等；后者包括中驻俄罗斯、白俄罗斯、匈牙利、塞尔维亚、保加利亚、波黑、阿尔巴尼亚等国的教育参赞、政务参赞等。第六，搜集了许多第一手的有关中东欧教学与研究的文献资料，如书籍、档案照片和文字说明等等。

通过七个来月的考察和访问，我近距离地感受到了这些国家的历史与现实。当然，这种观感毕竟不是学术研究，片面和肤浅是难免的，而且不同人的观感也不一样[1]。但是，感受又很直接和很生动，可以从一个独特的角度阅读深沉的历史。在这些国家的所见所闻，追寻它们社会发展的轨迹，至少可以加深我对它们社会发展的认识，增强对往日的苏东关系和现在的这些国家同俄罗斯关系的理解，进而反思在这些表面现象背后的国际政治和社会主义理论与实践等方面的许多问题。

发展程度不同的经济状况

这里所谓的社会转型，主要是指这些国家从二十年前苏联模式的社会主义制度向西欧政党政治和市场经济的转变。经过近二十年的发展，这些国家离过去的"苏联"渐行渐远，而离今天的西欧越来越近。由于内部和外部多重因素的制约和影响，这些国家在社会发展模式和发展水平上的"位移"及其结果都存在着程度不同的差别。这些国家虽然以私有制为基础的市场经济都已确立，但发展和完善的程度并不相同，在此基础之上呈现出的经济发展状况也不一样。总的看来，今天这些国家在各方面仍处于从东方到西方的社会转型过程当中。

---

1 《环球时报》2010 年 7 月 9 日国际论坛版刊登了张维为的短文《东欧激进改革的失败的启示》，作者的观点与本文的观点就分歧很大。

（一）经济发展程度比较高的国家

到任何一个国家，都可以透过城市面貌、基础设施、交通工具、物价与民众生活状况、开放程度等方面，直接感受到这些国家经济发展的不同梯次。通过实地观察和对比国际权威机构发布的某些经济发展指标，我感到，中东欧和东南欧国家与西欧国家以及它们之间的经济发展的差别还是非常明显的。

属于这一类的国家主要是中欧四国、波罗的海三国和巴尔干半岛西北部的斯洛文尼亚、克罗地亚。如果用 2009 年的人均 GDP 来划线的话，斯洛文尼亚和捷克超过了两万美元，前者为 27300 美元，后者为 20858 美元。中欧国家的人均 GDP 在一万美元以上两万美元以内。具体说，斯洛伐克为 17600 美元，克罗地亚为 15975 美元，爱沙尼亚为 15554 美元，匈牙利为 15542 美元，拉脱维亚为 14933 美元，立陶宛为 14391 美元，波兰为 11141 美元。[1] 就表面观察而言，说这些国家经济发展程度比较高的标志有以下几方面。

第一，总体而论，老城、老房屋、老街道保存得都很完好完整；新城、新楼房、新马路修建得都比较整齐、漂亮和宽阔。第二，公共交通设施比较完善，列车、公交车和轿车比较新，档次也较高。第三，旅游场所、机场、火车站、旅馆饭店等窗口行业的设施完备，服务非常周到。第四，现代化气息比较浓厚，人们的开放度也比较高。比如，到这些国家参观访问不用担心语言问题，各种交流都可以使用英语。另外，这些国家的民众对待外国人也很热情，真诚。第五，除了克罗地亚之外，这些国家都加入了申根区，只要有申根签证，进出境都非常方便。另外，斯洛文尼亚和斯洛伐克还加入了欧元区。这些国家除了旅游业和对外贸易比较发达之外，在支柱工业方面有一定的优势，比如，捷克的钢铁工业、汽车和啤酒制造，斯洛文尼亚的汽车和机械制造业，克罗地亚的建筑业、造船业和制药业，波兰的采矿业，斯洛伐克的电子产业，波罗的海三国的采矿、加工和制造业等等，都比较发达。

需要指出的是，这些国家经济发展程度比较高也是相对于东欧和东南欧其他国家，而与西欧相比较，还是明显落后的。根据欧盟统计局公布的数字，如果将 2009 年欧盟 27 国人均 GDP 的平均值为 100 的话，斯洛文尼亚和捷克分别相当于 86 和 80，斯洛伐

---

[1]　国内外不同机构统计出的数字也不尽相同，但不会有太大的差异，这是可以说明问题的。

克为 72，匈牙利为 63，爱沙尼亚为 63，波兰为 61，立陶宛为 53，拉脱维亚为 49。与它们相邻的奥地利、德国和意大利三国的数值分别为 124、116 和 102。[1] 不论从哪个指标来看，也不论大都市还是小城镇，这些国家与西欧国家的差别都非常明显。乘车跨过奥地利和匈牙利、捷克和斯洛伐克的边界时，两边的景象反差就明显可以看出。

（二）经济发展程度居中的国家

属于这类的是东欧和东南欧 2009 年的人均 GDP 在五千美元以上一万美元以下的国家，它们依次是俄罗斯（9991 美元）、罗马尼亚（9555 美元）、塞尔维亚（6781 美元）、保加利亚（6636 美元）、白俄罗斯（6082 美元）、黑山（5332 美元）。同样，这些国家的具体情况也不一样。

俄罗斯和白俄罗斯都是由苏联演化而来的，但大小强弱差别比较大。作为一个世界性的大国，甚至在军事上和能源上还是一个世界性强国，社会转轨二十年来，俄罗斯在经济方面也不能说没有发展，但由于发展速度大起大落、发展方式单一，因而发展程度也有限。至于说白俄罗斯，长处没有俄罗斯的长，短处却比俄罗斯的更短。走在这两个国家，突出的印象有以下几个方面。

第一，无论是首都还是中小城市基础设施都比较陈旧和落后，现代化气息比较淡。除了富丽堂皇的东正教教堂和沙皇俄国时建造的宫殿之外，莫斯科的地铁和许多闻名于世的辉煌建筑多半都是苏联时期留下的，明斯克的标志性建筑也是如此。人们都说俄罗斯制造的东西大而笨，可是，这两国公共场合的电梯却又小又破，真不知身材高大的俄罗斯人或白俄罗斯人如何使用。它们上下楼时突然的停顿更是让乘客胆颤心惊。三四星级宾馆里的电视空调家具等也较破旧，与中国同等级的宾馆相比，恐怕至少得相差好多年。许多列车和铁路都是苏联时期的，更新得很慢。作为斯大林时代建筑主要标志的莫斯科大学主楼，远处看非常雄伟，到跟前细看你会发现一个非常奇怪的现象，墙上布满了蜘蛛网般的网线。莫斯科、明斯克或其他旅游城市也试图建一些现代化的大楼，但受近两年经济危机的影响，多半成了烂尾工程，俄罗斯联邦大厦就是一个典型例子。政府投资的建筑尚且如此，其他建筑就更不难想象了。第二，俄罗斯和白俄罗斯的开放程度比较低。在这两个国家，不懂俄语寸步难行，懂俄语行走起来也并不顺畅。无论是地铁公交，

1　http://ekonomika.sme.sk/e/5432646/slovensko—prestalo—dobiehat—europsku—uniu.html. 它公布的数字与本文前面使用的略有差别。

还是国内国际长途汽车，基本上没有用英文报站名或播报其他行车信息的。在大大小小的景点，除俄文外也很少有其他文字的标识或解说。到这两个国家，必须要有单独的签证。特别要提及的是，在俄罗斯住旅馆时一定要有所谓的"落地签"，有资质的宾馆饭店要为住客出具居住证明，随时准备应对警察的盘查，最后出关时要交回，否则麻烦就大了，轻则罚款，重则驱逐出境。第三，工作效率低，这一点几乎是所有到过俄罗斯的人的共识。在莫斯科出机场时，我足足用了一个多小时才出关。负责检查护照的那位老大妈像考古似的看外国旅客的护照，如同相面似的仔细地端详外国旅客，没完没了地问一些不着边际的话。在俄罗斯工作的中国朋友说，我出关的时间还算是快的，花上二三个小时也都是正常的。类似的情况在宾馆、餐厅、商店等服务行业更是常态。在基辅开往华沙的列车上，我遇到了一位定居在德国的俄罗斯姑娘，谈及上述现象，她既伤心又无奈地说："俄罗斯是个没有希望的国家，白俄罗斯和乌克兰也是如此。"

罗马尼亚、保加利亚和塞尔维亚都是东南欧国家，但是，它们的具体情况也不完全一样。罗马尼亚和保加利亚原本就是巴尔干半岛上的独立国家，现在它们不仅加入了北约，而且加入了欧盟，总的看来开放度都比较高。就经济发展程度而言，它们与第一类国家的差距比较大。例如，包括布加勒斯特和索非亚在内的这两个国家的主要城市虽然老建筑、文物保护得比较完好，但城市基础设施都很陈旧，市政建设也比较滞后。特别是布加勒斯特，城市似乎没有任何规划，高矮新旧建筑混在一起，各处给人的感觉都是乱七八糟。据说布加勒斯特曾号称"巴尔干半岛上的巴黎"，但实地一看实在名实不符。塞尔维亚的经济发展状况与保加利亚差不多，但既没有加入北约也没有加入欧盟。与罗马尼亚和保加利亚不同的是，塞尔维亚只是完整的南斯拉夫的一部分，不仅在领土面积上无法与前南斯拉夫相提并论，而且经济发展也远远落后于当时的南斯拉夫。在剧变以后，南斯拉夫不断地分裂，现在作为它继承者的塞尔维亚的领土不及原南斯拉夫的三分之一，人口只是原南斯拉夫的40%，经济发展更是一落千丈。贝尔格莱德大学的一位教授二十五年前就有私家小汽车，但如今仍然开着。他还告诉我，上个世纪80年代，南斯拉夫的生活水平比意大利高。当时，他每月工资有1500美元，可以到任何国家旅行，学生出国也很容易。南斯拉夫解体时，通货膨胀很厉害，他每月工资一度只相当于现在的两欧元。现在，他每月工资虽然也在1000美元左右，可物价不知翻了多少倍，美元不知贬值了多少。在贝尔格莱德，一张公交车票合5元人民币，一杯可乐在咖啡馆喝需要14—15元人民币。

近二十年来，塞尔维亚的基础设施也少有改观。贝尔格莱德城中心依然矗立着不少1999年被北约空袭毁坏的建筑，既没有拆除也没有修复，地下通道很发达但地铁就是修不起来。之所以如此，其中重要的原因就是政府没有钱。

（三）经济发展程度比较低的国家

这一类国家人均GDP都在五千美元以下，包括有波黑（4888美元）、马其顿（4765美元）、阿尔巴尼亚（3458美元）、乌克兰（2020美元）、摩尔多瓦（1694美元）[1]。虽然是一类，但是，这些国家在各方面的差别也比较大。比如，阿尔巴尼亚已经成了北约的成员国，如今正在为加入欧盟而努力，非欧盟国家的游客持多次往返的申根签证可以进出阿尔巴尼亚和马其顿，不需单独签证。在经济发展方面，巴尔干半岛这三个国家情况比较好的是前两个，而最差的是摩尔多瓦。

经过1992—1995年的战争，波黑近35万人伤亡，八成的经济设施和一半多的住房毁于战火。代顿协议签订后，波黑在西方特别是美国的资助下开始恢复重建工作，但是，战争的遗迹依稀可见。在萨拉热窝中心城区和新城区的许多高大的建筑和城边的低矮建筑或居民区，零零星星的或非常密集的大小弹痕分布在石头的或砖的外墙上。走出萨拉热窝市，被战火损坏或损毁的建筑物就更多，其中主要是二三层的居民小楼，色彩多为灰色和红色。或者主人遇难，或者主人远走他乡，或者无钱重修，这样的小楼有的满目疮痍，有的只剩残缺不全的房架子。在青草绿树的衬托下，它们显得是那样的刺眼。在离莫斯塔尔老城区不远的地方，有好几座两层高的楼房架子完好，但都没有门窗，墙上尽是枪弹孔或炮弹孔，与旁边新建的现代化大楼形成鲜明对比，简直是两个时代或两个世界。不过，一方面有比较丰富的水资源和矿藏，另一方面有国际社会特别是西方的支持，再加上人文旅游资源比较丰富，波黑近些年的发展还是比较快的。

马其顿的人口只有200万人，国小力微，独立后受国内政治危机的影响和国际经济危机的冲击都很大，近几年情况才有好转。马其顿的旅游资源和矿产资源比较丰富，服务行业和农业是国家的支柱产业。其中，服务业的收入占国内生产总值一半以上。在首

1　其实，人均GDP不能完全反映这些国家的经济发展状况。这些国家比较小，许多人在海外打工，每年会将大量资金汇回或带回国。这部分钱不计在GDP，而是GNP。例如，阿尔巴尼亚360多万人口中有100万在意大利、希腊、德国、法国及西欧的其他国家打工，每年带回或汇到阿尔巴尼亚的资金在10亿美元左右。这种情况在前两类国家中也都不同程度地存在。

都斯科普里、奥赫里德等著名的旅游城市，我一方面深切地感受到了丰富的人文、历史和自然的旅游资源对马其顿经济发展的重要性，另一方面也看到市政建设和基础设施都是比较落后的。比如，斯科普里的老城区，伊斯兰的风格、风味十足，可建筑物和道路的破败也令人叹息。新城区除了一条不算太长的步行街还算繁华，其他部分都比较破旧。

与上述几个国家相比，阿尔巴尼亚经济发展的特点比较明显。阿尔巴尼亚各地大小城市，到处都在建房和修路，用全国都是一个大工地来形容并不夸张。在建的房屋可以分为两类，比较大的可能是宾馆饭店。为了发展旅游业，许多地方都是在大兴土木，挖山填海，到处都是浇注好钢筋水泥框架的大小楼房架子，极少数高的有十来层，多数都是两三层或三四层。但是，建完的似乎很少，有些虽然用空心砖砌上了墙，但也多半没有安门窗和进行内外装修。比较小的应当是个人住宅，遍地都是，同样也以未完工的居多。令人奇怪的是，绝大多数建筑就像没有搭完的积木，孤零零地矗立在那儿，也没有准备好的建筑材料，更不见施工的人员，非常像中国一些地方曾经出现过的烂尾楼。当地的朋友告诉我，近些年来，阿尔巴尼亚的"建房热"一直"高烧"不退。然而，阿尔巴尼亚人并不是等全部资金到位再动工，而是有了一些钱就开工，钱用没了就停工，等有了资金后再接着建。阿尔巴尼亚的公路状况总体上说并不是很好，高速公路和高等级公路虽然都有，但不多。许多公路都是双向单车道，而且路面较差。即使是稍宽一些的路，标明行车线的也很少，行车秩序比较乱。汽车鸣笛和不让行人是常态，行人过马路不能光看指示灯，还必须百倍注意过往的车辆。这些与欧洲的其他国家截然不同。阿尔巴尼亚如今正为加入欧盟而努力。然而，加入欧盟首先要达到其要求的最低标准。在交通方面，阿尔巴尼亚必须使重点的交通要道变宽、变平，同时还要修建一些新的高等级公路。为此，急于加入欧盟的阿尔巴尼亚政府下的决心不小，铺的摊子也很大，全国到处都在修路，然而速度和效率却不敢恭维。一条很长的在修或在建的路，三三两两的施工机械或施工人员在那不紧不慢地干。看那速度，这些公路真不知要到猴年马月才能完工。无论如何，全国都像一个大工地表明了近些年来阿尔巴尼亚经济发展的势头，然而，这种势头到底是顺势发展还是逆势发展却要受多种因素制约，如经济危机、国内劳动力严重匮乏、两党对立的政治体制等。

另外，阿尔巴尼亚的二手车市场及其相关的产业比较发达。阿尔巴尼亚大街上跑的车大约三分之二是德国造，其中大多数是奔驰牌的。阿尔巴尼亚的奔驰车虽然也有最新型的和最豪华的，但绝大多数是二手车、三手车甚至不知是几手的车。大的小的，各个年代各种型号的，可以说应有尽有，就像一个奔驰汽车博览会。这些车绝大多数都是进口商从德意等国以比较低的价格买的并通过海路运回阿尔巴尼亚，在向港口、海关缴纳一些税后再加价出售。阿尔巴尼亚各地公路两旁的二手车市场非常多，拆解报废汽车的场地非常多，大大小小的加油站非常多。毫无疑问，这种情况在世界许多国家都有，然而，阿尔巴尼亚或许密度更大。拆解汽车的工场有大有小，大的堆积着成百上千辆的已拆解完或待拆解的报废汽车，小的则只有几十辆甚至十几辆。再比如，路两边的加油站隔不远就有一个。这些加油站少数属于几家大的石油公司，多数则属于家庭经营的小加油站。

乌克兰和摩尔多瓦也都是从苏联的加盟共和国演化而来。乌克兰的自然条件比较好，资源也丰富，但受持续动荡不安的政党政治的拖累、世界经济危机以及与俄罗斯关系的影响，经济发展水平比较低。我从辛菲罗波尔乘车返回基辅途中，乘坐的列车上下颠簸、左右摇晃，就像在凸凹不平的土路上开汽车。同行的乌克兰人告诉我，这条铁路和列车都是苏联时期的，没有任何更新。黑海之滨的名城雅尔塔理应漂亮无比才是，可我去的时候，满城都是烂尾建筑，大大小小的吊车无奈地停在那里，建筑工地用破旧东西遮挡着，一座美丽的海滨名胜城市被弄得不堪入目。摩尔多瓦是这个地区最落后的国家，主要的经济支柱是农业。从罗马尼亚一入境，建筑、公路、汽车乃至自然景观都大大地降了一个档次。首都基希讷乌就像一个大村镇，整齐、干净的地方不多，许多地方路不像路，房不像房。城市基础设施十分落后，破旧的小公共仍是城中主要的交通工具之一，大街上跑的汽车多半以二三手为主。

在这些国家里，街头有"三多"，即银行网点多、ATM机多和外币兑换处多，几乎三五步就是一个。但是，这绝不意味着这些国家的金融业发达，事实上这些国家的银行百分之八十以上甚至百分之百都是外国的。在这"三多"的背后实际上隐藏着民众对本国经济发展缺乏信心，为了防止本国货币贬值，民众将手头的钱都换成欧元或美元存进银行，眼睛盯着汇率，用多少取多少，用多少换多少。另外，走在这些国家街头上，青年男女对香烟和酒情有独钟，一手夹着烟一手提着酒瓶子的"标准"形象到处都是，要上一杯廉价咖啡坐那聊上半天的情况也随处可见。与西欧发达国家一样，休闲在本文所及的这些国家中无疑也是一种文化，工作是为了生活，而非生活为了工作。可是，在这些国家中，缺少雄厚物质基础支撑的休闲，恐怕也反映了年轻人对国家失望而又无法改变现实的一种无奈，许多"休闲"的人实际上是无工可做。

成熟程度不同的政党政治

政党政治是这些国家社会转型的起点，它意味着放弃原来的共产党一党统治下的议行合一的模式，改行多党议会民主制。然而，由于国情不同，尤其是民族分离主义影响的强弱不同，这些国家的政治转轨的模式和过程却不尽相同。中东欧国家、中欧国家和前南地区的斯洛文尼亚都属于自由民主模式，即活跃在政坛上的政治力量是利益集团，它们主要通过意识形态的区别和政治经济转型的策略来赢得选民。南联盟、克罗地亚、波黑和马其顿等前南地区国家的政治转型是民族分离模式。经过二十来年的发展，应当说，不论哪种模式转轨的国家，都建立了多党议会民主制，但在政党的平衡度、政治的稳定度等方面还有比较大的差别。本文所谓政党政治成熟度不同，指的就是这种差别。

（一）政治转型的共性

与经济发展相比较，政治发展的许多方面并非是显性的，如政治体制运作的某些方面、政党的内部活动等等，不大容易甚至不大可能从外表观察出来，需要借助一些法律或会议文件、国家或政党领导人的讲话等等。如果将这两方面结合起来，还是可以感觉出或看出这些国家政治转轨的共同表现。

第一，以共产主义、社会主义为目标的政治理想主义基本不复存在，以挤压对手、上台执政为目标的政治现实主义盛行。在一党执政时期，共产党统治的合法性和权威性在很大程度上是靠政治理想支撑的。在多党制条件下，意识形态色彩极浓的政治理想在民众中基本没有市场，相互竞争的各政党只能用最实惠政策来诱惑选民，如扩大民主权利，改善民生状况，加快融入西方进程，克服危机，反对腐败等等，同时还用这些方面存在的问题攻击、打压竞争对手。在这些国家里，不论是社会民主主义色彩的政党，或是自由主义色彩的政党，还是共产主义色彩的政党，都是如此。只有个别力量有限，在政治舞台上难有作为的极左小党，还打着传统共产主义招牌，但也没有什么市场。

第二，对某一个党及其政党领袖歌功颂德的现象基本不复存在。在一党执政时期，这些国家的党和国家领导大都被置于"神坛"上，用光环罩着，民众对执政党及其领导人只能恭维、歌功颂德。在多党议会民主制的框架下，执政党、国家和政府领导人做得好是应该的，做得不好则倍受非议，就要下台。至少在形式上，他们的上台和下台都是各国民众选择的结果，而民众将选票交替地投给左翼和右翼的主要动因就是他们的现实利益诉求。所以，决定哪个政党、哪位总统上台、下台的因素主要不在于他们的政治色彩，而在于他们作出的贡献大小，出现的失误多少，承诺是否为民众所想。每一次执政党或总统角色变换，下台的必定是在经济和社会发展等方面没能满足选民的期待或损害了他们的切身利益; 而上台者必定迎合选民的心理，作出至少可以使他们心理得到满足的承诺。另外，不同类别的政党（政党集团）你方唱罢我登场实际上反映的是西方民主政治的平衡性，上台不是永远胜利的象征，下台也不是永远失败的标志。

第三，管理层面的政治依然是少数精英的游戏，普通民众有限的政治参与主要体现在形式民主层面上。当然，这些对于政党政治比较成熟的西方国家来说可能是常态，但对本文论及的这些国家来说却是政治转型及其成熟程度的重要标志。在这方面，中东欧和东南欧国家的普通民众还面临着一个后民主时代的困境，那就是形式上的民主都享有了，如选举、投票等等，但实际上的"当家"问题仍然没有解决。不仅如此，由于形式上的民主都有，他们甚至不知再用什么方式解决"当家"问题。

（二）政党斗争与精英政治

不过，与西欧比较起来，在中东欧和东南欧的政党政治仍显得不完善，不成熟。比如，各种类型政党的分化组合依旧频仍，即使像波兰、匈牙利、捷克、斯洛伐克和斯洛文尼亚这些回归欧洲比较快的国家迄今为止也没有定型的政党政治。虽然摆脱了过去那种情绪主导政治的局面，但是，由于政党分化和重组比较频繁，这些国家的政党格局还没有最终定型。不仅如此，有的国家，政治体制甚至还有回归集权的趋向，普京及其领导的政党在俄罗斯独大的政治地位就是明显的例子。中东欧和东南欧国家政党政治的不够成熟还表现在国家政策的连续性不够，许多国家是一朝天子一朝政。各个政党竞选获胜上台执政后，更多地是关心本党或本集团的利益，而非从全社会着眼，比较严重地影响到了社会的整体及持续发展。对此，我想讲两个观察到的例子。

第一个例子是 2010 年 4 月的匈牙利议会第六次大选。

我作为国际观察员近距离地接触了这次大选，在一定程度上感受到了不同层次的匈牙利人的复杂心态。匈牙利议会大选每四年举行一次，通过两轮投票选出 386 名议员。在我观察的那个投票站，来投票的以老年人居多，看上去都有六七十岁，有的年纪甚至可能更大。年青人的动作比较迅速，一般都不说什么，划选票都是在布帘挡着的地方。年纪大的人则不同，慢慢悠悠，同工作人员似乎有说不完的话，有的人就在旁边的桌子上划选票，所需时间都比较长。不论是哪类人，他们看上去都很轻松随意，看不到那种所谓"当家作主"的自豪感或庄严感。比较起来，倒是那些负责选举的人一本正经，讲得头头是道，内容也复杂无比。仔细想想，所谓西方的议会民主也不过是少数政客搭台和唱戏，选举更多的是他们的节日。民众可参与，但不能主导，只是选举这出大戏的群众演员而已。经过两轮投票，青民盟 262 席，社会党 59 席，"尤比克"47 席，绿党 16 席，独立候选人和由两个小党联合推举的候选人各得 1 席。

早在大选之前，青民盟获胜上台，社会党失败下台已是匈牙利国内的共识，人们没有预料到的只是胜败如此悬殊。大胜的青民盟全称叫匈牙利青年民主主义者联盟，成立于 1988 年，1995 年改称匈牙利青年民主主义者联盟—匈牙利公民党。1998 年，该党在议会大选中与右翼政党联合战胜了社会党，上台执政了四年。它自身的优势在于年轻化，有活力，没有历史负担的拖累。大败的社会党则是原来社会主义工人党的后继者，1994 年、2002 年和 2006 年三次在议会大选中单独或联合其他左翼政党获胜，执政了 12 年。它的优势在于组织基础好，执政经验比较丰富，但成员老化，历史负担比较重。决定这两个政党胜败的主要是经济问题。匈牙利是一个实行高社会福利的国家，医疗和教育等都是免费，与民生有关的许多方面都有补贴，政府财政为此不堪重负。因此，从 2006 年开始，社会党政府实行了财政紧缩政策，除了缩减行政机构之外，还大大地减少了民众在能源、教育、医疗和所得税等方面的补贴或优惠，而物价的提高和新税的出现又进一步增加了民众的生活压力。2008 年以来的经济危机更是重创匈牙利，社会党政府也没有拿出更好的对策。青民盟不仅不在其位可以不谋其政，而且借机利用民众的不满情绪向社会党政府发难，同时进行迎合民众心理的政治宣传。另外，在长期执政期间，社会党政府不断有高官以权谋私的腐败丑闻传出。在竞选过程中，青民盟利用这些向社会党发起总攻，而后者却自辩无力，更找不到反击长期在野的青民盟的有效武器。这样，出现社会党的大败和青民盟的大胜也就不足为奇了。

第二个例子是阿尔巴尔亚两个主要政党围绕地拉那斯坎德培广场的重修而展开的争论。

差不多每个国家都在首都的中心广场上展示着最能体现本国政治、历史和文化的经典之作，阿尔巴尼亚也不例外。在地拉那市中心的斯坎德培广场上，不仅有阿尔巴尼亚民族英雄斯坎德培骑马持刀的雕像，还有著名的哈奇·艾特海姆·培清真寺，以及国家历史博物馆等著名建筑。由于年久失修，这个广场的沥青地面已经坑坑凹凹，破旧得不成样子了。我去地拉那时，斯坎德培广场正在重修，斯坎德培雕像周围正在施工，一些工人和几台机械忙碌着，广场秩序十分混乱。用中国人的标准来看，首都的广场是全国人民的"心脏"，修复它还不是全国人民的共识，还不得倾全国之力用最快的速度完成？然而，阿尔巴尼亚民主党和社会党这两个政治舞台上的主角长期以来为修还是不修或如何修而争吵个不停。

社会党是由原阿尔巴尼亚劳动党于1991年改名而来，1997—2005年是主要的执政党。民主党成立于1990年底，1992—1997年、2005年至今是主要的执政党。现任总统巴米尔·托皮以前也是民主党人，现任总理萨利·贝里沙则是民主党领袖，以前还当过总统。社会党人埃迪·拉马2000年以来一直占据着地拉那市长的宝座，2005年他还当选社会党的总书记。画家出身的拉马特别强调地拉那的形象塑造，比如，给灰暗的居民楼刷上鲜艳的色彩，开展城市清洁绿化运动等。虽然所作所为存有争议，拉马2004年仍被全球网民选为世界最佳市长。为了改变首都形象并为将来的大选增加筹码，拉马政府力主重修斯坎德培广场，2008年1月从科威特那里获得500万欧元专项援助并且通过招标请比利时的建筑公司设计了修复方案。然而，执政的民主党千方百计地阻止这项工程。它提出地拉那市政当局应当先从环境部门得到许可，广场因修复而发生的一些变化也应首先得到文物保护机构的同意。以强硬著称的拉马认为，广场重修工程应当是全体公民和政府当局同心协力，这项技术方面都已做好准备的工程不应受到政治斗争的却阻。2010年3月，地拉那市政当局将斯坎德培广场用建筑网圈了起来，强行开工。但因政党之间的斗争，这项工程进展十分缓慢。地拉那的一份周刊2010年4月18—22日号就登了一篇文章，题为《因斯坎德培广场而进行的政治斗争仍在继续》。文章说两大政党之间的争吵阻碍了重修工作进程，原计划要用18个月的这项工程，据说两年也完成不了。

这两个例子反映出的问题在其他国家也都不同程度地存在，只是社会转型比较顺畅的比较像匈牙利，而社会转型不太顺畅的国家更像阿尔巴尼亚。

在日常的政党政治和精英政治的条件下，在对民主的期待与民生的现实有较大差距的时候，绝大多数民众在绝大多数时间里是一种无奈。但是，在政党之间斗争极端尖锐化，而民主的期待又严重受挫的时候，民众也会在政治精英的煽动下走上街头，诉诸暴力。就前者而言，政治民主化归根到底应服务于广大民众生活水平的提高，而不是只使少数人暴富起来。经济发展停滞，民众感受不到社会变革带来的实惠，甚至在经济危机和紧缩开支时还是首要的受害者。这种情况在欧洲可能是一种常态，但在东欧、中欧和东南欧的社会转型国家特别是经济发展状况不好的国家中更为明显。这些国家的民众曾经拼死拼活争取过的各种形式的民主都得到了，比如多党制、议会民主、各种选举等等，但民生期待却相距甚远。于是，他们的政治热情不再也无处发泄，经济现状又无法改变而民众自己又无能为力。面对这种现实，人们又能如何做呢？民主到底是什么？后民主化时代又该怎么办？这些问题对他们来说可能更多的是迷惘。就后者而言，有两个事件值得提及。一是 2006 年 9 月匈牙利布达佩斯的骚乱，二是 2009 年基希讷乌的骚乱。前者的起因是反对党攻击执政的社会党"撒谎"欺骗社会，后者的起因是反对党不满执政的共产党再次获胜。两者共同之处是反对党煽动民众暴力围攻议会大厦，造成许多人员受伤和重大财产损失。

社会转型的实质与大国影响

对于这些国家社会转型的形式，国内学术界以"剧变"称之。表面上看，这不能说没有道理，苏联模式的终结和西欧模式的开启都是突然而至。可是，必然还是偶然，经验教训在哪里，时至今日人们仍是莫衷一是。走了这么多国家、这么多地方之后，我深深地感到，在这些国家先与苏联和苏联式社会主义"硬切割"，然后与西方"硬连结"的背后，实际上还有难以"切割"和不易"连结"的"软性"的文明因素。这种"软性"的文明因素或许更有助于我们理解东欧、中欧和东南欧国家社会转型的实质、差别和深层动因。

（一）政治文明的不可中断性

将东欧、中欧和东南欧这些国家作横向比较，可以发现，社会发展各方面转型比较好的国家都是受西方文明影响比较大的国家，而转型不太好的国家则是受东正教文明影响或同时受东正教、伊斯兰教等几种文明影响比较大的国家。如前文所示，经济发展程度比较高的都是天主教占主导地位的国家，而经济发展程度居中和很低的都是东正教和伊斯兰教占主导地位的国家。西方文明指的是由希腊城邦政治结构和公民文化、古罗马共和精神和法律传统、中世纪基督教政治价值观和二元权力体系以及日耳曼传统相互迭加与融合的产物，特点强调民主、共和与法治。东正教文明，也称俄罗斯文明，指的是受拜占庭文明和蒙古文明双重影响而产生的非欧非亚的一种文明，特点是民主色彩比较淡，个人专制色彩比较浓。苏联模式的实质是俄罗斯文明的延续，作为其载体的社会主义无论理论还是实践都是俄罗斯化的，前者表现为列宁主义和斯大林主义，后者表现为兵营式的共产主义。因此，这些国家的社会转型都可以看作是摆脱俄罗斯文明和向西方文明的回归。然而，由于同俄罗斯文明、苏联模式纠结的深度不同，这些国家的社会转轨才呈现出前面讲的不同梯度，即市场经济和政党政治的成熟程度、开放程度等方面存在着较大的差别。比如，俄罗斯、白俄罗斯的社会转型对传统保留得就比较多，而波罗的海三国、中欧四国和东南欧的斯洛文尼亚和克罗地亚回归"西方"的程度最深，对苏联及苏联式的社会主义几乎没有任何留恋。

抛开俄罗斯、白俄罗斯和乌克兰不说，其他国家认同或高度认同西方文明还有历史根源。从宗教文明上说，在中欧四国、波罗的海三国和东南欧的斯洛文尼亚、克罗地亚，占主导地位的是天主教和新教，在东南欧的罗马尼亚、保加利亚、塞尔维亚和黑山，占主导地位的是东正教，在阿尔巴尼亚、波黑和马其顿，占主导地位的则是伊斯兰教、天主教和东正教。总的看，与西方文明联系比较紧，而与俄罗斯文明的联系比较松。从社会运行机制上说，在第二次世界大战结束之前，这些国家政治上有的是西方式的民主国家，有的是披着西方式民主外衣的专制国家；经济上有的是西方式的发达国家，有的是西方式的落后国家。另外，以民族复兴为主旨的科学、文化和教育都是西方式的。从对外关系上看，两次世界大战之间和二战期间，它们要么站在法西斯国家一边，如匈牙利、保加利亚和罗马尼亚，要么依靠英法而后来成为法西斯侵略的牺牲品，如捷克斯洛伐克、波兰和南斯拉夫等。总之，在这些主要方面，它们与社会主义的苏联几乎没有什么联系。它们与苏联和苏联式的社会主义结合在一起，那是二战之后特别是冷战之后的事。在这一时期，苏联同这些国家的共产党有一种特别的联系，即苏联通过共产国际直接控制着它们，进而使这些国家的共产主义运动服从苏联的利益。当两者出现矛盾的时候，受到伤害的则是这些国家的共产党。比如，波兰共产党 1938 年被解散，匈牙利共产党创始人之一库恩·贝拉在 30 年代大清洗时被杀害等。虽然这些国家的社会主义制度和执政的共产党不复存在了，但这些事件造成的影响直到今日也难说完全消失。

如何评价上述这些姑且不论，需要指出的是，这些国家与西方的联系是在二战结束后被强行割断的，与苏联和苏联式社会主义的亲密关系也是一种"硬连结"。这也是理解如今这些国家社会转轨出现不同梯度的一个不可或缺的角度。

（二）大国的介入与影响

除了俄罗斯之外，本文所及的其他国家几乎都没有自己的文明，影响这些国家的文明的载体都是东西方大国。由于地理位置和地缘政治都十分重要，中欧和东南欧从古到今都是大国角逐的主要场所。另外，由于受多种文明及其大国承载者的影响，这两个地区特别是东南欧的不同民族和国家缺乏认同感，更无凝聚力。所以，如果将中欧和东南欧比作一个国际政治大舞台的话，在上面唱戏的主角始终都是东西方大国，这里的民族和国家都是充当配角甚至看客，只能是大国之间交易的筹码和牺牲品。在社会发展过程中，这些国家少有主心骨，多半依附于东西方某一大国。观察中欧和东南欧的社会发展，离不开这一相对独特的视角。

从历史上看，除了沙皇俄国以及后来的苏联之外，其他国家什么时候和以何种方式独立，领土、边界如何，属于谁的势力范围等等，都得由大国决定。冷战结束后，这种状况有了根本性的改观，但影响依旧，并且在这些国家的社会转型的许多方面都有留痕。比如，北约东扩的实质还是东西方大国的关系问题，离西方近而离俄罗斯远的国家加入得就快，俄罗斯的反应也弱。相反，越是离俄罗斯近而离西方远的国家，加入得就慢，俄罗斯的反应也更强烈。另外，受西方文明影响的国家在加入北约、欧盟、申根区等方面都比较积极，进入也比较顺利；而受俄罗斯文明影响的国家在这些方面虽然也很积极，但进入起来就比较曲折。时至今日，也只有罗马尼亚和保加利亚是北约和欧盟的成员，其他国家还处于加入的进程当中。

就大国在东欧、中欧和东南欧的介入和影响而言，主要是西欧国家、俄罗斯和美国。如今在经济方面，对这些国家影响比较大的显然是西欧国家，特别是德国。投资办厂、经贸往来的伙伴主要是德法意奥等国，看看这些国家大街上跑的新旧汽车，一家挨一家的银行，对此就不难理解了。另一方面，这些国家出国工作和定居的首选地也是西欧的法德意奥等国。美国对中东欧和东南欧介入的力度也非常大，影响也非同小可。比如，在这些国家最大的使馆恐怕都是美国的，在波捷等中欧国家部署导弹防御系统也是美国主导的，波黑、马其顿等巴尔干国家的许多被毁坏的古建筑都是由美国国际开发总署提供资金修复或重新建造的。冷战期间，这些地区属于苏联的势力范围，出于雅尔塔协议的约定，美国基本上不插手。苏联解体为美国向这一地区的扩张提供了良机，而美国也借助北约一步步地在这些国家安营扎寨，其主要目的就是挤压俄罗斯。相比之下，俄罗斯对它控制了近半个世纪的中东欧和东南欧的介入日益减少，影响日益式微。但是，一方面顾忌俄罗斯在国际舞台上仍是一个大国，另一方面在能源等方面还需与俄罗斯打交道，中东欧和东南欧这些国家在倒向西方的同时，也非常注意保持与俄罗斯的正常关系。前文提及到的中欧和东南欧一些国家社会转轨过程中出现的矛盾现象，都与此有关。

结语

　　中东欧和东南欧地区在社会发展的各个方面都太复杂了，很难用一个主题来概括它们，这是我走完这个地区之后的第一个突出感觉。单用一个标准，仅从一个角度，只讲一个国家，都反映不出这两个地区社会发展的全貌，经济、政治、外交等等都是如此。可是，标准多了，角度多了，国家多了，观察、研究的焦点又散了，很难有深度。事实上，我虽然到了几乎所有这些国家，而且每个国家还不只一两个地方，但是，不用说需要长期观察、体味的政治文明，就是显而易见的生活方式也不可能是全面和有足够深度的。不过，中东欧和东南欧的魅力或许就在于此，有许多空间供人们观察和研究。七个来月的考察对我的教学与研究来说无疑是非常重要的，但另一方面也是远远不够的。因此，我在这篇报告中写的仍属我自己的初步印象，片面、浅显甚至谬误恐是难免的。

　　与上一点相联系，我的第二个印象是中东欧和东南欧国家社会转型的多样性和差异性。由于背后的底色是不同文明或不同文明的重叠，由于不同文明的载体是东西方大国，中东欧和东南欧社会转型的多样性和差异性甚至是不可能消失的。如果循此往前想，我甚至认为包括中东欧和东南欧的统一的大欧洲只是一个良好的愿望而已，有朝一日勉强建立起超级国家般的欧盟也难逃哈布斯堡王朝的结局。

　　最后，作为中国学者，我还想就此谈一谈处于转型过程中的中东欧、东南欧社会转型与中国的关系。从经济上说，虽然有个别国家如摩尔多瓦和乌克兰人均 GDP 不如中国以外，其他国家都比中国高甚至高许多。在这方面，中国与它们中的许多根本不在一个档次上。换言之，尽管中国的发达地区可能与中东欧国家不差上下并且远远强于东南欧国家，但如果按平均水平看，中国实际上要比它们落后得多。中国之所以显得强大，最重要的原因是国家大，GDP 总量大和发展不均衡。另外，在均衡发展、和谐发展方面，在民众的道德水准方面，如社会风气、遵纪守法、社会公德和文明礼貌等等，中东欧国家和东南欧国家还有许多值得中国学习的地方。关于这一点，我们必须要有清醒认识，不能再单凭想象地"凄风苦雨话东欧"，应当实事求是地讲述东欧、中欧和东南欧这些国家的社会发展。

（原文发表于《当代世界社会主义问题》2010 年第 3 期）

行阅山鹰之国阿尔巴尼亚

经历过上世纪六七十年代的中国人不会忘记"欧洲社会主义的一盏明灯"这个称谓，不会忘记《海内存知己 天涯若比邻》《北京—地拉那》那些歌曲，不会忘记《海岸风雷》《地下游击队》《广阔的地平线》《第八个是铜像》等影片。它们都是那个时代阿尔巴尼亚与中国非同寻常的友好关系的重要载体。正因如此，我对阿尔巴尼亚有一种特别的情结，近些年多次前往，到过其南北西东的许多地方。阿尔巴尼亚的确值得行走阅读，它有许多独特的自然景观、历史文化和现代故事。

国之梦

阿尔巴尼亚人历经坎坷终在 1912 年建立国家，在强大的欧洲国家包围中，"大阿尔巴尼亚"梦想正越来越远。回首国家和民族的历史，不仅看到阿尔巴尼亚的伤痕，也能看到民族英雄斯坎德培砥锋挺锷的豪情。

阿尔巴尼亚位于欧洲东南部的巴尔干半岛，濒临亚得里亚海与意大利隔海相望，东北、北和西北连着塞尔维亚和黑山，东与马其顿接壤，南和东南与希腊为邻。阿尔巴尼亚人的祖先是巴尔干地区的土著居民，叫伊利里亚人，公元前 1000 年左右定居在古希腊北部，并创造出富有特色的伊利里亚文化。公元 8 世纪以后，伊利里亚这个名字才逐渐消失，代之而起的是一个部族阿尔本（Album）的名字。ALB 意为山，因此阿尔巴尼亚被称为山国或山鹰之国，阿尔巴尼亚人也有山民之称。

在长期的历史发展过程中，阿尔巴尼亚人也曾建立过公国。比如，在 14 世纪中期以后阿尔巴尼亚逐渐形成了三个比较大的公国，一个是以都拉斯（Durrës）为中心的中部公国，另一个是以斯库台（Shkodër）为中心的北部公国，还有一个以阿尔塔（Alta）为中心的南部公国。但总的说来，阿尔巴尼亚人更多时候是处于大国或异族的统治和压迫之下。虽然遭遇如此之多的侵略、奴役和压迫，阿尔巴尼亚人仍然保持了自己的民族身份。然而，命运并不能自己把握，阿尔巴尼亚人在争取建立独立国家的同时，自身也被"碎片化"了。

1912 年，第一次巴尔干战争期间，阿尔巴尼亚成为保加利亚、希腊、塞尔维亚、黑山等国同奥斯曼土耳其交战的主要战场。瓜分的危险迫在眉睫，阿尔巴尼亚民族主义者要求独立建国。俄国、法国、英国、意大利、德国和奥地利六国外长在伦敦召开会议，虽然承认了阿尔巴尼亚在形式上建立独立国家，但实际控制权必须掌握在六国手中。更为主要的，独立后的阿尔巴尼亚领土和人口都不及阿尔巴尼亚人所希望的一半，许多阿尔巴尼亚人被留在相邻的国家里。

建立一个巴尔干半岛上所有阿尔巴尼亚人的"大阿尔巴尼亚"依然是个艰难的梦想。"大阿尔巴尼亚"的主张 1878 年诞生于科索沃的普里兹伦（Prizren）。普里兹伦位于科索沃南部，离阿尔巴尼亚和马其顿比较近，是科索沃的第二大城市。普里兹伦是一座饱经沧桑的古城，始建于古罗马时代。在历史的长河中，普里兹伦先后受制于保加利亚王国、拜占庭帝国、塞尔维亚王国。14 世纪中叶，它曾是塞尔维亚政治和宗教中心，有"塞尔维亚的拜占庭"之称。1389 年科索沃战役之后，普里兹伦开始受土耳其的统治，逐渐成为奥斯曼帝国的重镇。从这时起，信奉东正教的塞尔维亚人越来越少，而皈依了伊斯兰教的阿尔巴尼亚移民越来越多。到 19 世纪中叶，普里兹伦的阿尔巴尼亚人比例超过 70%，成为巴尔干半岛上阿尔巴尼亚人的政治、文化和地理中心。

今天的普里兹伦，依稀可见往昔都城的风采。一条不宽的小河将普里兹伦分成两部分，河上有一座 14 世纪修建的古石桥。河的一侧看上去非常繁华，一家挨一家的小商铺，河边和路旁几乎全都是咖啡馆，一座高大但门可罗雀的东正教堂与一座高大但人头攒动的清真寺是当下信仰的呈现。清真寺背后的山上还有一座古城遗址，这些都隐隐约约地告诉人们普里兹伦与塞阿两族的历史渊源。在古城堡下的河对岸，有一片低矮的建筑群，白墙红顶黑门窗，最高的也不过两层。这就是被称为阿尔巴尼亚人的"革命圣地"——普里兹伦同盟博物馆，是城市重要的景点之一。被奥斯曼占领之后，阿尔巴尼亚人的反抗斗争一直没有停止过，其中最有名的是斯坎德培（Skënderbeu）领导的武装起义，从1443年起兵反抗到1501年被奥斯曼重新征服，直到1912年建国这期间再无大规模的反抗斗争。1878年俄土战争之后，大国出于自己的私利，无视阿尔巴尼亚人的存在，如把信仰伊斯兰教的阿尔巴尼亚人说成是土耳其人，把信仰东正教的阿尔巴尼亚人说成是希腊人。更为严重的是，阿尔巴尼亚人居住的地方面临着被瓜分的危险。在这种情况下，阿尔巴尼亚的爱国者试图将所有阿尔巴尼亚人联合起来反抗外来侵略。于是，在1878年6月柏林会议召开前夕，来自各地的阿尔巴尼亚人代表齐聚普里兹伦——"普里兹伦同盟"就此成立。同年11月，普里兹伦同盟在一份纲领中提出，未来阿尔巴尼亚国家的领土应当包括雅尼纳（阿尔巴尼亚的南部和伊庇鲁斯）、斯库台（阿尔巴尼亚的中部和北部）、科索沃（科索沃和梅托希亚以及塞尔维亚的南部和马其顿的大部分），这就是"大阿尔巴尼亚"构想。然而，1912年六国的伦敦会议彻底粉碎了"大阿尔巴尼亚"之梦。时至今日，阿尔巴尼亚人仍是巴尔干半岛上的"跨界民族"，分布在阿尔巴尼亚、科索沃、马其顿、希腊、克罗地亚、黑山等地。建立一个所有阿尔巴尼亚人的国家仍然遥不可及。

古城拾光

自古以来，阿尔巴尼亚人始终为争取独立民族和领土而抗争，城市的建立发展正是记录这些历史最好的载体。在阿尔巴尼亚的城市间品读巴尔干半岛错综复杂的过往，从内地到海岸，从清真寺到教堂……

阿尔巴尼亚国土面积不大，山水景致与历史文化严丝合缝地结合在一起的地方却不少，给我留下深刻印象的是培拉特（Berat）、吉罗卡斯特（Gjirokastër）、斯库台和克鲁亚（Kruje）。

培拉特和吉罗卡斯特

2016年10月，我驱车前往培拉特。培拉特位于阿尔巴尼亚南部的内陆山区，地拉那（Tirana）到此的行车距离是120多千米，值得参观的一是山顶的古城堡，一是山脚下"千窗之城"。培拉特古城堡始建于13世纪拜占庭帝国统治时期，在古堡中共有9个东正教堂，其中保存最完好的是位于西侧的圣三一教堂。它建于 14 世纪，由前厅、内殿和圣坛三部分组成，无论是建筑式样还是图案花饰都是典型的拜占庭风格。14 世纪末，巴尔干被奥斯曼帝国占领统治了 500 余年。因此，这座古城堡同样有浓厚的土耳其风格。除了在偏西南的地方有两座清真寺遗址（白色清真寺和红色清真寺）之外，城堡里还有一个小村落，红瓦白墙黑门窗的建筑风格，清真餐食和戴头巾的穆斯林妇女也是这里的特有风格。村里的人不多，据说只有 200 人左右，大多从事与旅游有关的工作，如开餐馆、咖啡屋、小卖店，更吸引游人的是那些卖手工钩织台布和桌垫、杯垫的小摊。这里没有过重的商业气息，商贩们所做更多是一种生活方式。古城堡不算雄伟，但历经拜占庭和奥斯曼两大帝国时代，在浓云青山的衬托下依然凝结成沧桑厚重的历史。

日已西斜，我离开城堡有些意犹未尽，但要赶到山下去看夕阳之下的"千窗之城"。城堡下面的河叫奥苏姆河（Osum River）。培拉特古城坐落在南北走向的奥苏姆河谷两边，是个小镇规模的城市，中心区位于河的东岸。两岸之间有一座古石桥和一座悬索桥相连，悬索桥离中心区最近。桥头的三叉路口算是一个小广场，方形清真寺对面有一个写有"UNESCO"（联合国教科文组织）字样的标牌，上面写着"培拉特博物馆城 2008 年被世界遗产委员会第 32 次会议列入世界遗产目录"，资料上说，镇上的这些房屋多建于 18 世纪。"博物馆城"的名字十分贴切，错落有致、形状各异的房屋依山而建，弯曲起伏的碎石小路，深红色的瓦，白色的墙，几何形窗户朝向西或西南方向，在夕阳、蓝天、绿树的映衬下，简约而不简单的美只能用心慢慢感受。鹤立鸡群的清真寺宣礼塔体现着小城的土耳其风格，小城背后山腰上的东正教堂和偶尔走过的穿黑袍、蓄长须的修士，再加上山顶的古城堡，不同文明和信仰在这里保持着独立和平静，而不像在波黑、科索沃等地横眉冷对甚至水火不容。阿尔巴尼亚是多种宗教并存的国家，但是，阿尔巴尼亚人的宗教色彩比较淡，包容性也比较强。所以，阿尔巴尼亚几乎没有民族与宗教的矛盾和冲突。

作为世界文化遗产，培拉特并不是独享，而是与阿尔巴尼亚南部的另一个古城吉罗卡斯特一起共属，后者早在 2005 年就被联合国教科文组织列入世界文化遗产名录。培拉特和吉罗卡斯特并不相邻，两城之间的行车距离有 113 千米。吉罗卡斯特是一座保存完好的土耳其风格的中世纪古城，房屋都是用石头依山而建，街道也都是碎石铺就，所以，吉罗卡斯特有"石头城"之称。城的最高处是一座中世纪城堡，有一种说法，称它是欧洲最早最大的山地军事要塞。小城固然有历史深度，但我最感兴趣的还是因为这里是恩维尔·霍查 (Enver Hoxha) 的故乡。1908 年 10 月 16 日，霍查出生在吉罗卡斯特一个富有的穆斯林商人家，1930 年中学毕业后到法国留学并加入了共产党，自此走上了革命道路。他从 1945 年到 1985 年去世，一直都是阿尔巴尼亚党和国家的最高领导人。因此，吉罗卡斯特和他的故居成为阿尔巴尼亚的"圣地"就显得顺理成章。

上世纪 90 年代初，阿尔巴尼亚社会制度发生剧变后，霍查的所作所为被否定。他的故居不再神圣，被出售给私人，如今是一个民俗博物馆。故居外墙上涂有一颗红五星和红色的文字"1908"（霍查生年）、"Enver"（霍查的名）、"PKSH"（Partia Komuniste e Shqipërisë 的缩写，意为"阿尔巴尼亚共产党"），它们或许就是那些留恋霍查的人的情感流露。

斯库台

斯库台在阿尔巴尼亚北部，距首都地拉那行车距离 94 千米。我去过两次斯库台，一次是 2010 年 4 月，另一次是 2016 年 10 月。与培拉特相比，斯库台虽然没有被列入世界文化遗产名录，但它的历史更为久远，风景更为美丽，人文内涵也更为丰富。

斯库台是一座古城，也是一座古城堡。资料上说，斯库台城始建于公元前 4 世纪，是古伊利里亚人建立的王国阿尔迪安的都城，当时的王国还有恩凯莱、陶兰特、伊庇鲁斯等。但这些王国在公元前 3 世纪陆续消失。公元前 168 年斯库台被罗马人占领，公元 7 世纪被割让给了斯拉夫人，后成为保加利亚和罗马帝国争夺的对象，12 世纪又一度被威尼斯人占领。奥斯曼帝国向巴尔干扩张的时候，斯库台的守城军队进行了长达 5 年的英勇抵抗，直到 1479 年才被奥斯曼军队占领。然而，斯库台地处阿尔巴尼亚人和南部斯拉夫人的民族交汇处，两大民族在抵抗土耳其人的同时也都想扩大自己的地盘。因此，第一次巴尔干战争结束后，由塞尔维亚和黑山两个关系最为密切的南部斯拉夫人组成的联军攻占了斯库台。后在国际社会的干预下，黑山被迫将斯库台还给了阿尔巴尼亚。在第一次世界大战中，斯库台再一次被黑山占领，直到 1921 年才归还给阿尔巴尼亚。

现在斯库台城的西南有座海拔 134 米的小山，山上坐落着著名的罗扎发 (Rozafa) 城堡。这座城堡始建于公元前 4 世纪，后来罗马人、威尼斯人及土耳其人多次加固或改建。今天看到的城堡凝固了斯库台不同寻常的历史。介绍标牌上写道：这座城堡本身就是一个美丽的传说，劳作、爱情和忠诚结合在一起。传说中，三个兄弟开始修筑城堡时，白天费尽力气砌好的城墙到晚上便塌了，每天都是这样。后来，一位老人对他们说，如果把一个人当祭品筑于城墙里面，城墙就不会塌了。经过商量，三兄弟决定，第二天谁的妻子先来送午饭，就将她砌进墙里，同时约定谁也不能将此事告诉各自的妻子。但是，老大和老二没有信守承诺，都把此事告诉了妻子，让她们不要先来送饭。老三老实，回家后对妻子只字未提。结果，第二天最先送午饭的便是不知情的老三的妻子，她的名字叫罗扎发。老三悲痛地把他们兄弟的约定告诉了罗扎发。罗扎发同意这样做，但要求露出她的右乳以便哺育婴儿，露出她的右眼以便看见婴儿，露出她的右手以便安抚婴儿，露出她的右脚以便摇摆婴儿的摇篮。由于她的自我奉献，城墙终于不再倒塌。人们为了纪念这位伟大母亲，便用她的名字来命名这座城堡。

考古学家认为，作为军事要塞罗扎发城堡主要形成于14—15世纪。比如，城堡中的三座塔楼，在入口处威尼斯风格的那座主要用于指挥军事行动，建于1468年；第二座建于14世纪；第三座建于14—15世纪。另外，威尼斯人还于1407—1414年间修建了被称为"巴巴坎"的老城墙。城堡里还有一个穿越时空的遗址，它原为1319年建的圣斯蒂芬教堂，但奥斯曼帝国占领这里后将它改成了清真寺。在城堡的山脚下，还有一座建于1773年的清真寺。与其他清真寺不同，它没有宣礼塔，但有1大18小共19个圆顶。由于圆顶都有一层铅，因此被称为"铅顶清真寺"，1948年被列为阿尔巴尼亚国家文化遗产，如今的它已废弃在稻田中。

夕阳西下时，我再次登上罗扎发城堡。在暖色阳光中，山水交映的斯库台美得难以用语言形容。有人是这样描述的："站在这里可以俯瞰斯库台全貌，教堂、清真寺、红顶白墙的民居、政府办公楼、宾馆酒店……一览无余。近处的德林河，曲曲弯弯，像一条妖娆的青蛇。远处的斯库台湖，像一块水润的翡翠。"斯库台湖是巴尔干半岛上最大的淡水湖，雨季时湖水面积可达530平方千米，而旱季时只有370平方千米。斯库台湖还是阿尔巴尼亚人和斯拉夫人的分界线，靠北的一多半属于黑山，靠南的一少半属于阿尔巴尼亚，西和西北是陡峭的高山，东面则是平原和沼泽，如今这里是跨国联合保护区。

站在罗扎发城堡上向下望去，河流在田野、丛林和城市间游走，我的目光也循着它们由近至远，直至远方高高的群山和广阔的斯库台湖。我完全陶醉在夕阳的光影中。

克鲁亚和发罗拉

阿尔巴尼亚在奥斯曼土耳其帝国统治下有近500年历史，直到1912年独立。从土耳其人进入的第一天起，阿尔巴尼亚人就没有停止过反抗斗争，其中影响最大的是斯坎德培领导的抵抗斗争。斯坎德培原名乔治·卡斯特里奥蒂（Gjergj Kastrioti），是阿尔巴尼亚的民族大英雄，地拉那的中心广场就叫斯坎德培广场，骑马持刀的戎装雕像不仅立在这里，而且在阿尔巴尼亚之外的阿尔巴尼亚人聚居地也能看到，如科索沃首府普里什蒂纳（Pristin）政府大楼前、马其顿首都斯科普里（Skopje)的老城里。斯坎德培率领阿尔巴尼亚人抵抗奥斯曼军队与一座城堡紧紧地联系在一起，它就是克鲁亚。

克鲁亚古城堡位于阿尔巴尼亚中部，邻近首都地拉那。它建在海拔 600 米的山腰上，地势险要，易守难攻。1405 年，乔治·卡斯特里奥蒂出生在克鲁亚的一个拜占庭帝国贵族家庭，父亲是抵抗运动的领导人。1423 年，乔治兄弟四人被他的父亲送到当时奥斯曼帝国首都亚得里亚堡做人质。此后乔治不仅接受土耳其人的教育，而且皈依了伊斯兰教。年轻的乔治身强力壮，灵活机警，深得苏丹的青睐。为了把乔治培养成一个忠于奥斯曼帝国的奴仆，穆拉德二世送他到宫廷军事学校学习，还给他起了"斯坎德"这个土耳其名字。毕业后，穆拉德二世又赐给他一个土耳其军衔——"培"，后来人们就称他斯坎德培。1438 年，斯坎德培被穆拉德二世任命为克鲁亚城的军事行政长官。斯坎德培虽然在土耳其军队服务多年，可没有忘记在奥斯曼铁蹄下呻吟的同胞，暗地里聚集力量，准备武装起义。

1443 年 11 月，匈牙利人在胡尼亚迪·雅诺什统帅下越过多瑙河向土耳其人占据的尼什城发起猛攻，苏丹命令斯坎德培带兵前往。斯坎德培利用这个机会率 300 骑兵从前线返回，骗开克鲁亚城门，经过一夜激战全歼守城的土耳其人。第二天清晨，一面象征着阿尔巴尼亚南北方联合的双头鹰红旗升起在克鲁亚城堡，斯坎德培宣告阿尔巴尼亚公国光复。紧接着，斯坎德培又率兵将土耳其人从阿尔巴尼亚中部赶走。为了联合起来共同抵御土耳其人，在斯坎德培的倡导下，1444 年 3 月阿尔巴尼亚各地大公召开大会，成立了"阿尔巴尼亚联盟"。大会还决定组建统一的阿尔巴尼亚军队，任命斯坎德培为统帅。会后，斯坎德培很快组建起一支 8000 多人的军队。获悉斯坎德培率众起事后，勃然大怒的苏丹穆拉德二世于当年 6 月派阿里巴夏率 2.5 万人征讨，但被斯坎德培的军队引诱到托尔维奥拉平原的伏击圈内，全军覆灭。此后，穆拉德二世又分别于 1445 年和 1446 年两次派远征军前去镇压，均被斯坎德培的军队打败。1450 年 5 月，在击溃匈牙利的军队后，穆拉德二世亲率 10 万大军，将克鲁亚城团团围住。斯坎德培动员了 1.8 万人英勇抵抗，打退了敌人一次又一次进攻。这场战争持续了 4 个半月，穆拉德二世扔下 2 万多具尸体大败而归。斯坎德培领导的这次阿尔巴尼亚人武装起义持续了 25 年，在这期间多次打败土耳人的围攻。1468 年，斯坎德培因病逝世。斯坎德培死后，阿尔巴尼亚人反土耳其联盟很快就瓦解了。1476 年，奥斯曼帝国军队再次围困克鲁亚，阿尔巴尼亚守军和居民虽然英勇抵抗，最后终因弹尽粮绝于 1479 年投降。

战争的硝烟散尽，浑厚的高山遮蔽下的残垣断壁、历经 500 余年仍然屹立不倒的瞭望塔楼，仿佛在诉说发生在这里的惨烈故事。对阿尔巴尼亚人来说，克鲁亚是"圣地"，斯坎德培是"圣人"。正因如此，克鲁亚古城堡里最大、最现代、形状也最古怪的建筑是斯坎德培博物馆。它建于 1982 年，馆内主要内容是介绍斯坎德培的一生，特别是如何率领阿尔巴尼亚人抵抗侵略者。据说，这家博物馆的设计者是社会主义时期阿尔巴尼亚领导人恩维尔·霍查的女儿和女婿。城堡之外，就是克鲁亚城，现为该区的首府，人口也只有万人左右，弯曲起伏的碎石路、土耳其风格的房屋和集市，这些都与其他老城区差别不大。

阿尔巴尼亚人将克鲁亚视为现代国家的起源地，不过，作为近代民族国家的阿尔巴尼亚却是在发罗拉（Vlorë）诞生的。与内陆古城培拉特和克鲁亚不同，与湖边的斯库台也不同，发罗拉是一座海滨城市，位于阿尔巴尼亚西南亚得里亚海发罗拉湾内。据历史记载，凯撒和庞培在这儿打过仗，后来，发罗拉又被拜占庭帝国和奥斯曼帝国占领。我曾两次到过发罗拉，一次路过，另一次专访阿尔巴尼亚前总统阿尔弗雷德·莫伊休（Alfred Moisiu）。发罗拉是个港口城市，城市本身乏善可陈，也无特色，只是周边亚得里亚海岸有许多疗养胜地。对阿尔巴尼亚来说，发罗拉最重要的意义是近代民族国家的诞生地。

前文提到的普里兹伦同盟虽然被镇压，但阿尔巴尼亚人争取民族独立的斗争并没有停下来。进入 20 世纪，巴尔干半岛的局势变得更为复杂，巴尔干半岛东部属于俄国势力范围，包括阿尔巴尼亚在内的西部属于奥匈帝国的势力范围。夹在列强之间，阿尔巴尼亚争取自治和独立的斗争既有契机又难度增大。第一次巴尔干战争后，阿尔巴尼亚的领土由希腊、塞尔维亚和黑山瓜分，黑山包围了阿尔巴尼亚的斯库台，塞尔维亚进入了都拉斯。为了避免被瓜分的命运，阿尔巴尼亚爱国人士在向与奥匈帝国有矛盾的西方列强呼吁的同时，还决定召开国民大会，在外国军队占领各城市之前宣布民族独立。1912 年 11 月 28 日在发罗拉举行的国民大会宣布，阿尔巴尼亚是一个独立主权国家，同时成立了以爱国人士伊斯梅尔·捷马利 (Ismail Qemale，1844—1919) 为首的第一个阿尔巴尼亚政府。这不仅标志着奥斯曼帝国对阿尔巴尼亚统治的终结，而且也奠定了独立的阿尔巴尼亚的基础。因此，发罗拉最重要的标识是 1912 年独立纪念碑，碑上"1912 年 11 月 28 日"几个字特别醒目。但是，这时阿尔巴尼亚国土的范围是由大国划定，与 1878 年普里兹伦同盟提出的"所有阿尔巴尼亚人的阿尔巴尼亚"相去甚远。对此，阿尔巴尼亚至今耿耿于怀。

国之特色

阿尔巴尼亚不仅古代、中世纪和近代有故事，就是在现代也有独特之处。比如，冷战期间的阿尔巴尼亚曾被中国称为"欧洲的一盏社会主义明灯"，它也曾自诩为世界上唯一"真正的社会主义国家"。当所有往事随着社会变革渐行渐远开始模糊，只有遍地修建的碉堡让人感觉到冷战年代的气息。

由于是山国，又因长期受外族的侵略和战争，阿尔巴尼亚人似乎有极强的自我防范意识与行为，而这种意识和行为穿越了数个世纪，在冷战期间以变种的方式表现出来。为了防止帝国主义和修正主义国家的侵略，不到 300 万人口的阿尔巴尼亚竟然修筑了几十万座碉堡，而这些碉堡某种程度上又与中国或明或暗丝丝相连。实地考察传说中的碉堡，也是我多次去阿尔巴尼亚要做的重要事情之一。

驾车行驶在阿尔巴尼亚大地，吸引我眼球的还有修建在道路边、田野里、山坡上、湖边和海边的各式各样的碉堡。它们都是用优质的钢筋水泥构筑，除个别体量较大，绝大多数都是小身量，目测高度约 2 米，直径 3 米左右，估计里面只能容纳几个人。从形状上看，那些在山坡上只露出大圆顶子的碉堡就像"一个个倒扣的锅"或"一只只大乌龟"，圆盖下面通常是埋在地下或方形或长方形的水泥掩体；在路边、湖边和海边的碉堡更像是"蒙古包"，因为它们的掩体部分不是在地下，而是在地上。从结构上看，这些碉堡都由掩体、入口通道和顶盖三部分组成，每个顶盖上都有用于吊装的钢筋环。碉堡大多已废弃，里面垃圾成堆甚至成了另类公厕。据说也有一些保存完好的大碉堡被改造成餐厅甚至小旅馆，因独具特色而颇受欢迎。另外，还有一些碉堡被涂上色彩，成为招徕游客的特殊景点。

不同的地区，碉堡的分布也不同。在东部著名的奥赫里德（Ohrid）湖阿尔巴尼亚一侧，碉堡多半是单个的，相距远近也不固定，形状多为灰色"乌龟"式的，孤零零地趴在翠绿的草木丛中。在亚得里亚海岸边的大小海湾里，碉堡则多为两三个一组五个一群，修筑（确切地说是摆放）在海滩上，形状多为"蒙古包"。长期的风吹浪打日晒，如今这些碉堡已东倒西歪，成了名副其实的垃圾。在南端著名的旅游度假胜地萨兰达（Sarande）附近，碉堡则有大有小，分散排列，彼此之间还有暗道相连接，利用它们守卫着进入城堡的要道和控制周边地区制高点。从萨兰达返回地拉那时，我们途经一片开阔地带，在一片绿油油的庄稼地里，我又看到了一排排的碉堡，五个一组，一半在地上一半在地下。事实上，我在阿尔巴尼亚所见到的碉堡只是冰山一角，但足以令我震惊。这个国土面积不到3万平方千米的小国建造了数量如此之多、分布如此之广的碉堡，也算得上一个"奇迹"了。

然而，这样的"奇迹"如果利国利民，还可以算作一种宝贵的遗产。不幸的是，它们已成了阿尔巴尼亚人心中难以抹掉的苦痛，如今又成了难以彻底清除的"垃圾"。陪同我的阿方朋友不只一次说，阿尔巴尼亚当时的领导人如此不惜人力物力地修建碉堡一定是脑子"进水"了。据说当时碉堡平均造价250美元，全国几十万座碉堡总耗资达1.75亿美元以上。当地人说，一座碉堡的耗资、耗材，足可建造一套标准的两居室住宅。由于大量人工、材料消耗在碉堡上，阿尔巴尼亚人不得不长期忍受恶劣的居住环境。

经济发展落后的阿尔巴尼亚是什么时候又因何而建造如此之多的碉堡呢？

阿尔巴尼亚的碉堡大体上建于1971—1975年间。上世纪70年代是阿尔巴尼亚的极端年代，这种极端突出地表现在它同周边国家的关系上。当时阿尔巴尼亚的东南边是岛水相连的希腊，西边隔亚得里亚海相望的是意大利，北边、东边与南斯拉夫接壤。对它来说，东南边、西边的希腊和意大利都是与美国站在一起的，是毫无疑问的敌人。而与北边、东边的南斯拉夫关系有点复杂，二战后两国虽都走上了社会主义道路，同属于社会主义阵营，可两国关系发展始终不顺。1948年苏南冲突发生后，阿尔巴尼亚坚定地站在苏联一边，攻击南斯拉夫并断绝了两国关系。既反帝又反修成了战后阿尔巴尼亚社会发展的主旋律，也成了阿尔巴尼亚对外关系的唯一准则。比如，当苏联于上世纪60年代、中国于70年代同美国关系缓和并不再反对南斯拉夫修正主义的时候，苏联和中国也先后成了阿尔巴尼亚的敌人。那时，阿尔巴尼亚自认为是世界上唯一的坚持马克思主义和走社会主义道路的国家，四面八方全是敌人。

上世纪 70 年代初，阿尔巴尼亚建造碉堡有很强的针对性。东南部萨兰达一带的碉堡主要防范希腊的进犯，西部亚得里亚海沿岸的碉堡防范意大利的进犯，北部和东部的碉堡主要防范南斯拉夫的进犯，内地的众多碉堡则以保卫城市或战略要地、防范空袭为主要功能。还需指出的是，除了无数碉堡之外，阿尔巴尼亚当时还在海岸的隐蔽处、城边和路旁的山坡上挖了许多山洞，据说当时的领导人恩维尔·霍查要求这些山洞能存放所有阿尔巴尼亚人 3 个月的食品。

单以阿尔巴尼亚当时的国力，修建如此之多的碉堡不仅是困难的甚至是不可能的。其实，碉堡在阿尔巴尼亚成为不可思议的现实，某些方面是与不可思议的中阿两国关系连在一起的。中阿两国建交于 1949 年 11 月，1952 年 8 月才互派大使，两国关系在 50 年代比较平淡。进入 60 年代，由于阿尔巴尼亚在中苏纷争中坚定地站在中国一边，两国在反帝反修等方面的主要立场和观点高度一致，相互之间结下了"战斗友谊"。在这样的背景下，中国在上世纪 60 年代和 70 年代初向阿尔巴尼亚提供了大量经济援助。根据相关资料记载，60 年代期间，中方向阿方提供了 15.5 亿元无息贷款，2100 万美元自由外汇，15.4 亿元军事援助；1971—1975 年间，中国向阿方提供了 19.5 亿元无息贷款，7000 万人民币现汇；另外，中国还提供了大量的物资，派去几千名技术专家，援建工厂培养技术骨干。然而这一切不仅拖累了中国本就脆弱的经济，而且也没有换来两国和谐的关系，直到 1978 年，邓小平复出后彻底终止了对阿的畸形援助，两国关系才有了冷却直至重新开始的机会。

在去马其顿的途中，俯瞰雨中的爱尔巴桑（Elbasan），印象最深的就是中国援建的那座钢铁厂，高炉、厂房和烟囱隐隐地显现着它的巨大规模。

尽管中阿两国建立在反帝反修共同需要基础之上的"牢不可破"的友谊是畸形的，可中国向阿尔巴尼亚提供的各种援助却是实实在在的。正是来自中国的大量经济援助，阿尔巴尼亚有了修建碉堡的资金、钢筋和水泥。于是，碉堡的出现甚至遍地开花也就不足为奇了。

30 多年过去了，现在的阿尔巴尼亚已是北约成员，并且正在为加入欧盟而努力。散落在各地的碉堡多数仍在，成了记载阿尔巴尼亚那个特殊时代的特殊符号。钢筋和水泥建成的碉堡无论式样还是色彩都是极其单调的，可凝结在它们身上的阿尔巴尼亚社会发展的内涵、阿尔巴尼亚同许多国家关系的内涵却是复杂的。它们是有生命的历史，代表的是一个时代。无论如何评价这个时代，这些碉堡已成了那段历史的见证。如今的它们或废弃，或拆除，或涂鸦，或利用，唯一没有了军事上的价值，而这恰又表明国家进入了一个新的历史时期。

世事沧桑，早已物是人非。有着厚重历史、悦目美景和独特记忆的地方在阿尔巴尼亚还有不少，都值得游走、拍照和书写。但更为重要的是，人们在欣赏阿尔巴尼亚美丽景色的时候，要深思它厚重历史及其成因，反思地区政治和大国政治对阿尔巴尼亚社会发展的影响。

（原文发表于《世界画报》2018 年 4 月号，配图略）

萨拉热窝，不相信眼泪

　　萨拉热窝，老一代中国人熟悉的名字，新一代中国人陌生的地方。从熟悉到陌生，欧洲剧变让我们的知识不断更新，近二十年的蜕变似乎又印证了千百年来这一地区不断变化的复杂根源。萨拉热窝到底是个怎样的城市？每个来到这里的人都会有不同的感受。由于教学、研究以及兴趣的缘故，我与萨拉热窝有一种难以割舍的情结。我走过萨拉热窝的大街小巷，这里多重、厚重的萨拉热窝印记让我心动也使我心痛，但更有憧憬。此刻你翻开的不只是一篇普通的游记，还是这个城市真实的诉说。

回望方知始终

　　我沿着米利亚兹卡河（Miljacka River）从东向西走在历史的长路上，当我跨到对岸再从西向东折返时，我才知今天萨拉热窝的宁静来之有多么不易。走进城中街巷，方知没有电光火石的历史才是美好的生活。

　　我走遍巴尔干半岛每个国家，到过许多有名和无名的地方。若问我最喜欢哪里，我会脱口而出："萨拉热窝。"若再问我为什么，我依然会不假思索地说："有文化，有历史。"萨拉热窝不仅有文化，而且是多种文化的汇聚。不同民族的精神内核和文化血脉在这里流淌，融合历来是个大问题，所以，萨拉热窝有"巴尔干的耶路撒冷"之谓。这是形容萨拉热窝的一种说法，虽然不一定准确，却也是萨拉热窝多种宗教并存，且在宗教信仰下民族间冲突矛盾的写照。文化有时是柔性的，表现得浪漫缠绵，但有时是暴躁的，表现得无情血腥。无论是缠绵抑或暴躁都写在了萨拉热窝厚重的历史中，和平与战争、民族与宗教、人文与风景的层层相叠铸就了眼前的萨拉热窝。

2010 年 4 月，我第一次前往波黑。飞临萨拉热窝上空，我从舷窗向外望去，两山之间是一座狭长的城市，一条河流将城市分为两部分。4 月，刚刚泛绿的树林与红瓦白墙（也有黄墙）的房子交融，清真寺的宣礼塔和教堂的尖顶格外突出。萨拉热窝的第一印象从空中开始了。

萨拉热窝位于萨拉热窝河谷之中，米利亚兹卡河从东向西穿城而过。环绕萨拉热窝的是狄那里克（Dinaric）山脉的 5 座山峰，其中 4 座曾是 1984 年冬奥会的比赛场地。

萨拉热窝是波斯尼亚和黑塞哥维那（简称波黑）的首都。波黑是 1992 年才独立的年轻国家，而萨拉热窝却是一个古老的城市。考古发现，在新石器时代，萨拉热窝就有人居住，形成了布特米尔文化以及伊利里亚文化。罗马帝国统治过这里，之后又有哥特人进入。公元 7 世纪起，南下的斯拉夫人成为萨拉热窝的主要居民。中世纪时，萨拉热窝属于东罗马波斯尼亚省，1415 年时称乌尔夫—波斯拿 (Vrh-Bosna)。15 世纪中叶，奥斯曼帝国征服了巴尔干并在此统治了 400 余年。萨拉热窝是塞尔维亚—克罗地亚语的称呼，在土耳其语中叫萨拉伊波斯纳。奥斯曼统治者修建了清真寺、封闭市场、公共浴室、客栈和总督府，萨拉热窝迅速成为波斯尼亚地区最大的城市。此后奥匈帝国征服了波黑，1878 年，萨拉热窝成为奥匈帝国在巴尔干半岛的行政中心。而最被我们熟知的萨拉热窝，是从那次打响第一次世界大战的枪声开始的，之后，萨拉热窝并入南斯拉夫王国（1918—1928 年称为塞尔维亚—克罗地亚—斯洛文尼亚王国），成为德里纳河省的首府。第二次世界大战之后，萨拉热窝是波黑共和国的首府。如今它已是一个独立国家的首都。历史走过千年，而我们只能翻阅篇章找寻脉络。

生活在波黑的南斯拉夫人主要有塞尔维亚人、克罗地亚人和穆斯林。塞尔维亚人势力最强，广泛地分布在巴尔干西部，1217—1459 年间还建立了塞尔维亚王国。与塞尔维亚人相邻的另外一支南部斯拉夫民族——克罗地亚人，7 世纪起居住在原罗马帝国的行省潘诺尼亚和达尔马提亚一带，9 世纪末也建立过统一王国并且存在了 200 多年。同是南部斯拉夫人，塞尔维亚人和克罗地亚人在历史发展过程中却受到从基督教中分裂的东正教和天主教宗教文化的影响。

波黑的穆斯林原本不是一个民族，因为穆斯林泛指各民族信奉伊斯兰教者，全世界各地都有。波黑穆斯林的出现并最终成为一个民族经历了相当长的过程。早在10—15世纪期间，巴尔干的基督教中出现了一个主张改革教会的教派，反对教阶制、礼拜仪式、洗礼，主张将教会的财产分给民众，同时却又反对世俗封建政权的"鲍格米勒"教派，成员主要是塞尔维亚人和克罗地亚人。由于对东正教和天主教都提出了挑战，因此被视为异教徒，受到打压和迫害。奥斯曼帝国征服了巴尔干之后，宣布"任何一种宗教的信仰者只要愿意接受伊斯兰教的最高统治并自愿地生活在一个穆斯林国家，就将受到保护"。在这种情况下，许多鲍格米勒派教徒皈依了伊斯兰教，成为穆斯林。在奥斯曼帝国统治的几百年里，这些穆斯林逐渐地接受了伊斯兰文化，形成了自己的风俗习惯，建立了一些纯粹的穆斯林聚居区。16世纪初，穆斯林已占波斯尼亚人口的46%。不过，他们也没有完全改变原有的民族特征，如仍然使用塞尔维亚—克罗地亚语，保留斯拉夫人的姓名，等等，只是语言中夹杂着大量土耳其的词汇，姓名中也加上哈桑、穆罕默德作为名字的组成部分。虽然在宗教信仰、风俗习惯等诸多方面渐行渐远，但是，波黑穆斯林始终不是一个独立民族。在南联邦时期，他们虽然是穆斯林，但仍归于塞尔维亚族或克罗地亚族。直到1974年，波黑穆斯林才成为一个民族。

钟声指引方向

　　萨拉热窝是一座有信仰的城市，在城市的各个角落你都能找到属于自己的信仰之所。不管你的心属于谁，钟声都能带你找到心灵的寄托。从黎明到日落，人们跟随着召唤，而外来的我们也能静静地聆听、默默地凝望。

　　在萨拉热窝，民族、宗教和城市紧紧地联系在一起，重要的载体就是清真寺和教堂。走在萨拉热窝的大街小巷，最为醒目的是那些由宣礼塔和一个或几个大小不等的圆顶建筑构成的清真寺，还有"身体高大"并且色彩明快的东正教堂和尖顶直入云霄的天主教堂。此外，还有几座犹太教堂低调地躲在拥挤的建筑物中间。1961年诺贝尔文学奖得主伊沃·安德里奇（Ivo Andrić）有这样一段经典的描述：在夜晚的萨拉热窝，天主教大教堂的钟声坚定而洪亮地敲响了两点，一分钟之后你会听见东正教堂的钟，再过一会儿贝格清真寺的钟敲响了十一下。犹太人没有报时的钟声，只有上帝才知道他们那里究竟是几点钟。

在萨拉热窝，最多的是伊斯兰教的清真寺，全市大大小小共有 100 多座，比较有名的是格兹·胡色雷·贝格清真寺（Gazi Husrev-beg Mosque）、阿里·帕夏（Ali Pasha Mosque）以及费尔哈蒂亚清真寺（Ferhadija Mosque）。

格兹·胡色雷·贝格清真寺 1532 年建成，是奥斯曼建筑的代表，其设计师米马尔·希南（Mimar Sinan）是奥斯曼帝国时期著名建筑工程师，伊斯坦布尔著名苏莱曼清真寺也出自他的设计。经历了上世纪 90 年代的战火，这里已经恢复了原貌。正面是四根圆柱撑起的五个圆拱，入口处的两侧摆放着一长溜鞋架，木质的大门上镶刻着马赛克和伊斯兰书法。清真寺不算很大，主穹顶有 26 米高，两侧分别有两个半圆穹顶，在清真寺主祷告厅的入口外侧还有几个小一点的圆顶构成的祷告区。在圆顶上我们可以看到五颜六色的图案对称分布，陶瓷和伊斯兰书法艺术让整个建筑设计显露出简洁的迷人气质。院子中有一个圆顶形的木结构建筑，里面有个小喷泉。宣礼塔是清真寺的最高点，从远处就能看到贝格清真寺的召唤。不远的地方有座钟楼，清真寺还有一个图书馆、一个神学院和一座公墓。贝格清真寺是世界上第一个使用电能的清真寺，可见当年的奥斯曼帝国是何等强盛。

每座清真寺的宣礼塔上都有大喇叭，每天 5 次定时响起似唱似说的祈祷声。每当这时，特别是在晚祷的时候，许多穆斯林或站或跪在寺外门廊处做礼拜。绝大多数清真寺都允许游客参观，但要将鞋脱在外边，个别的还需要买门票。清真寺里面清新典雅，毯子铺地，既无圣像也没有供俸，但有少许《可兰经》和信徒留在靠墙边地上的手链之类的小饰物。因波黑战争的损毁，萨拉热窝的清真寺在战后都进行了不同程度的重建，新造的清真寺更多。那几个有名的清真寺的修复是美国国际开发总署（USAID）提供资助，因此，在门前的简介上都有美国国际开发总署的标志。

萨拉热窝老城叫巴什察尔希亚（Bascarsija），土耳其语就是"主要市场"的意思，最早形成于 15 世纪中后期。有人说它表现的是伊斯兰风情，有人称它浓缩的是阿拉伯世界，也有人说它是波斯尼亚民俗与土耳其风格的完美结合。其实，这些是很难分得清谁是谁的，因为它们的文化底色是一致的。巴什察尔希亚有一个不大的广场，周边是一家挨一家的经营小商品和土耳其风味小吃的店铺。这些店铺建筑错落有致，绝无重复，但共同之处都是低矮、暗红色的屋瓦、近于黑色的门窗和白色的墙。广场中间有一个八边形建筑，是饮水处，也有人说是喷泉，叫塞比利（Sebilj），含义是"建在水流经过地方的建筑",是巴什察尔希亚甚至萨拉热窝的标志性建筑,很多人都会到这里喝下一口感受清爽,当然留影也是各国游客必不可少的。塞比利也是16世纪从奥斯曼帝国引进的,主要是供穆斯林净身和饮水之用。萨拉热窝曾有过几百个塞比利,这个始建于1753年,主体为八角形,上面是圆形的穹顶,水通过前后两个石头水槽流出。离广场不远还有一条始建于1489年的铜匠街,石板路两旁的店铺经营着伊斯兰风格的茶炊器皿及其他金属用具。

建于1542年至1543年的格兹是彼时当地最有名的集市。这个巴扎不大,长度只有109米,但有50多家卖金属工艺品、陶瓷器、宝石和丝织品的商户。据说巴什察尔希亚曾是巴尔干半岛上最大的商贸中心,但17世纪后期因天灾人祸而衰败。

从老城区向西走不远就是费尔哈蒂亚步行街,景色完全不同,街道变得笔直和宽阔起来,两边的楼房不仅厚重高大,而且都是西欧古典风格的建筑。临街的商店、餐厅,还有银行、航空公司等,都充满现代气息。街道、楼房、门窗甚至是窗边的花草,使人感觉仿佛行走在维也纳、布达佩斯或是圣彼得堡的大街上。在这里,清真寺少了,而教堂多了。与低矮和圆顶的清真寺不同,教堂一般高大恢弘,尖顶高耸入云。萨拉热窝最有名的天主教堂和东正教堂都在中心城区。在中心城区一个不大的广场上,矗立着天主教圣心大教堂(Katedrala Srca Isusova),建于1884年至1889年,正面双塔哥特式建筑,是波黑最大的天主教堂,屋顶和塔尖呈黑绿色,墙体采用淡雅的浅灰色。东正教的圣母诞生大教堂(Cathedral Church of the Nativity of the Theotokos)建于1863年至1868年间,离圣心教堂不远,在一个小公园旁边,正面是由元宝顶的主塔以及中间、后面的5个圆顶组成。它的墙体色彩由不同明度的浅黄色构成,线条清晰明快。参观教堂时,我特别注意到了一个细节,那就是在天主教堂和东正教堂门前简介标牌的下方有这样的话:"国家纪念碑保护委员会通过决议,将此处认定为历史建筑,作为波黑国家纪念物。对它的强占、损毁、破坏和未经允许的勘察都被视为一种犯罪行为。"在这些话语的背后,熟悉波黑历史的人会感受到别样的滋味。

除了清真寺、天主教堂和东正教堂之外,萨拉热窝还有3个犹太教堂。在这3所犹太教堂中,有一座始建于16世纪末的犹太教堂位于老城区,如今也是一个博物馆,里面有许多反映波斯尼亚犹太人生活的实物和照片。尽管在萨拉热窝的犹太人数量有限,远远少于基督教徒和穆斯林,但这个坚守文化传统的族群还是用独特的建筑物和展品彰显了自己的存在。

在很大程度上，萨拉热窝宗教文化的多样性不是与生俱来的，而是大国或强国统治和影响的结果。清真寺和教堂不仅展示了各种宗教文化，更折射出穿越历史的那些大国的影子，是大国将自身承载的文明从四面八方汇集到了萨拉热窝。不同信仰与价值观的碰撞，以及那些暗流涌动的力量都直接或间接地影响着萨拉热窝、波黑乃至整个巴尔干地区。

一座桥一座城

一座普通的石桥成为近代历史中重要的坐标。百年前桥头的枪声改变了整个世界的发展方向，它就是拉丁桥。整个萨拉热窝有很多桥，承载着这个城市南北川流不息的人群，而拉丁桥的故事一直在不停地续写城市的风雨。

波黑境内水源丰沛，水是波黑得天独厚的资源，因此波黑多桥，桥不仅是交通设施也是波黑社会曲折发展的见证。比如，内雷特瓦（Neretva）河上的莫斯塔尔古桥，始建于 1566 年，毁于 1993 年的战火中，2004 年修复后次年连同周边穆斯林和克罗地亚人居住的老城被联合国教科文组织列为世界遗产。但在萨拉热窝的米利亚兹卡河上的拉丁桥却更有故事，这座石桥虽不如莫斯塔尔桥那样古老和雄伟，但承载的历史却更为沉重。在萨拉热窝的日子里，我常会驻足桥头，听着来往人群的脚步声仿佛在百年来的历史中穿行。

东西走向的米利亚兹卡河不宽也不深，但横穿萨拉热窝市区。南北走向的拉丁桥是一座极为普通的三墩四孔石拱桥，河中的两个桥墩上还各有一个圆形泄洪孔。不算太宽的桥面由石块铺成，两边的护墙也都是石板。拉丁桥建成于 1799 年，比莫斯塔尔桥晚232 年。然而，它却是波黑历史上的一个里程碑。1798—1799 年间，奥地利为了缓解城市交通压力，重修了这座桥并命名为拉丁桥。1866 年后这一地区由奥匈帝国统治。

然而，真正让拉丁桥闻名于世是在 1914 年 6 月 28 日。当日，奥匈帝国王储斐迪南大公偕妻子索非娅来到萨拉热窝检阅塞尔维亚的军事演习。一些激进的塞尔维亚青年策划了谋杀行动。他们在斐迪南夫妇途经的地方多处设伏。当斐迪南夫妇检阅完军事演习在波斯尼亚总督和萨拉热窝市市长的陪同下返回市政厅时，埋伏在路边的塞族青年查卜林诺维奇（Nedeljko Čabrinović）向大公的座驾投了一颗炸弹，12 人受伤，其中包括大公的随从，但大公夫妇安然无恙。不过，事情并没有到此结束。当斐迪南大公夫妇结束活动准备去医院看望受伤的随从时，车辆经过拉丁桥头，坚持在这里等待机会的另一名塞族青年普林西普（Gavrilo Princip）趁着车辆缓行时上前开枪刺杀了大公夫妇。萨拉热窝事件不仅震惊全球，更是点燃了第一次世界大战的导火索。

拉丁桥头的枪声，使德国公开鼓动奥匈帝国立即"彻底清算"塞尔维亚，俄国和法国则以军事总动员的方式表示支持塞尔维亚。一个月后，第一次世界大战全面爆发。

刺杀了斐迪南夫妇之后，普林西普及其同伴共 7 人都被萨拉热窝警察当局抓获。普林西普虽然是刺杀行动的主犯，但因不满 20 岁只是被判刑 20 年。入狱后不久，普林西普于 1918 年 4 月 28 日病死在狱中。普林西普死后几个月，第一次世界大战也结束。然而，对普林西普功过是非的评价代表着背后不同文明之间的冲突和立场，而拉丁桥名字变化的过程则代表着各种力量的转换。

在第一次世界大战结束的同时，巴尔干半岛上诞生了第一个除保加利亚人之外所有南部斯拉夫统一国家，起初称塞尔维亚—克罗地亚—斯洛文尼亚王国，1929 年改称南斯拉夫王国。不管叫什么名字，这都是一个多民族国家，塞尔维亚人在这个国家占据主导地位。正因如此，1920 年，刺杀斐迪南大公的普林西普便成了塞尔维亚的爱国主义英雄，他的尸骨也被迁入萨拉热窝的荣誉公墓。为了纪念他的壮举，拉丁桥更名为普林西普桥（Princip bridge）。由于大塞尔维亚主义在这个王国中盛行，国家政治、经济发展的重心是维护塞尔维亚人的利益，而社会地位最低的就是波黑穆斯林，克罗地亚和斯洛文尼亚虽然与塞尔维亚并列，但在宗教文化上属于西欧，即信奉天主教。所以，给予普林西普如此殊荣并非各民族的共识，甚至还有分歧。南斯拉夫王国在第二次世界大战中被德意法西斯肢解后，一些克罗地亚人甚至在德意的支持下屠杀塞尔维亚人，此时，萨拉热窝一切与普林西普有关的历史痕迹都被清除，普林西普被视为叛国者。第二次世界大战之后，除保加利亚之外南斯拉夫民族重新统一，建立了南斯拉夫社会主义联邦共和国，走上了社会主义道路。但是，南联邦各民族在事实上的不平等与对统一国家的认同问题依然存在。比如，塞尔维亚在很大程度上仍主导着国家政治生活，穆斯林等少数民族仍受着不公正的待遇。或许为了增强对统一国家的认同度，1977 年南联邦政府决定，在这座桥的西北角竖起一座纪念碑，并在当年普林西普埋伏的地方安放了一块用水泥浇筑而成的脚印印模，据说这双脚印就是他当时留下的。有的文献说，印模旁边的铭文是："正是从这个地方，普林西普用枪声表达了人民对暴虐的反抗和多少世纪以来对自由的追求。"然而，民族问题历来都有其复杂性，被强化了"普林西普含义"的石桥依旧打不开各民族的心结。

20世纪80年代末至90年代初，当大多数东欧国家都以和平的方式改变社会制度的时候，南联邦却烽烟四起。斯洛文尼亚、克罗地亚、马其顿于1991年宣布独立，塞尔维亚和黑山于1992年组建了南斯拉夫共和国联盟。在这种背景下，1992年，穆族和克族主导的议会也宣布波黑独立。但是，塞族却在南联盟的支持下宣布成立塞尔维亚共和国，并试图以武力方式从波黑分离出去，波黑战争由此爆发。萨拉热窝是波黑战争的主战场之一，塞族武装居高临下包围了萨拉热窝，打死了许多穆斯林，也炸毁了不少清真寺。作为报复，穆斯林破坏了普林西普桥头的纪念物，脚印印模也不知去向。如今，它的复制品陈列在桥头马路对面的那个1878—1918年萨拉热窝博物馆中的进门处，上文提及的那句铭文也变成了解说词："1914年6月28日，加弗利洛·普林西普在此刺杀了奥地利皇储斐迪南和王妃索非娅"。这座博物馆在一幢三层楼把角处的底层，顶层外墙上有博物馆的字样。说是博物馆，其实不大，只有一名工作人员。里边展示的内容主要有：1878—1918年波斯尼亚的社会发展及其与奥匈帝国的关系，主要是文字和图片，还有几面旗帜和服装等实物；此外，7名刺杀行动参与者的照片、刺杀地点示意图和当时使用的手枪也是陈列内容；斐迪南夫妇访问萨拉热窝的一些照片和真人大小的蜡像摆放在显要位置。

1995年战争结束后，根据代顿协议，波黑成为一个由穆克联邦和塞尔维亚共和国两个分治实体组成的统一国家，萨拉热窝大部分为穆克联邦控制。普林西普桥又改回拉丁桥的旧名，而此时的波黑已走在按西方模式重新构建统一国家的道路上。

萨拉热窝米利亚兹卡河上的这座桥就是这样讲述着这一地区历史发展中的文明与冲突。当我站在桥上，憧憬着人类相互尊重共同发展的愿景，我清楚地知道萨拉热窝并不相信眼泪。

内战遗迹

萨拉热窝从电影中走来，对于我们不算陌生。当上世纪 90 年代的波黑硝烟燃起，萨拉热窝变得陌生而遥远，枪炮让这座巴尔干名城黑云蔽日，政治民族化的仇视转变成一场场杀戮，幸运者经历苦难活了下来。几年之后，和平终于回到这片土地，回到萨拉热窝。难以抚平的是城市的创伤，不愿忘记也不能忘记，但最终还要必须忘记。

对前南地区的南斯拉夫人来说，不同的民族与宗教在相当程度上影响了对统一国家及其历史的认同，而大国之间的反向拉扯更增加他们相互敌视的程度。果然，在南斯拉夫解体的时候，塞族、克族和穆斯林因在波黑前途和领土划分等方面的巨大分歧于 1992—1995 年间大打出手，造成近 35 万人的伤亡，八成的基础设施和一半以上的住房毁于战火。这便是波黑内战。20 多年过去了，如今的波黑基本上已经步入正常发展的轨道，只是这场战争的遗痕仍然随处可见。它们以不同的方式诉说战争的残酷，用伤痕累累的实物和惨烈逝去的生命警示后人。

有记者把参观访问萨拉热窝戏称为"战争游"，对于这种说法，我也深有同感。到达这里之后，我参观的第一个与战争有关的景点是地道博物馆（Sarajevo Tunnel）。它就坐落在离萨拉热窝市区不远的国际机场旁边一个名叫布特米尔（Butmir）的小村子里，说是博物馆，其实就是一幢二层的普通民房，它的主人姓拉科尔。我参观那天，接待游人的是艾丁·拉科尔（Edin Lakor）和他的奶奶希达·拉科尔（šida Lakor）。

1992 年 4 月波黑战争开始后，塞族武装在南联盟军队的支持下很快就占据了萨拉热窝周边的制高点，包围了萨拉热窝，切断了其与外界的联系。这样一来，萨拉热窝的穆斯林没了生活必需品的来源，更不用说对抗塞族所需的武器了。萨拉热窝机场刚好处于被围困的萨拉热窝市区和未被围困的布特米尔之间，穆斯林要想得到食物和武器弹药必须要穿越机场。战争开始后机场被塞族武装占领，后来交给了联合国维和部队，但条件是只能由联合国使用。对于试图趁夜色穿越机场冒着生命危险偷运食物的穆斯林居民，联合国维和士兵是睁一只眼闭一只眼，但塞族武装却开枪阻击并打死了近 800 人，能成功穿越的不多而且代价很大。于是，1992 年底，穆斯林武装指挥官决定秘密地修建一条穿越机场的地下通道。挖掘工作从 1993 年 1 月开始，挖掘起点就是拉科尔家的车库。150 多人用了 4 个月挖成了一条近 800 米的地道。地道大约 1.6 米高，1 米宽，两边和顶部都是方形原木支撑。这么大的工程是在塞族武装的眼皮底下神不知鬼不觉进行的，这也算是一个奇迹。波黑穆斯林认为："这个地道是人类自信和勇敢的象征"。地道修好后，萨拉热窝的穆斯林每天有几千人出入这个地道，或背或扛从外部运进了上万吨的粮食和其他物资。因此，这个地道有"萨拉热窝生命线"之称。我参观的时候，主人给游人播放了一个录像片，记录的就是当时穆斯林运送物资的场景。

布特米尔虽然不在包围区，但是，拉科尔家的这幢房子和村里的其他房屋一样时常受到塞族武装的枪炮袭击，弹痕累累，一间屋子的地面上至今还嵌着一枚没有爆炸的炮弹。在科拉尔家附近，有许多饱受战争摧残的房子都空无一人，杂草丛生，十分凄凉。波黑战争结束后，拉科尔一家决定将修建地道时用过的一切都保留下来，开办一个私人博物馆。现在，二楼是他们家人居住，一楼和地下室的几间屋子成为展室，墙上挂着塞族武装围困萨拉热窝示意图，地上和墙边摆放着当年挖掘地道所用的各种工具，波黑穆斯林使用过的枪支、弹药和军装等。这里还有一段保存完好的地道，游人可以进去参观。脸上写满岁月苍桑的希达坐在地道出口的一个长条凳上，游客可以坐在她旁边拍照留念。

在参观地道博物馆时，我遇到了一位女导游，在艾丁给客人讲解时，她坐在一旁泪流满面，甚至还哭出声来。我不解地问陪同我去的波黑朋友，她这是为什么？朋友告诉我，这位导游是波黑穆斯林，家原来就在布特米尔村，两个兄弟和一些好朋友在战争中遇难。触景生情，她难掩内心的伤悲。这位导游的经历在波黑绝不是个别现象，不用说斯雷布雷尼察那座公墓，单是遍布萨拉热窝的大小墓地、墓碑和大街墙上的死者名单就不知给活下来的人留下多少痛苦的回忆。

萨拉热窝最大的墓地在1984年冬季奥运会体育场旁边的训练场里。波黑战争期间，许多被打死的人无处掩埋，于是，这个运动场就成了墓地。墓地中央有一座高高的尖塔，塔的下端四周刻着死者的名字和生卒年。在塔的周围，是一排排白色的墓碑，长眠者也多死于战争期间。在离我住的旅馆不远的山坡上，是萨拉热窝市另一片穆斯林墓地，其中相当多人也是死于波黑战争期间。在离中心城区不远的一条主要街道旁边，有一个像是森林公园的地方，在低矮处的中心广场上有一个喷水池纪念碑，圆形底座外沿写着"纪念1992—1995年萨拉热窝围困中的儿童"的字样，池中是一高一低两块绿色的玻璃雕塑。在周边长满大树的小山坡上，有许多墓碑，其中很多较小的墓碑上面什么都没有写。据当地朋友说，这样的墓碑是给死于波黑战争的儿童立的。

波黑战争中死难的标识不仅仅是墓碑。战争期间，塞族武装在两边的高山上部署了许多大炮，时常对萨拉热窝城区进行轰击，许多人因此丧命。在萨拉热窝中心城区，有另外两类特殊的死亡标识。第一，在一些欧式建筑的墙上钉着许多金黄色的铜牌，上面只有人名和生卒年月，这些死者的死亡时间都在1992—1995年间。第二，在中心城区繁华商业区的步行街上有多处爆炸的遗迹，如今都用暗红色的油漆标记出来。由于很像盛开的花朵，因此，有人称之为"萨拉热窝的玫瑰"。殊不知，这种"玫瑰"的"绽放"却意味着许多人生命的凋零。于是，在它们旁边的建筑物上又有另一类死亡标识：上面的一块标牌写着某年某月某日此处遭到了炮击，有多少人遇难，下面的另一块像波浪形的石板上刻着遇难者的名字。再比如，在萨拉热窝市中心的马尔卡莱市场（Markale market）旁边的墙壁上刻有几十人的名字，他们都是在购物过程中被飞来的炮弹炸死的。在参观地道博物馆时，我买了一张战争示意图，标题是"萨拉热窝：1984年奥林匹克城市，1992—1995年被围困的城市"。在波黑战争中，光萨拉热窝就有1.1万人遇难，而当时这里的总人口不过30万人。

不仅在萨拉热窝，甚至在整个波黑随处可见的战争遗痕还有那些饱经战火的建筑。在萨拉热窝，老城区的建筑都比较矮小，修复起来容易，如今已经很难看到战争的痕迹了。但是，中心城区和新城区的许多高大建筑和城边低矮建筑或居民区则不同，零零星星的或非常密集的大小弹痕分布在建筑外墙上。如今，在这样楼房的里面，该住人的住人，该办公的办公，该经营的经营。战争显然已逝去，可外面的累累弹痕却永恒地留下。萨拉热窝人似乎不想将它们除掉，或许有意让它们成为萨拉热窝的一种印记，用不堪回首的过去警示可期待的未来。萨拉热窝市郊区，被战火损坏的建筑物非常多，其中主要是二三层的居民小楼，色彩多为灰色和红色。屋主或是遇难，或者远走他乡，或者无钱重修，小楼有的满目疮痍，有的只剩残缺不全的房架子。在青草绿树的衬托下，它们显得是那样苍凉。

砥砺前行，找寻希望

萨拉热窝见证了如此悲怆的历史。但是，生活对于这个城市的人民依然充满阳光，冬天的暖阳依然温暖。多民族并不是矛盾的必然，而彼此包容与尊重将影响光照长河的悠长。一个国家有着这样一个城市，必须砥砺前行才有希望。

看到萨拉热窝那些带给人们无限悲痛回忆的战争遗迹，我感慨万分。在波黑，不同文明的交汇由来已久，大国干涉也一直是长期存在。在历史的长河中，塞尔维亚人、克罗地亚人和穆斯林既有许多和睦相处的日子，也有反目为仇的时候。其中，1992—1995年的波黑内战就是后者的典型，建筑物上的累累弹痕和数以百计的穆斯林墓地无不记载着波黑三大民族之间的恩仇。当然，它们之间的相互仇杀有内外多重因素。但不容否认的是，它们在宗教文化上强调排他性和自我优越感是其中的主要原因，而这些又与大国争霸的影响分不开。

文化或文明只有不同但无优劣，基督教和伊斯兰教的基本教义也都劝人向善，和睦相处。然而，当宗教为载体的文化成为大国或强国对外扩张的工具时，不同文明之间的矛盾和冲突就出现了。比如，伊斯兰教和基督教自中世纪以来就处于尖锐对立的状态，始于11世纪末并持续了200年的十字军东征，就是这两大宗教的直接冲突和战争。这些在单一文化区域感受不到的对立，在多种文化交汇的萨拉热窝可就完全不同了。处于天主教、东正教和伊斯兰教的交汇处，萨拉热窝就是这几大宗教力量博弈的战场，从而使这里各民族间的关系更为紧张。近现代发生在萨拉热窝的一出又一出悲剧，都带有文化冲突的色彩，而这种色彩是在付出战争的代价后使整个地区回归西欧才逐渐淡化下来。

另一方面，当民族和宗教为政治所利用的时候，它们同样也会表现得十分暴躁。为什么在南联邦解体过程中，三大民族如此厮杀？在各种解读中，有这样一种看法值得注意：三大民族中的少数政客为了一己私利不断地渲染各自的民族主义，他们之间的讨价还价如果达不到目的时，民族与宗教就成了他们的旗帜，而民众的鲜血、财产和生命就成了他们的赌注。在战争中，死者都是普通民众，被毁的房屋也都是普通民众的，战争的始作俑者及其家人哪个不是远离战争呢！

冷战早已结束，波黑内战也过去20多年了。在东西方大国能够相互容忍、对立减少的条件下，今天的萨拉热窝让人感受更多的是不同文化及其载体之间的和谐与和睦，而冲突似乎渐行渐远。萨拉热窝老城和中心城区的界线虽然泾渭分明，但似乎并不冲突，而且构成了一个不可分割的整体。比如，在狭窄街道熙熙攘攘的石板路上，穆斯林姑娘多半穿着长衫，用白色、黑色或花色的丝巾将头包得严严实实。但是，她们并不保守，不仅显露出清秀和灿烂的面容，而且边走边说笑，吃着蛋卷冰淇淋，打着手机，无所顾及。

不分宗教、不分民族的统一国家的塑造，成为波黑社会发展的主旋律。在经济发展方面，波黑在国际社会的援助下开始重建和发展。1996—1998 年间，由于经济的普遍恢复，波黑人均 GDP 从 1995 年的 550 美元涨到 1998 年的 2600 美元，到 2015 年，波黑人均 GDP 已超过 4200 美元。

如今的萨拉热窝，现代化步伐并不快，但厚重的文化气息吸引着国际游客纷至沓来。2006 年，在《孤独星球》杂志社"世界都市旅行排行榜"中，萨拉热窝排在第 43 位。感受这座城市沉淀的历史沧桑及其背后的风云世界，或许是旅行者们有意无意的驱动力。现在的波黑市民向往美好的生活，追求着加入欧洲大家庭的理想，但并未远去的战争仇恨深深嵌入复杂的民族政治斗争中，使整个国家在撕裂中前行。人们憧憬前方，但更忘不了过往，萨拉热窝不相信眼泪。

在这篇图文发表之际，我又踏上了前往波黑的旅程，萨拉热窝的阳光让我期待。

（原文发表于《世界知识画报》2017 年第 7 期，配图略）

罗马尼亚，与喀尔巴阡山相依

　　我遍游了自然地理丰富多彩、人文历史深厚多样的巴尔干，虽然行走的深度和广度依旧有限，但由于长期从事中东欧地区历史和现实的教学与研究，所以对巴尔干的印象还是比较完整的。总体说来，巴尔干国家各有各的风采，差别性很大。就罗马尼亚而言，它不仅地广民众（2018 年数据：领土面积 238391 平方公里，人口 1952 万），而且在各方面都有比较强的独特性。仅以此文为读者带来一个与我同行的罗马尼亚，从历史穿越现实，从自然穿越人文，山川河流城市乡村，勾勒出一个国家的风情。

一山一水一海

　　山川河流孕育着国家发展的生机，对于巴尔干来说罗马尼亚这样的大国有着天然的优势：独特的地理条件——喀尔巴阡山的守护、多瑙河的滋润、黑海之滨的阳光……民族的历史，社会的进步，都离不开自然赋予的机会。

　　罗马尼亚地处巴尔干半岛东北部，是东南欧面积最大的国家，国土由特兰西瓦尼亚、瓦拉几亚和摩尔多瓦三部分组成。它的西北与匈牙利、西南与塞尔维亚接壤，南部隔着多瑙河与保加利亚为邻，从北到东被乌克兰钳形环抱，在东边与乌克兰之间夹着小国摩尔多瓦，东南方向的狭窄地带濒临黑海，著名的旅游城市康斯坦察（Constanta）就在这里。

在自然地理方面，罗马尼亚以一山一水一海著称。

一山指的是喀尔巴阡山脉（Carpatii Orientali），它从北部的乌克兰进入，将罗马尼亚境内分成了东、西、南三部分，其中南喀尔巴阡山也称特兰西瓦尼亚山脉。

一水指的是多瑙河（Danube），几十年前的中国人通过罗马尼亚电影《多瑙河之波》《多瑙河三角洲的警报》《爆炸》知道了美丽的多瑙河。这条大河起源于德国黑森林地区的两条小河，经过2857公里奔流成为了欧洲第二大河，流经德国、奥地利、斯洛伐克、匈牙利、克罗地亚、塞尔维亚、保加利亚、罗马尼亚、摩尔多瓦和乌克兰，到罗马尼亚境内已是下游，从罗保边界深入罗马尼亚内地一路向北，在与摩尔多瓦的界河普鲁特河汇合、并汇集锡雷特河后进入欧洲最大的三角洲——多瑙河三角洲，经由苏利纳（Sulina）流入黑海。多瑙河是欧洲主要的国际航道，1992年德国建造的莱茵—美因河—多瑙河运河使鹿特丹港的船舶直抵罗马尼亚港口城市苏利纳。

一海指的是黑海（Black Sea），位于罗马尼亚的东南，有275公里长的海岸线，和周边其他内陆国家相比算是优势。在历史和现实中黑海对于罗马尼亚有着重要的战略意义，黑海沿岸的旅游城市更是罗马尼亚人最喜欢的地方之一。

罗马尼亚学者把喀尔巴阡山、多瑙河和黑海视为罗马尼亚领土的地理标志。

"一山一水一海"的罗马尼亚表面上临近海洋，又有多瑙河流过，似乎对外交通便利。但实际情况恰恰相反，罗马尼亚的封闭程度几乎和周边那些山区国家差不多。构成罗马尼亚南部边界的多瑙河在喀尔巴阡山间切割出险峻的峡谷，国土中西部是广大的山区和高原，这些大大妨碍了罗马尼亚和外界的往来。连接罗马尼亚和外界的通衢基本上只有两条，一条是东北部越过摩尔多瓦通向北面的乌克兰和俄罗斯，另一条是南部通向多瑙河对岸的保加利亚，而这两条通道在古代常被所谓野蛮的游牧民族占据。罗马尼亚纵然有良好的海岸，可直到公元前后罗马帝国进入屋大维时代，罗马尼亚的最大海港康斯坦察还不过是强盛的罗马帝国的小小边镇，名叫托米斯。但终归罗马尼亚是一个与喀尔巴阡山相依偎的国家，喀尔巴阡山也就有了"罗马尼亚的脊梁"之说。

生存之路

在历史的长河中风云激荡，罗马尼亚成为现在这样的国家。而对于罗马尼亚人，在各种战争和统治下寻找出路，繁衍生息，历经磨难的国家有着怎样的民族特质，有着怎样的生存法则，在书里，在路上，人们会有更立体的感受。

罗马尼亚独特的地理环境具有开放和封闭的双重特征，而这种特征对罗马尼亚民族及其政治发展都产生了不同程度的影响，使之同样带有开放和封闭、依附与抗争的双重性。

居住在巴尔干地区的主要民族（建立过独立民族国家）多为南部斯拉夫人，而非斯拉夫人的国家只有希腊、阿尔巴尼亚和罗马尼亚。

学术界比较一致的看法是，罗马尼亚人是达契亚人和罗马人的后代。

从语言角度说，90% 以上的罗马尼亚人使用罗马尼亚文，罗马尼亚人和法国人、西班牙人、葡萄牙人、意大利人一样，同属罗马语族（也称罗曼语族或拉丁语族），是从意大利语族衍生而来的现代语族。二战以前，德语是罗马尼亚使用最多的少数民族语言，至今在特兰西瓦尼亚地区仍有一定影响。

达契亚人大约从公元前 2000 年就居住在"南至哈埃穆斯山、东达黑海北部、西到多瑙河中游、北抵加利西亚的喀尔巴阡山地区"。早年的达契亚人受希腊影响较大，公元前 4 世纪就出现在雅典的奴隶市场上，以后又与希腊人通商，使用希腊货币，说色雷斯方言等。随着罗马帝国的扩张，特别是公元 2 世纪初罗马皇帝图拉真（公元 98—117 年在位）的两次战争之后征服了达契亚王国，达契亚人和罗马人的关系变得越来越密切，今天特兰西瓦尼亚和瓦拉几亚地区已经成为罗马帝国的一个行省。罗马帝国灭亡时，这里的居民不仅使用拉丁语，也把罗马人认作自己的先祖，把征服他们的图拉真当做自己的祖先和民族英雄，后来连国名也用上了罗马二字，以罗马为宗的民族意识一直延续到现代。

罗马尼亚国歌《觉醒吧，罗马尼亚人》中写道："罗马裔胄是吾等，切莫迟疑早自强。万世莫忘英雄名，战无不胜特拉扬"。在拉丁语中，罗马尼亚就是"罗马人的国家"之意。罗马尼亚史学家认为，这期间产生的最重要的现象是达契亚人的罗马化，也就是说，达契亚人采用了拉丁语，越来越少使用达契亚语，经过一段时间后，感到自己是罗马世界大家庭的组成部分。然而，在这个罗马世界大家庭中，罗马尼亚人的主流信仰却是东欧的，80% 以上的居民信仰东正教，信仰罗马天主教和新教的总共不到 8%，信仰伊斯兰教的比例则更小。

同其他中东欧国家一样，罗马尼亚也长期受制于东西方大国，争取民族独立在其发展过程中占有重要地位。但比较起来，罗马尼亚人为国家独立和民族统一付出的代价要小得多。

　　罗马帝国灭亡之后，罗马尼亚受制于不同民族，14 世纪才出现摩尔多瓦和瓦拉几亚两个封建性质的公国，而特兰西瓦尼亚则处于匈牙利人的控制之下。土耳其占领巴尔干之后，摩尔多瓦和瓦拉几亚又成为奥斯曼帝国的附属公国。为了争取民族生存与独立，罗马尼亚人一直同东西方大国进行不屈不挠的斗争。1859 年，摩尔多瓦和瓦拉几亚两公国合并，在承认奥斯曼帝国宗主权的前提下改称罗马尼亚并定都布加勒斯特。1877 年，罗马尼亚宣布脱离奥斯曼帝国独立，正式成为一个近代民族国家。但是，此时的罗马尼亚领土并不完整，摩尔多瓦的比萨拉比亚被沙皇俄国占领，而特兰西瓦尼亚仍在奥匈帝国控制之下。1918 年 12 月，在收回比萨拉比亚后，统一的罗马尼亚才最终形成，国土面积达到 29.5 万平方公里，人口 1550 万人。到二战爆发，这个领土面积最大的罗马尼亚存在了 20 年。

　　20 世纪 20—30 年代，罗马尼亚依托小协约国和巴尔干协约国周旋于东西方大国之间，试图用一种中立的和平衡的对外政策来维护第一次世界大战后从苏俄和匈牙利获得的领土。二战爆发后，罗马尼亚又与奥地利、匈牙利等国一起站到了轴心国一边，参加了德国的对苏战争。但是，就在 1944 年苏联重新夺取了比萨拉比亚、轴心国败局已定的情况下，罗马尼亚在苏军到来之前推翻了安东内斯库政权，避免因与德国结盟而在战后遭受太多的"清算"。但在战后，苏联仍然把罗马尼亚列为战败国，要求其支付战争赔偿。对此，罗马尼亚人一直耿耿于怀。

　　冷战期间，罗马尼亚成为苏联为首的社会主义阵营的一员。面对苏联对东欧国家的大党主义和大国主义，罗马尼亚人表现出绵里藏针的态度，在追随和独立间游走。所谓追随，是指罗马尼亚在政治经济体制方面全盘照搬苏联模式。所谓独立，是指罗马尼亚表面上唯苏联命令是从，实际上却另有打算。比如，当初苏联指挥东欧国家开展国内政治清洗运动时，罗马尼亚也积极参加，可与其他东欧国家不同的是，罗马尼亚不是亲苏派清洗本土派，而是由本土派清洗了亲苏派。在之后的社会发展中，罗马尼亚在坚持并不断强化苏联模式的同时，也不断弱化苏联的控制。1968 年，苏联等华约五国出兵捷克斯洛伐克，罗马尼亚不仅没有参加，而且公开表示反对并拒绝保加利亚军队过境。此外，上世纪60年代，罗马尼亚还一直试图调解中苏两党和两国之间的矛盾。在40年前的东欧社会剧变时，罗马尼亚也以完全不同于其他国家的方式实现了社会转轨。

总体看，罗马尼亚在近代民族国家的建立和发展过程中，一直微妙地采用中庸之道，游走于各大国之间。这就是罗马尼亚，一个在历史夹缝中生存的国家。与此同时，展示罗马尼亚地理、民族、国家和社会发展特性的载体也是多元的，城市乡村、历史古迹和自然风光都能感受到。比如，摩尔多瓦的主调是东欧的，特兰西瓦尼亚的主调是西欧的，而瓦拉几亚则兼有东西欧风格。

喀尔巴阡山之南：瓦拉几亚

以喀尔巴阡山为脉，将罗马尼亚分为三个大的区域，瓦拉几亚、摩尔多瓦、特兰西瓦尼亚居于南、东、北三个方位。每一个地区因历史、自然等因素具有不同的风采，不管是大城小镇，还是乡村，不一样的景致和收获感悟就在旅行的路上。

瓦拉几亚在罗马尼亚南部喀尔巴阡山和多瑙河之间，东濒黑海。相比摩尔多瓦和特兰西瓦尼亚，瓦拉几亚地势平坦，交通便利，经济发达，拥有黑海良港，因此历来是大国争夺的地区之一。面对外来势力的入侵，瓦拉几亚人的抗争从未停止过，14世纪初打败匈牙利人之后建立了封建公国。这个公国延续不到100年，15世纪初又被土耳其人征服，奥斯曼帝国成为它的宗主。1859年与摩尔多瓦合并成多瑙公国后，仍是奥斯曼帝国的藩属国，直到1877年正式独立成国。从这时起，布加勒斯特这座城市就成为罗马尼亚的政治、经济和文化中心。

我每次去罗马尼亚，首站必定是布加勒斯特。布加勒斯特在瓦拉几亚平原中部，离多瑙河只有几十公里，天气好的时候，在多瑙河畔的保加利亚边境城市鲁塞（Pyce）的高层餐厅上都可以看到布加勒斯特。布加勒斯特在15世纪中叶就是要塞，16世纪后期发展成为城市，17世纪中叶成为瓦拉几亚公国的都城。

布加勒斯特曾经被称为"小巴黎"，主要是由于19世纪末期卡罗尔国王引入一批法国建筑师来设计建设城市，在街道布局和建筑样式上模仿当时的巴黎，留下了富丽堂皇的历史建筑。在古城区，漂亮的建筑多为巴洛克式，有些老建筑都变成了博物馆或歌舞剧院，好看的教堂多为拜占庭东正教式，虽然有些并不大，但精美雕刻、漂亮墙漆以及幽静的小院依然给游人以惬意的感觉。对于当地人来说，这里既有他们的精神信仰，也是文化自信，在布加勒斯特有 95% 以上的居民信奉东正教。一些中世纪和文艺复兴时期的建筑在利普斯卡尼（Lipscani）街区有所保留和恢复，现在这里有很多步行街，是游客比较集中的地区，餐饮购物设施齐全。有着悠久历史的 Manuc's 旅店是这里著名的宾馆，它是利普斯卡尼街区保留下来的 19 世纪旅馆中唯一还在经营的。20 世纪 90 年代，一些历史建筑和街区得到修复，这也是罗马尼亚新时代带来的变化。

相比古老的城市印记，反倒是社会主义时期的留痕比较浓重，如人民宫（现称议会宫）和火花大厦。

人民宫始建于 1984 年，共 16 层，地上 12 层，地下 4 层，有 1000 多个房间，曾是世界上仅次于美国五角大楼的第二大单体建筑。它的外表一般，但内部却十分豪华壮观，令人印象深刻的是水晶吊灯和地毯。这座世界上最大的议会大楼现在是罗马尼亚议会两院、宪法法院等国家机构所在地，国家当代艺术博物馆也位于此建筑中。

火花大厦是典型的斯大林式建筑。这种建筑是依据苏联上世纪 30 年代中期到 50 年代"显示共产主义的革命激情和荣耀"而修造的一种"气势磅礴，高耸雄伟，布局对称，装饰富丽"的高楼，建造它们的直接目的是向世界展示苏联对美国的成功超越。二战后，走向社会主义道路的一些国家都建造过这样的建筑，罗马尼亚也如此。火花大厦始建于 1950 年，完工于 1955 年，当时的领导人要求它体现出社会主义时代庄严伟大的特点。其主楼 12 层，两边侧楼为 6 层，地面到尖顶 105 米，房间共有 1200 多间。在社会主义时期，它是罗共新闻和出版中心，包括党报《火花报》在内的几乎所有全国性报纸和刊物都在这座大厦中编辑、印刷和出版。1989 年之后，火花大厦改名自由出版大厦，再后来改为新闻大厦。

进入 21 世纪，布加勒斯特又出现了一些现代化的建筑，但考虑到地震等因素并没有摩天大楼。对游人来说，老城老建筑才更有布加勒斯特的味道。

锡纳亚的城堡

锡纳亚（Sinaia）小镇位于布加勒斯特北部的普拉霍瓦县，在瓦拉几亚地区非常有名，因锡纳亚修道院而得名，修道院的名字来自《圣经》中的西奈山。

我去过两次，巧得很，一次下雪，一次下雨。

这里的人文和自然景观都值得一看，最有代表性的是建于 1873—1914 年间的佩雷什城堡（Peles Castle），附近还有同一时期建造的佩利绍尔城堡和狩猎小屋等建筑，这三座建筑都建于卡罗尔一世时期，是皇家狩猎和避暑的行宫，同时建有独立的发电厂，据说这是世界上第一个独立供电的城堡。哥特式建筑的佩雷什城堡占地 3200 多平方米，里面有兵器厅、议事厅、办公室、音乐厅、宴会厅、小剧场、卧室、起居室等共 160 间，如今只有少数房间对外开放，装饰精致，陈设豪华。

在 1878 年与摩尔多瓦联合组建近代民族国家之前，锡纳亚属于瓦拉几亚公国。由于出身认同和现实利益，瓦拉几亚更亲近德国，1866 年请普鲁士亲王卡罗尔来当大公。卡罗尔于 1872 年请普鲁士王室的建筑师设计并建造佩雷什城堡。1881 年，卡罗尔成为独立后的罗马尼亚国王，直到 1914 年去世。二战之前，这里是皇家夏宫；战后，佩雷什城堡被改建成博物馆，上世纪 70—80 年代也曾被改建成齐奥塞斯库的夏宫，但据说他从来没有去住过。

当初罗马尼亚王后伊丽莎白曾在日记中记录了建造城堡的场景："意大利人是泥瓦匠，罗马尼亚人搭建屋顶，吉普赛人是苦力，阿尔巴尼亚人和希腊人在切割石头，德国人和匈牙利人都是木匠，土耳其人在烧砖。工程师是波兰人，石头雕刻师是捷克人，法国人正在绘画，英国人正在测量，你可以看到数百人穿着不同的民族服装，听着 14 种语言，他们在各自方言和音调中说话，唱歌，诅咒和争吵……"如今，我看着缓缓的山坡上那些高高的尖塔、灰黑色的顶、淡黄色的墙和褚色的窗棂，无论背景是夏日翠绿茂盛的树林还是冬日披满白雪的山丘，都是一幅让人赏心悦目的风景画。想象着卡罗尔国王和他的家人曾经在此度过的时光。

毫无疑问，瓦拉几亚还有许多值得去的地方，如黑海之滨的康斯坦察等地。不过，有一个名气不大的地方，我觉得值得一看，那就是布泽乌油田地区的泥火山。布泽乌是罗马尼亚东南部的一个县，这个泥火山就在该县的贝尔察，是罗马尼亚的自然保护区。泥火山是一种地质现象，由埋藏在地下 3000 米的气体把粘土层顶入地下水层混合成泥浆上升到地面形成。泥是真的，却没有火，也没有山，也没有大规模地喷发过。远远望去，这座泥火山就是一个缓缓的土丘，从顶上流淌下的泥浆留下清晰的痕迹，泥浆所及之地没有任何植被，黑灰淡黄是主色调。山丘顶上有一个大的"火山口"，犹如一个椭圆形的泥池子，里面不停地冒着灰绿色的泥浆并发出"咕嘟—咕嘟"的声音，在大泥池子周围还有一些小的冒泡的池子。布泽乌的泥火山造就了一方类似月球表面的别致景色。

喀尔巴阡山之东：摩尔多瓦

　　瓦拉几亚以北东喀尔巴阡山以东就是摩尔多瓦，是罗马尼亚三大地区之一。摩尔多瓦是达契亚人世居之地，早在1359年就建立了摩尔多瓦公国，1487年沦为奥斯曼帝国的附庸，1812年部分领土被沙皇俄国占领。几经周折，普鲁特河以东部分最终成为苏联的领土，1991年苏联解体后在这片领土上成立了独立小国摩尔多瓦，隔着普鲁特河与罗马尼亚的摩尔多瓦隔河相望。摩尔多瓦公国从建立到16世纪中叶，都城是位于北部的苏恰瓦，16世纪中叶之后则是东部的雅西。

　　摩尔多瓦地区的东正教色彩浓厚，苏恰瓦、皮亚特拉—尼亚姆茨和南布科维纳有数座著名东正教修道院，至于东正教堂就更多了。苏恰瓦14世纪建城，城里的古迹有建于14—16世纪的城堡、教堂和钟楼等。皮亚特拉—尼亚姆茨是15世纪以后出现的城市，城里有15世纪的大教堂、修道院。布科维纳是位于东喀尔巴阡山和德涅斯特河之间的一个地区，有南北之分，北布科维纳现属于乌克兰。

　　修道院最早的建于1502年，最晚的建于1585年。在东喀尔巴阡山的绿林草原和村落的映衬下，这些黑顶彩墙造型圆润的建筑显得格外醒目而庄重。1993年联合国教科文组织将摩尔多瓦北部的8座修道院和教堂列入世界文化遗产目录，其重要理由就是它们独特的美感和艺术价值，主要体现在以战争和东正教题材为主要内容的壁画上。壁画构图独特，人物造型优雅，色彩和谐，与周围景观完美结合。

　　苏切维察（Sucevita）的复活修道院可以说是摩尔多瓦北部文化遗产中最美的修道院之一，是气势宏大的建筑群，也是唯一一座外墙和内部全部由壁画进行装饰的修道院，这些壁画最早可以追溯到1601年左右。尤其引起我注意的是在教堂北墙上有一幅巨大的壁画，描绘了被称为美德阶梯的"圣约翰—天梯"。修道院正方形的院落建有6米高的围墙，还有4座塔楼守护着四个拐角。

　　沃罗涅茨（Voronet）修道院的圣乔治教堂也是给我留下深刻印象的地方，这座教堂的外墙上有一幅《最后的审判》的壁画，在蓝色背景上描绘出数百个人物角色，色彩明快，保存完整。我的司机兼导游小伙用不断句的英文向我介绍壁画内容：因何下地狱，怎样能升天。对宗教毫无研究的我很快就云里雾里，但可以感受到他已沉浸在壁画表现出的生动的宗教故事中，懵懵懂懂之中我仿佛被他带入到另一个世界。

不管怎样，我的确被这些16世纪的精美壁画震惊了，成为世界文化遗产自然有它的历史价值和艺术价值。

摩尔多瓦的雅西（Jassy）是罗马尼亚东北部重要城市。在上世纪50—60年代，中国领导人乘火车访问罗马尼亚时就是穿过苏联从雅西入境。据资料记载，雅西是罗马尼亚历史文化内涵极为深厚的古城，早在15世纪初就是比较繁华的城镇和关卡，16世纪中叶以后的300年是摩尔多瓦公国的都城，被誉为罗马尼亚文化艺术中心。雅西不仅有10多个文学纪念馆，罗马尼亚的第一座高等学府、第一座民族剧院和第一个科学院等都在19世纪中后期诞生于此。

雅西在20世纪30年代是犹太人聚集的城市，二战中1.4万人被害，现在只有600多犹太人在此居住，大部分犹太人都迁居以色列，城市中依然保持着罗马尼亚最古老的犹太教堂（建于1671年）。

摩尔多瓦给我留下深刻印象的，除了作为世界文化遗产的修道院之外，还有东喀尔巴阡山的自然风光和民俗风情。

绵延1450公里的喀尔巴阡山虽然起自斯洛伐克并经由波兰和乌克兰，但主体部分呈半环形横卧在罗马尼亚中部，占据罗马尼亚40%的国土。相比之下，多瑙河只不过是罗马尼亚与保加利亚的界河，而罗马尼亚濒临黑海的地域也不大，重要城市只有康斯坦察。喀尔巴阡山并不高，海拔一般在2000米之下，但山势浑圆起伏，深绿的树林，浅绿的草地，红瓦白墙的村庄、灰色的木屋散落在山谷或山坡，配上浓云淡雾、丝带般的公路，目光所及都是一幅幅山水画。有人说这是瑞士风光，有人说它更像中国新疆或西藏的高山草原。

行走在这个地区我印象最深的是村庄的房屋建筑和独自或三三两两坐在路边的老妇。这样的景象在罗马尼亚的其他地区也可以看到，但是，我觉得南布科维纳和苏恰瓦的建筑与老妇的画面组合尤其生动美好。就建筑而言，每一座院落大门、屋门、窗、围栏以及色彩等都没有重样的，堪称艺术品；就老妇而言，她们的长相和衣着都比较粗犷，少了鲜艳清秀，却多了大气和厚重。她们属于喀尔巴阡山。

喀尔巴阡山之西: 特兰西瓦尼亚

特兰西瓦尼亚位于东喀尔巴阡山以西和南喀尔巴阡山以北, 面积占罗马尼亚领土的43.46%。中世纪时, 特兰西瓦尼亚也曾是一个公国, 11 世纪末成为匈牙利王国的一部分, 16—17 世纪是奥斯曼帝国治下的公国, 17 世纪末又属于匈牙利。摩尔多瓦和瓦拉几亚合并成罗马尼亚公国并于 1878 年正式独立成为近代民族国家的时候, 特兰西瓦尼亚仍被奥匈帝国控制。第一次世界大战之后, 根据《特里亚农条约》(1920 年), 部分特兰西瓦尼亚划归罗马尼亚。所以, 除了罗马尼亚人之外, 特兰西瓦尼亚还有很多匈牙利族人。

特兰西瓦尼亚人文景观的西欧色彩明显浓厚。北部的马拉穆列什县被称为"世外桃源"。马拉穆列什 (Maramureş) 名气最大的是建于 17—18 世纪的木质东正教堂, 各处现存共 42 个, 其中, 8 座保存比较好的教堂 1999 年被联合国教科文组织列入世界遗产名录, 它们分布在不同的村镇, 相距不远。

马拉穆列什地处山区, 林木资源丰富, 用木材建造的房屋十分有名。不过, 还有一种说法: 奥匈帝国统治这个地区时, 为了打压东正教, 不许东正教会修建传统砖石结构的教堂。

在拉马穆列什的巴亚马雷 (Baia Mare) 我参观了一个乡村博物馆, 实际上就是民俗村, 有许多木制房屋、围墙和院落, 里面展示的是当地人过去的传统生活场景和劳作用品。在这个民俗村, 最重要的建筑是一座橡木建造的东正教堂。这座教堂不算大, 只有 24 米高, 4.5 米宽, 12.5 米长, 风格是典型的特兰西瓦尼亚哥特式。据说, 这座教堂最早是 1590 年在马拉穆列什的布代什蒂建造的, 40 年后送给了克基什的一个东正教社区。由于社区的扩大, 这个教堂 19 世纪 20 年代就不再使用了。1939 年, 一名东正教主教和他的兄弟将它买下并带到了巴亚马雷, 他因而成为这个教堂的第一个神父。1953 年, 教堂关闭, 1974 年作为传统建筑保护起来。现在我们看到的是 1990 年修葺过的。

从巴亚马雷向东就到了巴尔萨纳 (Bârsana) 修道院。建在日巴尔山丘上, 一侧靠山, 另一侧可俯视起伏的山峦和村庄。这个修道院比较大, 除了多座教堂之外, 还有一些风格相同的木质建筑, 应当是神职人员居住的地方。修道院进口有一座尖顶建筑, 从窄门进去, 一座座造型美观的木质教堂和其他建筑矗立在草坪和花丛中, 像一件件巨型艺术品, 修道院中最高的建筑是一座高达 57 米的教堂。关于这个教堂最早建造的时间和地点, 有不同的说法。其中之一是，它 1720 年建于一个叫做修道院桥的地方，100 年后被搬到此处。这个修道院中还真有一座不太大的旱地木桥，游人也把它当成圣物。我去那天，许多罗马尼亚小学生正在桥上合影留念，也许这座桥正与教堂的起源传说有关。

都说马拉穆列什人单纯和快乐。旅程中我却没有太深体会，可马拉穆列什的瑟彭察（Săpânța）村的"欢乐墓园"（Merry Cemetery）或许证明了这一点。墓地是逝者安息之处，在欧洲虽然没有像在中国那样令人忌惮，但也不是"欢乐之地"。可是，瑟彭察的这座欢乐墓园的确够欢乐。这里的墓碑都是蓝色基调，而墓碑上的文字有长有短，最有意思的是墓碑上不用逝者的头像，而是用漫画像或生活场景，甚至有的画着车祸场景；墓志铭不是充满悲伤或歌功颂德的悼文，而是用死者的口吻以诙谐的语言讲述自己的经历和幽默故事。来到这里的人们不会悲伤流泪，反而可能会笑出眼泪。陪同我的罗马尼亚小伙一边笑一边把有意思的碑文用英语讲给我听，但我还是无法感受到罗马尼亚文字本身蕴含的幽默。中国学者金文敏女士写了一本介绍罗马尼亚风土人情的书，名叫《云雀》。在书中，她不仅介绍了这座快乐墓地，而且还翻译了几个碑文。译文不仅有中国特色，而且内容贴切，其中一则译文是："俺叫玛丽亚，很早就守寡。一人不容易，拉扯三个娃。为了多挣钱，拼命纺棉花。病魔来讨债，把俺带走啦。撒手人寰去，俺才四十八。天天躺在此，看着娃长大。儿已娶了妻，女也出了嫁。心里挺踏实，再也无牵挂。"另一则译文写道："生前种了许多果树，经营庄园脱贫致富。日子过得甜甜美美，子女孝顺人才辈出。老师学者还有大夫，声名显赫光宗耀祖。俺虽死去不必痛哭，因为身后全是财富。人活一世不过如此，躺在这里心满意足。"资料上说，这座欢乐墓地是当地的雕刻家斯坦·伊万·珀特拉什于二战后建造的，1977 年之前的每一块墓碑的像都是他画的。

在罗马尼亚国土的中心位置，有一座 1999 年被联合国教科文组织列入世界文化遗产名录的古城——锡吉什瓦拉（Sighișoara）。据说它是德国人建的，所以建筑风格是西欧式的。我到达锡吉什瓦拉时，正赶上太阳西下，好在城市不大，天黑之前还是转完了。时间匆匆，我没有彻底读懂有深刻内涵的锡吉什瓦拉，令我最难忘的是暖暖夕阳之下它的美丽和老城里的奇遇。

锡吉什瓦拉是一座处于两山之间的小镇，山不算高，一条不太宽的河将城市分为两部分。引人注目的是一座白色的教堂，在余晖的映衬下肃穆宁静。然而，最漂亮的地方恰恰是我拍照所在的老城。锡吉什瓦拉本身不大，所谓老城就更小。老城坐落在城中一座海拔 429 米高的小山丘上。山上有座学校，一大一小两座建筑，小的建于 17 世纪初，大的建于 18 世纪末。从山下到学校要爬 176 级台阶，为了方便学生上学，当地人用木头搭建了一个带顶棚的通道，称为"学者之路"。学校前有座教堂，名为山顶教堂，据说是特兰西瓦尼亚最大的天主教堂。除了各种造型的老房子、乱草丛中的石头小道之外，山顶上还有两个特别之处，一是有一个墓地花园，二是每隔不远就有一座塔楼。有趣的是这些塔楼的名称，鞋匠塔、裁缝塔、皮匠塔、屠夫塔、锁匠塔、绳匠塔、织匠塔等，有的已不复存在。墓地花园有什么故事我不知道，但在这里我看到了裴多菲·山多尔的半身雕像。裴多菲是 19 世纪上半叶匈牙利著名爱国诗人和民族英雄，所以，雕像上的花环和底座铭牌上都缠着象征匈牙利国旗的红白绿三色带子。在夕阳的映照下，"裴多菲"神采奕奕，我围着它拍个不停。拍着拍着，觉得气氛有点不对，周围的人们似乎正冷眼望着我。蓦然间，我意识到这里是罗马尼亚，裴多菲是匈牙利人，而罗马尼亚人和匈牙利人对特兰西瓦尼亚有着不同的认识。裴多菲在中国的名气很大，"生命诚可贵，爱情价更高，若为自由故，两者皆可抛"的诗句不知打动了多少中国人。关于这里为什么会有裴多菲的雕像，有一种说法：1849 年 7 月裴多菲在离锡吉什瓦拉 5 公里处的阿尔贝什蒂同沙俄军队作战时失踪，因此后人在这里为他立下塑像。实际上，裴多菲到底死在哪里，似乎并没有确定的答案。

在特兰西瓦尼亚，我还到了另一座美丽城市锡比乌（Sibiu）。它位于罗马尼亚中部偏西南，我是在布加勒斯特访谈北京大学校友、著名汉学家罗明和萨安娜夫妇时才知道锡比乌的。萨安娜出生于锡比乌，作为一位历史学家，她是这样介绍故乡的：锡比乌建城于 12 世纪，土耳其人和鞑靼人都曾对这座城市发动过多次攻击，但只有一次成功。据说古罗马帝国时期，这里有一座城堡，后来的移民就在这座城堡的基础之上建立了锡比乌。许多移民都是匈牙利国王邀请来的，因为那时特兰西瓦尼亚处于匈牙利国王统治之下。匈牙利国王请了一部分萨克森人和日耳曼人来，把他们当作客人并给予了很多特权。居住在这里的有日耳曼人、匈牙利人、罗马尼亚人，有一段时间日耳曼人最多，有一段时间匈牙利人居多，而现在 92% 都是罗马尼亚人。在这里居住过 800 多年并创造了先进文明的萨克森人和日耳曼族人在上世纪 70—80 年代都回到他们祖先的故乡去了。锡比乌是特兰西瓦尼亚重要的手工业城市，也是一座真正的欧洲中世纪文明城市，因此，2007 年入选欧洲文化之都。

　　我在通往锡比乌的途中，路两旁的村庄就清清楚楚地告诉我，这里真的与摩尔多瓦和瓦拉几亚风格不同。到锡比乌，就仿佛到了西欧的某个国家，淡黄色的墙和橘红色的瓦在蓝天白云下的衬托下清新明快，建筑式样与色彩完美结合，充分显示出这座欧洲中世纪古城的不俗风范。锡比乌城的精华主要集中在大广场周边，在我拍的全景照片中，左侧外边是大教堂钟楼，里边是城市议会钟楼，它们是广场的最高建筑，环绕广场的还有市政府、博物馆和商店。另外，广场外围还有高近 73 米的哥特式路德会圣母大教堂、拜占庭式东正教大教堂。

　　在去锡比乌之前和之后，我去过两个比较有特色的地方。一个是锡比乌县境内的一条 90 公里长的盘山公路，这是条网红公路。去锡比乌之前，我特地绕道来到这里，驾车从两山之间的深沟一路盘旋上坡，经过了几十道弯，最终到达盘山路的顶端，那里有一个不大的湖，湖边有酒店和餐厅，游人差不多也就到此为止了。另一个是图尔达盐矿博物馆。说到盐矿，在中东欧最有名的毫无疑问是波兰克拉科夫附近的维利奇卡盐矿，它始建于 13 世纪，1978 年被联合国教科文组织列为世界文化遗产。不过，图尔达的盐矿也有自己的特色，值得一看。图尔达盐矿在罗马尼亚西北克卢日县境内，从 11 世纪初开始生产食盐，直到 1932 年才关闭。1992 年是因其养生功效再次对外开放。所谓养生，是指这座废弃的盐矿在地下 120 米深处，常年恒温在 10—12℃，湿度在 75%—80%，含有盐分的湿润空气有益于肺部健康。除了养生之外，图尔达盐矿还开发了多种旅游项目，如摩天轮、游船观光，还建有一座介绍盐矿历史发展的博物馆，展示了许多机械设备和生产流程。

　　布拉索夫（Brasov）在南喀尔巴阡山的北坡，距离布加勒斯特只有 170 公里，也是一座中世纪建造的古城，保存比较完整，有防御系统，如城墙、工事、碉堡、塔楼等。和锡吉什瓦拉老城城墙上的塔楼一样，布拉索夫城墙上有的塔楼冠以织匠、绳匠、麻纺匠等名称。在布拉索夫，人们可以爬到山上看下面的老城，而老城也像欧洲许多老城一样：一条老街，老街上有老广场，老广场上有老教堂。其实，在建城历史、抵御外敌经历、建筑风格、曲曲弯弯的小街小道等方面，布拉索夫似乎也没有太多独到之处。倒是几处不起眼或不为人称道的地方反映了布拉索夫或罗马尼亚的特殊历史。第一，在老城中有一个学校博物馆，好像就是一所学校的旧址，里面有桌椅和教学用具，还有用罗马尼亚文印的《圣经》等书籍。在强势的外族压迫下，办学校、保存自己的语言和文字也是罗马尼亚人民族复兴的主要途径。第二，在老广场上，有一座色调为淡红、橘红和黑色的犹太教堂。从标牌上看，它似乎是为了纪念第一个犹太家庭迁居布拉索夫 200 周年建造。犹太人在许多国家都有难言的故事，世人的褒贬不一，罗马尼亚也不例外。但是，这个标牌上写的还是充满温情："他们同其他民族和睦相处 200 年，对布拉索夫的经济和文化发展做出巨大贡献。许多人虽然已经回到了以色列，但内心对出生地——罗马尼亚充满着爱。"第三，城里有一个罗马城标雕塑———只母狼给两个小孩儿喂奶，其中一个小孩儿后来成为罗马城的第一任国王罗穆卢斯。罗马城标放在布拉索夫，反映的是罗马尼亚人对自己源头的认知。第四，1950—1960 年间，布拉索夫曾改名为"斯大林城"，后来又改回布拉索夫。这些都从一个侧面反映了罗马尼亚与苏联关系的变化。

描述外国历史文化、风土人情并非一件容易的事情，不全面、不深刻是难免的。可是，我为什么还要写呢？那是因为罗马尼亚不同的地方从不同角度感动了我，促进了我对罗马尼亚、巴尔干乃至整个中东欧多样性的认识。所以，我愿意将我用相机留住的时空分享给画报的读者。

（原文发表于《世界知识画报》2019 年第 9 期，配图略）

中东欧研究的历史演变、特征及发展趋势

中东欧的区域历史演变和特征

韦冲霄（以下简称韦）：孔教授您好，国际政治中的区域基本上是按地理位置划分的，如东南亚、南亚、中东、中亚、亚太等，但是，中东欧好像并不是这样。

孔寒冰（以下简称孔）：中东欧是一个内涵复杂、内容常变、内聚性很弱的地缘政治区域。现在中国流行的中东欧，至少可以有三种解读：第一，从地理方位上解读。中东欧应当包括欧洲中部的德国、奥地利、瑞士、列支敦士登、捷克、斯洛伐克、匈牙利、波兰和欧洲东部的俄罗斯、乌克兰、白俄罗斯、立陶宛、拉脱维亚、爱沙尼亚和摩尔多瓦。但由这 15 国组成的中东欧区域，无论是在国际政治实践中还是在中外学术研究中从来都不曾有过。第二，从地缘政治上解读。中东欧包括现在中欧东部的捷克、斯洛伐克、匈牙利和波兰，东南欧的斯洛文尼亚、克罗地亚、波黑、塞尔维亚、黑山、马其顿、阿尔巴尼亚、保加利亚和罗马尼亚等 13 个国家。它们是由第二次世界大战后地缘政治上的东欧演变而来。根据雅尔塔协议，欧洲分为东西两部分。中欧东部的捷克斯洛伐克、匈牙利、波兰，东南欧的南斯拉夫、阿尔巴尼亚、保加利亚、罗马尼亚，以及 1949 年诞生的民主德国划归苏联势力范围。冷战开始后，在苏联的干预和插手下，这些国家中断了社会发展的西欧模式（欧洲模式），即政党政治、市场经济、多元化的意识形态，转向东欧模式（苏联模式），即共产党一党掌权，计划经济和一元化的马克思主义意识形态，形成了东欧地区。在冷战期间，东欧国家与苏联紧紧地绑在一起，苏联东欧（苏东）成了通用的地缘政治区域词汇。经过 40 多年的发展，20 世纪 80 年末 90 年代初，东欧国家发生社会剧变，在很短的时间里中断了苏联模式，重新返回到欧洲模式。没了苏联模式，

自然也就没有地缘政治上的东欧了，取而代之的有多种称谓，其中被广泛接受的就是中东欧。在这一过程中，民主德国与原属西欧阵营的联邦德国合并，捷克斯洛伐克分裂为捷克和斯洛伐克，南斯拉夫陆续分裂为斯洛文尼亚、克罗地亚、波黑、马其顿、塞尔维亚和黑山，加上国家结构没有变化的匈牙利、波兰、阿尔巴尼亚、保加利亚和罗马尼亚，中东欧共有 13 个国家。但是，中东欧仍是一个地缘政治概念，因为这 13 国分别位于中欧的东部和东南欧，而没有欧洲东部的国家。第三，从"16+1 合作"角度解读。中东欧除了前述 13 国之外，又加上了从苏联分离出来的立陶宛、拉脱维亚和爱沙尼亚等波罗的海三国，变成 16 国。2012 年后，在中国学术界、各种媒体和国家对外交往中广泛使用的就是这种由 16 国构建而成的中东欧。实际上，它依旧没有包括所有的中欧国家和东欧国家，依旧是一个地缘政治概念。

韦：如果概括一下，作为地缘政治区域的中东欧的基本特征是什么？

孔：内涵复杂、内容常变、内聚性弱是中东欧的根本特征。其他国际政治研究中的区域都有很强的内聚性，也就是那里的民族、国家有一定甚至较强的区域认同感。但是，中东欧相反，这里的民族、国家对把它们描述在一起的"中东欧"的认同度很低，在实践上也缺乏有机的整体联系。比如，由 16 国组成的中东欧在地理位置上包括三个次区域，东欧的波罗的海三国，中欧的维谢格拉德四国，东南欧九国。波罗的海三国是从苏联分离出来的，历史上就是抱团生存，除立陶宛曾经在历史上与波兰有过联合之外，与东欧演变而来的 13 国没有任何联系。维谢格拉德四国关系比较融洽，联系比较密切。早在1991 年 2 月，捷克斯洛伐克、匈牙利和波兰就建立了维谢格拉德三国集团，捷克斯洛伐克分家后成了四国集团。然而，东南欧就比较麻烦，多数国家是在南联邦分离的血雨腥风中独立的，民族、宗教和国家关系异常复杂，发展差异性最大。

国外对冷战时期东欧的学术研究

韦：与中东欧的区域历史演变相适应，学术界对其研究在不同时期也不一样吧？

孔：中东欧的民族国家出现的时间都比较晚，保加利亚、罗马尼亚是 1878 年，阿尔巴尼亚是 1912 年，南斯拉夫、匈牙利、波兰、捷克斯洛伐克是 1918 年，民主德国是1949 年。在第二次世界大战之前，在社会发展方面，它们属于欧洲的组成部分，学术界并没有给予特别关注。地缘政治上的东欧出现之后，所谓的东欧问题才成为世界各国学界所关注。[1] 但是，由于东欧是东西方大国一手制造的地缘政治概念，在冷战的背景下，不同国家的学者站在不同的立场上研究东欧，服务于本国政治的色彩十分浓厚，而学术色彩则比较淡。

韦：请您介绍一下国外学术界在冷战期间对中东欧的研究，具体说就是东欧国家、西方国家和苏联在这方面的学术研究。

孔：先说冷战时期东欧国家的研究。冷战持续了 40 多年，所以，这个时期东欧研究的内容最丰富，成果也比较多。下面所介绍的国外学术界对中东欧的研究主要立足于以下三方面的内容：一是我在写《东欧史》一书时搜集、整理和评析过东欧国家"关于自己"的文献，二是我参与沈志华教授主持的"东欧各国冷战时期档案收集和整理"项目过程中对东欧国家相关文献的了解，三是我指导的硕士生、博士生与东欧相关的学位论文中的文献评析。不过，全面概述国内外中东欧研究的历史演变是很难的事情，因为我没有也不可能搜集全所有的文献，更谈不上读完了。所以，遗漏、偏颇甚至错误都可能存在，抛砖引玉，请读者批评指正。

在苏联模式的东欧国家中，学术研究并不独立，研究机构和研究人员都从属党中央领导。实际上，这本身就是苏联模式的一部分。苏联早在 1921 年根据俄共（布）中央决议成立马克思恩格斯研究院（后改为苏共中央马列主义研究院），主要任务是"收集、保存和发表马克思、恩格斯、列宁的遗著，编辑出版他们的传记，收集、保存和发表苏共中央的文献及党的杰出活动家的著作，研究苏共历史、科学共产主义理论、党的建设及国际共产主义运动中的迫切问题"。[2] 这样的研究机构在东欧国家都有"翻版"。比如，罗马尼亚工人党中央根据政治局的决议于 1952 年 1 月成立了党史研究所，"它的主要任务是研究罗马尼亚工人运动、罗马尼亚共产党、社会民主党和其他的群众团体的历史，收集、收藏和出版有关的历史文献、出版物、回忆录等并在这些材料的基础之上撰写一

1　从公开出版物看，西方的文献尽管也有比较明显的政治倾向或政治意图，但主要出自于学者之手，与政府没有直接的关联。苏联、东欧国家和中国则不同，文献都是官方出版的，学术研究也是党和国家主导的，学者的研究要服务于政府的内政外交政策，以翻译介绍为主。冷战结束后，这种情况无论中东欧国家、俄罗斯还是在中国都有了根本性的或比较大的改变。因此，本文把所有关于中东欧的文献都视为学术成果。
2　李永全：《原苏共中央马列主义研究现已改名为"俄罗斯独立社会和民族问题研究院"》，《中共中央党校学报》1992 年第 14 期。

些作品，撰写党和工人运动的历史"。[1] 其他东欧国家在这方面的情况基本相同。

在内容上，东欧国家出版的相关文献主要可分为以下五类。

第一类出自党和国家最高领导人之手，主要包括文集、论著、讲话、回忆录。在这些文献中，讲话最多，除了行本之外，文集多半也都是由各种讲话组成。领导人的回忆录有的是在当政时期写的，也有的是在离职后写的。这样的文献不仅在政治上具有至高无上的地位，而且在学术研究方面也是权威的资料。比如，南斯拉夫出版的《铁托专题文选》《铁托言论集》，罗马尼亚出版的齐奥塞斯库文集《罗马尼亚在完成社会主义建设道路上前进》，阿尔巴尼亚出版的《霍查选集》，匈牙利出版的卡达尔《论匈牙利社会主义建设》，保加利亚出版的《季米特洛夫文集》《日夫科夫文集》等。这些领导人的文集少则几卷，多则几十卷，而且有多种版本。

第二类是其他领导人或政治家、经济学家的文集、论著、讲话和回忆录。由于这些人或是重要决策的参与者或是重大事件的亲历者，所以，他们的著述对研究东欧国家的社会发展（特别是内政外交的具体政策或事件）有非常大的价值。比如，南斯拉夫党和国家另一位领导人爱德华·卡德尔不仅有回忆录，还有七卷本的选集，它们对研究苏南冲突和南斯拉夫自治社会主义有很大的参考价值。东欧国家有许多有名的经济学家，他们写了不少为改革提供依据或总结社会主义经济发展经验教训方面的著作，如匈牙利经济学家雅诺什·科尔奈的《理想与现实：匈牙利的改革过程》《突进与和谐的增长：对经济增长理论和政策的思考》《短缺经济学》，波兰的奥斯卡·兰格的《社会主义经济理论》《社会主义政治经济学》《政治经济学》，捷克斯洛伐克奥塔·锡克的《经济、利益、政治》《论社会主义的商品关系问题》《社会主义的计划和市场》《第三条道路》等等。曾有这样的说法，东欧国家经济发展是二三流的，却有一流的经济学家。

第三类是党和国家的重要文献。前者主要包括东欧各党的纲领和章程，代表大会和代表会议的决议，向全体党员群众发出的号召或呼吁书等，后者主要是政府制订和颁布的文件等。这些文献不仅是东欧国家社会发展的权威依据，也是冷战时期学术研究可用的素材。

第四类是党史和国史方面的著作。东欧出版的这方面著作都是"官史"，党史多半由党中央有关部门组织编写，国史也是由受党中央领导的社会科学部门组织编写的。即

1　孔寒冰：《寒冰访罗明》，上海人民出版社 2013 年版，第 159 页。

使有些著作署名是个人，实际上也都是由"集体创作"并反映官方意识形态的"正史"。比如，比兰吉奇的《南斯拉夫社会主义联邦共和国史纲》、布杜拉等主编的《罗马尼亚人民史》、卡夫卡的《捷克斯洛伐克史纲》、朱雷斯库著的《统一的罗马尼亚民族国家的形成》、拉舍里的《阿尔巴尼亚史纲》、科谢夫等人著的《保加利亚简史》、马加什等人著的《匈牙利史》等。

第五类是政治人物传记，其主角多半是东欧党和国家的主要领导人。这些领导人都有"官修"的传记，甚至还不止一本。在这些传记中，他们所讲的就是本土化的马克思主义，他们所要求做的就是社会主义。但是，不同国家领导人在对待苏联模式和与苏联关系并不完全相同，因而传记的色调也有所不同。保加利亚早期领导人季米特洛夫的传记中规中矩，季米特洛夫是标准的苏联模式的奉行者和苏联的"忠实朋友"，如哈吉尼科洛夫等人的《季米特洛夫传》，甘乔夫斯基的《秘书日记：我所见到的季米特洛夫》。南斯拉夫领导人铁托的传记带有比较强的反对苏联干预的色彩，如杰吉耶尔的《铁托传》。波兰领导人哥穆尔卡的传记和匈牙利领导人卡达尔的传记在一定程度上映射了两国同苏联模式和苏联的无奈抗争，如普塔辛斯基的《哥穆尔卡沉浮记：三次转折之一》，拉斯洛的《卡达尔：历史背景下的肖像素描》等。

另外，在东欧国家，表达与"官史"不同观点的人被称为持不同政见者。这些人是理想的社会主义者，但反对苏联模式的某些弊端。所以，他们写的东西不可能在本国出版，只能在国外出版，南斯拉夫的吉拉斯是最典型的代表人物。他本来也是南斯拉夫共产党和国家的高级领导人，因反对苏联模式而获罪，其代表作《新阶级》就是 1957 年在美国出版的。

由于东欧国家相互关系复杂和地区认同感差，东欧国家"关于自己"的研究特点是学者们都写本国的事情，很少论及他国的，而将东欧作为一个整体进行的文献几乎没有。1993 年，美国东欧问题专家彼得·舒加尔（Peter F. Sugar）说："对中东欧历史进行系统研究是最近一两代人才开始的工作。对中东欧地区大部分历史学家来说，他们更倾向于写自己国家的历史。因此，迄今没有一部综合的，将这一地区作为一个整体研究的历史著作出现在任何一种语言中。"[1] 但也有例外。南斯拉夫学者巴比奇的《恩维尔·霍查的阿尔巴尼亚》，兹拉塔尔的《霍查政治传记》，这种"跨国"写作其主要基于两国

1　Peter F. Sugar, *Southeastern Europe under Ottoman Rule, 1354-1804*, Washington: University of Washington Press, 1993, p.ix.

交恶的复杂原因。另一个南斯拉夫学者佩特科维奇的《巴尔干既非"火药桶"又非"和平区"》范围所及也只是巴尔干地区，而非整个东欧。在时段分布上，社会主义时期的著作多，其他时期的少，这主要是由于受苏联的影响，因为它们 1945 年以前的历史和历史人物与苏联的利益冲突比较大。最后，东欧国家"关于自己"的文献有比较浓的反对外来干预的色彩，如卡德尔的回忆录，吉拉斯的《同斯大林谈话》等。这不仅是由于东欧国家都是被迫实行苏联模式和与苏联结盟，还因为东欧国家受制于列强的历史记忆。

韦：在冷战时期，西方学界对东欧的研究是什么样的？主要特点是什么？

孔：西方学者非常重视东欧研究的，著作也多，形成了独立的研究，有学者称之为"苏联学"或"克里姆林宫学"。[1] 尽管在冷战时期，"苏联东欧"是一个区域，但从研究成果上看，西方学者还是将东欧作为一个独立区域来研究的，在社会发展和对外关系两个角度强调同苏联的对抗性。西方学者研究的重点是社会主义时期的东欧，而对第二次世界大战之前的这个地区的研究要弱得多。与东欧国家"关于自己"的研究多为国别研究不同，西方学者更注重东欧的整体研究，在国别研究方面则重于政治事件，如 1956 年匈牙利事件、1968 年"布拉格之春"。[2] 在研究社会主义东欧的著述中，西方学者重笔浓墨描绘的是东欧国家与苏联之间的矛盾和斗争，东欧国家中人民群众与共产党领导之间的矛盾和斗争，有着非常浓厚的情感色彩和意识形态色彩，已译成中文的如美国学者布朗著的《苏联与其东欧盟国的关系》、特里萨·拉科夫斯基—哈姆斯通等主编的《东欧共产主义》、斯蒂芬·费希尔—盖拉蒂编的《东欧各国共产党》、塔德·舒尔茨著的《"布拉格之春"前后》等。东欧与苏联的关系也是西方学者研究的重点问题，在他们的笔下，华沙条约和经互会都是苏联控制东欧国家的工具。[3] 总之，这类研究本身也是西方世界对苏联东欧冷战的重要组成部分，其主旨是论证共产党主导东欧国家社会发展的不合法性，

1　朱晓中：《中国中东欧研究的几个问题》，《国际政治研究》2016 年第 5 期。

2　相关西方著作的书目，参见郭洁：《悲剧与困惑：纳吉与 20 世纪 50 年代的匈牙利》，（香港）国际教科文出版社 2007 年版，第 200-206 页。郭翠萍：《捷克斯洛伐克改革岁月》，北京：中国社会科学出版社 2013 年版，第 177—181 页。

3　Michael Kaser, *COMECON: Integration Problems of the Planned Economies*, London: Oxford University Press, 1967; Robin A. Remington, *The Warsaw Pact: Case Studies in Communist Conflict Resolution*, Cambridge, MA: MIT Press, 1971; Robert W. Clawson, Lawrence A. Kaplan, *The Warsaw Pact: Political Purpose and Military Means*, Wilmington: Scholarly Resources, 1982; Ronald H. Linden, *The Foreign Policies of East Europe: New Approaches*, New York: Praeger Publishers, 1980.

社会主义制度的不合理性，强调东欧国家与苏联的矛盾与冲突。虽然也不乏关于第二次世界大战之前东欧国家或巴尔干地区历史研究的学术著作，但是，反共、反苏、反社会主义是冷战时期西方学者著述的基本特点。

韦：在这个时期，苏联对东欧的研究情况如何，其学术成果有什么特点？

孔：苏联也出版了很多有关东欧、东欧国家及对外关系等方面的著作。苏联学者研究的内容也比较广泛，但以下三个主题比较突出：一是有关东欧民族和国家的早期历史，如东欧民族的起源、中世纪的东南欧、20 世纪初匈牙利国内的政治斗争等；[1] 二是有关它们的社会主义建设成就，如匈牙利革命力量的巩固和社会主义建设，中欧和东南国家发达社会主义建设的理论与实践等；[2] 三是东欧国家与大国关系，东欧与西方、美国的关系，东欧与中国的关系等。[3] 总的来看，苏联学者研究成果的特征正好与西方学者的相反，主要是论证共产党在东欧执政的合法性，社会主义制度在东欧确立的合理性，苏联与东欧国家关系的公正性。[4]

中国对冷战时期东欧的学术研究

韦：根据已经出版或发表的文献，可以看出，在冷战期间中国对东欧研究的起伏非常大，内容上并不连贯，但重视程度似乎越来越高，这是为什么呢？

孔：中国学者对东欧的研究在很大程度上也是从属于中国内政外交的需要，这种需要造就了不断变化的东欧（中东欧）研究。在冷战时期，东欧、苏联和中国同属于一个阵营，都是共产党领导之下的社会主义国家，苏联模式的社会主义是将这些国家联结在一起的纽带。但是，由于空间上的地理位置和步入社会主义道路时间上的差异，东欧、苏联和

---

1 В. П. Алексеев, Происхождение народов Восточной Европы. Москва: Наука, 1969; АН МССР. Ин-т истории, Юго-восточная Европа в средние века Кишинев: Штиинца, 1972; Т. М. Исламов Оглы, Политическая борьба в Венгрии в начале XX, Москва: Изд-во Акад. наук СССР, 1959.

2 П. П. Безушко, Консолидация революционных сил и строительство социализма в Венгрии 1956-1958 Москва: Наука, 1971; Развитое социалистическое общество: Теория и практика построения в странах Центральной и Юго-Восточной Европы, М., 1977.

3 И. И. Орлик, Восточная Европа и Запад. М.: ИЭМСС, 1990; Ю.П. Давыдов, США и Восточная Европа. - М. 1983; И. И. Орлик и А.Е. Липский, Восточная Европа и Китай: Сб. М.: ИЭМСС, 1987.

4 参见 [苏] 尼·法捷耶夫《经济互助委员会》，北京：中国财政经济出版社 1977 年版。

中国对苏联模式的认同、认知并不完全一样，在内政外交、意识形态等诸多方面产生矛盾与冲突。中国对东欧研究的出现与发展就与这些矛盾和冲突是同步的。

韦：中国对东欧的研究什么时候开始有比较大的变化？其主要标志是什么？

孔：中国对东欧研究的发生变化的根本原因还是中国社会发生的变化。1976年，毛泽东去世后，中国社会逐渐发生变化，1978年开始步入改革开放的轨道。改革开放的实质就是在内政外交两个方面弱化苏联模式，也就是苏联早在1953年斯大林去世之后就做的事情。由于中苏之间关系尚处于紧张状态，中国不可能直接向苏联学习，东欧国家特别是曾被中国狠批的"现代修正主义国家"间接地成为中国的学习对象，如南斯拉夫、匈牙利、波兰等国。但是，对东欧的研究依旧与对苏联研究紧紧地绑在一起，并没有独立出来。

第一，与中国的改革开放相适应，中国学者在大量翻译出版东欧国家学者著作和西方学者关于东欧的著作。出版这些著作的目的性也很明显，一是学习东欧国家的改革经验，[1]二是通过东欧的事件指责苏联对东欧国家的干预。关于前者，南斯拉夫的有《铁托选集》、贝里斯拉夫·舍费尔的《七十年的南斯拉夫经济发展》、弗兰茨·舍廷茨的《卡德尔的思想与著作》《卡德尔论文选》、韦利米尔·瓦西奇的《南斯拉夫经济政策》；匈牙利的有福尔代尔·伊斯特万的《匈牙利道路》、山多尔·科帕奇的《匈牙利悲剧》、亚诺什·科尔内的《理想与现实——匈牙利的改革过程》和《矛盾与困境》；波兰的有亚当·沙夫的《论共产主义运动的若干问题》；捷克斯洛伐克的有奥塔·锡克的《第三条道路》和《共产主义体制》；保加利亚领导人日夫科夫的《保加利亚建设成熟社会主义的问题和方法》；美国有丹尼森·拉西诺的《南斯拉夫的实验》、杰万诺夫斯基的《波兰共产党概要》；英国有威廉·肖克罗斯的《罪行与妥协》等。后者主要是历史事件或通史方面的书籍，如捷克斯洛伐克学者瓦·胡萨的《捷克斯洛伐克历史》《禁止公布的文件》、伊日·贝利康的《永无尽头的春天》；美国学者塔德·舒尔茨著的《"布拉格之春"前后》；匈牙利学者温病盖尔·马加什的《匈牙利史》；南斯拉夫学者兹冯科·施陶布林格的《铁托的独立道路》；波兰学者米契斯瓦夫的《十二月转折》，等等。

第二，开始建立专门研究苏联东欧的学术机构，有了专门研究东欧的人员。1981年，

1　同时期，苏联和东欧研究是合在一起的，中国出版的许多有关苏联改革方面的译著和中国学者写的专著，因与本文无关，故从略。

中国社会科学院成立"苏联东欧研究所"，[1] 下设东欧研究室，研究东欧各国的学者多为从对象国留学回来的学者，直到今天还是国内研究苏联东欧地区最大的学术研究机构。中国人民大学恢复后，苏联东欧研究所也重新开始运行，成为高校中唯一的专门从事苏联东欧问题研究的学术单位。[2] 另一个比较有影响的研究机构是 1981 年成立的上海苏联东欧研究所，由华东师范大学和上海社会科学院合办。1986 年，上海社会科学院退出另行成立欧亚研究所，苏联东欧研究所[3] 由华东师范大学主办。中国社会科学院的苏东所和华师大的苏东所创办杂志，分别为《苏联东欧问题》和《今日苏联东欧》，它们成为中国学者发表有关东欧研究成果的主要阵地。另外，中国社会科学院历史研究所 1982 年成立苏联东欧研究室，分别研究苏联、南斯拉夫、波兰、匈牙利、罗马尼亚等国的历史。

第三，开始设立研究苏联东欧的专业方向。1980 年，全国人大常委会通过《中华人民共和国学位条例》后，中国人民大学、北京大学、华东师范大学、东北师范大学、天津师范大学等高校设立了国际共运史专业的硕士学位点，其中，中国人民大学和北京大学在 20 世纪 80 年代先后设立了国际共运史专业的博士学位授予点。在每个学位都有多个研究方向，苏联东欧问题就是其中之一，而在华东师范大学和天津师范大学，东欧是重点研究方向。另外，北京大学历史系有专业从事东欧史（特别是波兰史）教学与研究的老师，以及相应的硕博学位授予点，经济系则有从事东欧经济教学与研究的老师，以及相应的硕士学位授予点。中国社会科学院研究生院也有招收研究东欧的硕博士学位点。

第四，开始建立苏联东欧的学术团体。1982 年，苏联东欧研究会在上海成立，这是第一个全国性的"研究苏联和东欧历史与现状"的学术团体，秘书处设在中国社会科学院苏联东欧研究所。随着社科院苏东所的名字变化这个学会的名字也先后改为"中国东欧中亚学会"和"中国俄罗斯东欧中亚学会"。1985 年，中国苏联东欧史研究会成立，也是研究苏联和东欧历史的群众性学术团体，挂靠在中国社会科学院世界历史研究所。1986 年，上海市苏联东欧学会成立，主要"开展对苏联东欧各国政治、经济、外交、社

1　该所于 1965 年 6 月建立，开始时受中共中央对外联络部和中国科学院哲学社会科学部双重领导，1966 年划归中联部，1969 年 6 月至 1975 年 12 月被撤销。1981 年 1 月恢复后，成为中国社会科学院的一个国际问题研究机构，苏联解体后改名为"中国社会科学院东欧中亚研究所"，2002 年 10 月，又更名为"中国社会科学院俄罗斯东欧中亚研究所"。

2　苏联解体后，该所改名为东欧中亚研究所，2000 年作为教学科研实体并入中国人民大学国际关系学院。

3　苏联解体后，该所改名为华东师范大学国际问题研究所。在以后的管理体制调整过程中，该所先并入人文学院，后又归属政法学院和政治学系。

会、文教等方面的理论和实践的研究"。同上两个协会一样，1993年之后，它也先后改称"上海市东欧中亚学会"和"上海市俄罗斯东欧中亚学会"。此外，几乎也在这个时期，中国还建立了全国性的国际共运史学会和许多省市一级的国际共运史学会，苏联东欧问题也是各级共运史学会关注的话题之一。

第五，开始出版中国学者写的中东欧专著。改革开放之前，中国几乎没有出版过真正有关中东欧的学术专著。从20世纪80年代起，中国学者关于中东欧的著作开始出版，虽然也有为现实服务的色彩，有比较强的学术性，但数量还是很少。例如，1985年有张德修编著的《东欧经济改革浪潮》，1986年有姜琦、张月明的《东欧三十五年》、马细谱等著的《古代斯拉夫人》，1987年有陆南泉的《苏联东欧社会主义经济体制改革》、王跃生、韩实等著的《经济改革：苏联、东欧和我们》、王逸舟的《匈牙利道路》，1988年有王逸舟等著的《波兰危机》、孟传德的《匈牙利改革之路》。在李忠杰等人著的《社会主义改革史》中，东欧国家的改革占有相当大的篇幅。另外，作为内部出版的资料，中国社会科学院苏联东欧研究所东欧室1985年编译了一套《东欧国家政治和经济改革资料》。

第六，开始有登刊东欧研究学术文章的杂志。许多历史性的、国际政治性的杂志都可刊登有关东欧研究的文章，但比较集中刊登有关东欧文章的杂志都是20世纪80年代后创办的，而且开始时有的并不是公开发行。其中，比较重要的有以下几种：中联部主办的《国际共运资料选译》，[1]1981年创刊。《国际共运史教研参考》[2]是由中国国际共运史学会、北京市共运史学会、北京市高校国际共运教学协会和中国人民大学科学社会主义系联合主办的，1980年创刊。华东师范大学主办的《今日苏联东欧》，[3]1983年创刊。《苏联东欧问题》是中国社会科学院苏东所主办的，1981年创刊。山东大学主办的《科学社会主义参考资料》，[4]1983年创刊。这些杂志刊登文章的范围都很广泛，但都包括东欧问题研究。

各种杂志刊登的东欧研究文献主要有两大类：一类是外国学者（特别是东欧学者）的译文，另一类是中国学者写的关于东欧文章。根据1983年4月《国际共运》编辑部编辑的《国际共产主义运动史报刊文稿索引》，在1980—1982年间，国内各种杂志（多

---

1 1989年更名为《政党与当代世界》，1995年更名为《当代世界》。
2 1983年更名为《国际共运》，1987年更名为《国际共运史研究》，1994年更名为《当代世界与社会主义》。
3 1995年更名为《今日东欧中亚》，2001年更名为《俄罗斯研究》。
4 1986年更名为《当代世界社会主义问题》。

数为内部资料）共刊登有关东欧的文献 711 篇，其中，译文 352 篇，国内学者撰写的 359 篇。从内容上看，无论是译文还是中国学者的文章，多数聚焦于东欧国家的经济发展与经济体制上面，有 307 篇；排在第二位的是有关改革的文章有 176 篇；排在第三位的是有关冷战期间发生的历史事件，如 1952 年东柏林事件和 1956 年波匈事件，有 80 篇；其他方面内容的共有 148 篇。[1] 当中国开始改革开放的时候，阿尔巴尼亚却在强化苏联模式，攻击中国。但是，中国对此没有任何回应。所以，这时期中国学界关于阿尔巴尼亚的文章一篇都没有。

韦：从您上面讲的几点看，中国学者对东欧的研究可以说始于 20 世纪 80 年代初，主要服务于中国的改革开放，研究东欧的学科也始于这个时期，但并不独立，而且与苏联研究合在一起。

孔：基本上可以这样说。但是，从学科形成和建设角度说，中国中东欧研究是以国际共运史和国际问题两个领域的相关研究为基础发展起来的，有比较强的政治性和意识形态色彩，而非纯历史学研究。事实上，历史学角度的东欧研究一直有自己的发展路径，如华东师范大学冷战研究中心对东欧的研究，中国社会科学院世界历史研究所对东欧的研究。学者的研究对象虽然跨界，但各自的学科还是楚汉界清。

对东欧剧变的相关研究

韦：20 世纪 80 年代末 90 年代初，东欧国家社会发生激烈的社会动荡，社会发展模式在很短的时间发生了改变。中国称之为"东欧剧变"，这些国家自己和西方称之为"革命"，这些定性一直延续到今天。我觉得，中国学者更多是从世界社会主义来看待东欧剧变的，而东欧国家和西方学者是从反对共产党、反对社会主义和反对苏联角度来描述东欧的社会动荡的。

孔：东欧本身就是一个地缘政治概念，东欧的西边是实行欧洲模式的国家，东欧的东边是苏联，东欧国家第二次世界大战之前实行的是欧洲模式，之后实行了苏联模式，而这种转型不是自主选择而是美英苏大国划定。冷战时期的东欧研究实际上就是冷战的

1　《国际共运》编辑部：《国际共产主义运动报刊文献索引》（上），1983 年 4 月印，第 145—204 页。

组成部分，不仅没有认同，而且是对立的。至少表面上，东欧剧变是突如其来，无论在东方还是在西方或是东欧本身，人们似乎都猝不及防，一时间都陷入或亢奋或激动或悲情的气氛当中。所谓的东欧剧变或东欧革命的实质就是在政治上实现了社会发展模式从东欧向西欧转变过程。这个过程用时很短，多的是一两年，少的是几个月甚至几天。正因如此，人们来不及仔细思考，甚至也不需仔细思考，人们只是宣泄自己的政治情感，这些就是 1989—1993 年间国内外东欧研究的基本特征。

韦：您能具体谈谈吗？

孔：先看一下西方学者的研究。在冷战时期，西方学者质疑的就是东欧的共产党执政、社会主义制度和苏联对东欧的控制。因此，他们把东欧的政治转型视为推翻共产党统治、废除社会主义制度和摆脱苏联控制的"革命"，政治指向性非常强。这一时期出版的著作多数以"革命"为主题词，从书名中就可见作者的观点，例如，《严冬里的春天：1989 年的革命》《我们：1989 年华沙、布达佩斯、柏林和布拉格革命的见证者》《扯烂铁幕：东欧的人民革命》《罗马尼亚：纠结的革命》《东欧革命：宗教根源》《捷克斯洛伐克 1989—1991 年的天鹅绒革命》《中东欧革命：冷战期间共产主义的兴衰》《东欧革命》等。[1] 即使书名不带"革命"字样的，相同主题也非常鲜明，如《涌向自由：共产党统治在东欧的终结》《柏林墙轰然坍塌：共产主义在东欧的破产》等。[2] 到 20 世纪末和 21 世纪初，带有"革命"一词的书仍在出版，但数量少得多了，如《1989 年革命》《1989 年革命：苏联帝国的崩塌》《1989 年，革命的思维和理念》等。[3]

————————

1　Gwyn Prins, *Spring in Winter: the 1989 Revolutions*, Manchester University Press, 1990; Garton Ash, *We the People: the Revolution of '89 Witnessed in Warsaw, Budapest, Berlin & Prague*, Timothy Granta Books, 1990; Julie Flint, *Tearing down the Curtain: the People's Revolution in Eastern Europe*, Hodder & Stoughton, 1990; Nestor Ratesh, *Romania: the Entangled Revolution*, Center for Strategic and International Studies, 1991; Niels Christian Nielsen, *Revolutions in Eastern Europe: the Religious Roots*, Orbis Books, 1991; Bernard Wheaton, *The Velvet Revolution: Czechoslovakia, 1988-1991*, Westview Press, 1992; David S Mason, *Revolution in East-Central Europe: the Rise and Fall of Communism and the Cold War*, Westview Press, 1992; Roger East, *Revolutions in Eastern Europe*, Pinter Publishers, 1992.

2　J. F. Brown, *Surge to Freedom: the End of Communist Rule in Eastern Europe*, Duke University Press, 1991; Gale Stokes, *The Walls Came Tumbling down: the Collapse of Communism in Eastern Europe*, Oxford University Press, 1993.

3　Vladimir Tismaneanu, *The Revolutions of 1989*, Routledge, 1999; Victor Sebestyen, *Revolution 1989: the Fall of the Soviet Empire*, Phoenix, 2010; Krishan Kumar, *1989: Revolutionary Ideas and Ideals*, University of Minnesota Press, 2001.

在这个苏联和东欧国家动荡时期，有心思著书立说的人不多，大多忙于政治。但是，这方面的著作还是有的。比如，波兰学者米·拉科夫斯基写了《波兰剧变是怎么发生的》一书，从政治、经济、社会和国际关系等方面回顾了 20 世纪 80 年代以来波兰的政治危机和社会剧变的原因。[1] 再比如，苏联学者 Ю. 科尼亚耶夫描述了东欧国家 1989 年发生的事件，通过这些事件对东欧的社会主义制度提出了质疑。[2] 另一名苏联学者 И. 奥尔利克分析了西方国家对东欧政策的演变及其影响。[3]

对东欧转型研究的成就及其特点

韦：在东欧剧变过程中以及其后，东欧国家转型逐渐成为国内学术界的一个重点研究议题，您可否介绍这方面的情况？

孔：社会转型研究由来已久，但明确阐释这种历史社会现象的思想和理论却是近现代的事。有学者总结道："从 17 世纪到 19 世纪前叶，西方学术界就社会转型的理论基础（包括社会进步的概念转型的进程及其机制、转型的类型和目标等等），进行了多方面的探讨，确立了转型理论的论域，建立了这一研究的主题，制订了基本的方法论。"[4] 随着社会的发展，社会转型理论也不断发展，先后出现过孔德（A. Conte）等人提出的经典进化主义转型理论，帕森斯（T. Parsons）等人提出的社会学的新进化主义转型理论。这两种理论实质上讲的是西欧北美的城市化、民主化、理性化的过程。苏联东欧剧变发生后，国内外学术界开始普遍用社会转型理论来研究这些国家社会变迁或社会变迁的某些方面。社会转型研究的主题变成了"后共产主义的大转变"即从社会主义到资本主义的转变。[5] 简单地说，所谓的东欧转型，就是从一元化的苏联模式再回到多元化的欧洲模式，也就是东欧人自己说的"返回欧洲"。西方学者也是最早从这个角度来研究东欧（中

1　[波]波兰米·弗·拉科夫斯基：《波兰剧变是怎么发生的》，郭增麟译，北京：世界知识出版社1992年版。

2　[俄]科尼雅泽夫：《在东欧国家中的革命性借鉴 — 原因和后果》，莫斯科：1990 年版（Ю. K. Князев, Революционные преобразования в странах Восточной Европы: причины и последствия, М.: ИМЭПИ, 1990）。

3　[俄]奥尔里科：《东欧和西方》，莫斯科：1990 年版（И. И. Орлик Восточная Европа и Запад М.: ИЭМСС, 1990）。

4　孙慕天、刘玲玲：《西方社会转型理论研究的历史与现状》，《哲学动态》1997 年第 4 期。

5　郑杭生：《改革开放三十年：社会发展理论和社会转型理论》，《中国社会科学》2009 年第 2 期。

东欧）的，大约在 1991 年就有专著出版了。[1] 从研究主题上看，在 20 世纪 90 年代上半期，西方学者的主要关注点是从公有制为基础的计划经济向以私有制为基础的市场经济的转变也就是私有化问题，比如，20 世纪 90 年代出版的系列专著如《东欧经济转型与收入分配》《东欧的私有化》《苏联式的经济开始变化》《后共产主义国家的经济转型》《转型的宏观经济学》《转向资本主义》等。[2] 20 世纪 90 年代后半期以后，经济转型虽然依然是研究的话题，但是，西方学者对东欧转型研究的范围明显拓宽了，如《东欧的学术研究转型》《中东欧国家的社会和经济转型》《中东欧的政治转型和变化的认同》《从苏联集团到欧盟》《后共产主义国家的媒体转型》《中东欧军工企业的转型和一体化》等。[3] 波兰、匈牙利、捷克、斯洛伐克、斯洛文尼亚于 2004 年，保加利亚和罗马尼亚于 2007 年，克罗地亚于 2013 年成为欧盟成员，到 2009 年，这些国家同阿尔巴尼亚都已是北约成员，其余几个前南地区的国家也在加入北约和欧盟的过程当中。[4] 所以，中东欧国家回归欧盟的过程已经完成，2010 年以后西方学者关于东欧转型的著作数量明显减少，内容也带有回顾性或综合性，如《中欧 1989—2012 年间的转型》《后社会主义国家转型研究》等。[5]

1　Robert Wellington Campbell, *The Socialist Economies in Transition: a Primer on Semi-reformed Systems*, Indiana University Press, 1991; H. J. Blommestein, *Transformation of Planned Economies: Property Rights Reform and Macroeconomic Stability*, organization for Economic Co-operation and Development, 1991.

2　A. B. Atkinson, *Economic Transformation in Eastern Europe and the Distribution of Income*, Cambridge University Press, 1992; Bernard S Katz, *The Economic Transformation of Eastern Europe: Views from Within*, Praeger, 1992; Jozef M. van Brabant, *Privatizing Eastern Europe: the Role of Markets and Ownership in the Transition*, Kluwer Academic Publishers, 1992; Jâanos Mâatyâas. Kovâacs, *Reform and Transformation in Eastern Europe: Soviet-type Economics on the Threshold of Change*. Routledge in Association with the Institut fèur die Wissenschaften vom Menschen, Vienna, 1992; Jan Winiecki, *The Macroeconomics of Transition : Developments in East Central Europe*, Routledge, 1993; Gregory. Grossman, *The Postcommunist Economic Transformation: Essays in Honor of Gregory Grossman*, Westview Press, 1994.

3　Renate Mayntz, *East European Academies in Transition*, Kluwer Academic Publishers, 1998; Terry Cox, E. Elgar, *Social and Economic Transformation in East Central Europe: Institutions, Property Relations, and Social Interests*, Published in Association with UNRISD, 1999; Andrew M Blasko, *Political Transformation and Changing Identities in Central and Eastern Europe*, Council for Research in Values and Philosophy, 2008; Ivan Berend, *From the Soviet Bloc to the European Union: the Economic and Social Transformation of Central and Eastern Europe since 1973*, T. Cambridge University Press, 2009; Peter Gross, *Media Transformations in the Post-communist world: Eastern Europe's Tortured Path to Change*, Lexington, 2012; Yudit. Kiss, *Arms Industry Transformation and Intergration: the Choices of East Central Europe*, Oxford University Press, 2014.

4　黑山和马其顿分别于 2017 年和 2019 年加入北约。

5　Tomas. Kavaliauskas, *Transformations in Central Europe between 1989 and 2012: Geopolitical, Cultural, and Socioeconomic Shifts*, Lexington Books, 2012; Stephen F Gudeman, *Economy and Ritual: Studies in Postsocialist Transformations*, Berghahn Books, 2017.

中东欧国家和俄罗斯也有一些关于转型的文献，比如，匈牙利学者贝拉·格雷什科维奇的《抗议与忍耐的政治经济分析：东欧与拉美转型之比较》，玛丽亚·乔纳蒂的《转型：透视匈牙利政党—国家体制》，雅诺什·科尔奈的《康庄大道和羊肠小路 改革与后共产主义转型研究》《转轨中的福利、选择和一致性 东欧国家卫生部门改革》，俄罗斯学者Т.彼特科娃的《东欧的社会意识和社会转型》等。[1]实际上，中东欧国家一直就不认同它们的东欧身份，所以，更乐于将"剧变"称为"革命"，将"革命"后的社会发展称之为"返回欧洲"。

比较起来，中国学术对东欧的转型研究起步要晚得多，到21世纪初才有学术专著出版。高歌的《东欧国家的政治转轨》是出版最早而且是唯一的研究东欧政治转型的专著，从历史因素的作用和经济、国际、民族和宗教等因素与政治转轨的互动角度，探讨了东欧国家政治转轨的发生原因和发展轨迹。[2]其他著作大多也是依照西方的转型理论从政治、经济、外交等方面叙述剧变以来所有东欧国家的社会发展的过程，从出版著作的持续性上看，中东欧国家似乎始终处于这一过程当中。在有代表性的著作中，第一类是综合性研究，例如，朱晓中的《中东欧转型20周年》（2010年），金雁的《十年沧桑 东欧诸国的经济社会转型与思想变迁》（2004年）、《从"东欧"到"新欧洲" 20年转轨再回首》（2011年），殷红等著的《中东欧转型研究》（2013年），李少捷等主编的《中东欧转轨25年观察与思考》（2014年），朱晓中主编的《曲折的历程：中东欧卷》（2015年），马细谱的《追梦与现实：中东欧转轨25年研究文集》（2016年），殷红的《入盟与中东欧国家政治经济转型》（2018年）。第二类是从比较角度进行叙述的，如王志连的《波匈捷经济转轨比较研究》（2000年），程伟的《中东欧独联体国家转型比较研究》（2012年），刘敏茹的《转型国家的政党制度变迁 俄罗斯与波兰的比较分析》（2013年），潘德里主编的《原苏联东欧国家政治转轨比较研究》（2015年）。第三类是研究中东欧国家转型某一方面的，如庄起善的《中东欧转型国家金融银行业开放、稳定与发展研究》（2008年），许新主编的《转型经济的产权改革 俄罗斯东欧中亚国家的私有化》（2003年），周忠丽的《制度转型中的国际因素研究 以中国、波兰和斯洛伐克为比较个案》（2011

1　比特科娃：《东欧国家的社会认知和转型》，莫斯科：1996年版（Т.Г. Биткова, Общественное сознание и социальная трансформация в странах Восточной Европы, М.: ИНИОН, 1996）。

2　高歌：《东欧国家的政治转轨》，北京：世界知识出版社2003年版。

年），王志远的《金融转型 俄罗斯及中东欧国家的逻辑与现实 》（2013 年），贾瑞霞的《中东欧国家区域经济合作转型》（2013 年），万昌华的《波兰政治体制转轨研究》（2013 年），乌云特娜的《东欧转型国家的农村教育发展的研究 以波兰、俄罗斯、罗马尼亚和乌克兰四国为例》（2014 年），夏海斌的《中东欧国家转型外部约束与现代化》（2017 年）。当然，中国学术界研究中东欧转型问题的文献还有很多，无法一一列举。

韦：学术界对东欧转型研究的特点是什么？

孔：东欧社会转型的基本含义是政治上从共产党一党制转向多党制，经济上从公有制基础上的计划经济转向自由的市场经济，对外关系上从依附苏联转向依附西欧，意识形态上是从一元化的马克思主义转向多元化意识形态。但是，社会转型的这些方面并非齐头并进，有的用时长，有的用时短。根据上述主要内容来判断，当通过宪法将政党政治制度确立下来并通过议会大选将这种制度常态化之后，政治转型就应当视为结束，以后就是政党政治的发展了。当通过相关法律实行私有化、自由化和市场化后，经济转型就应当视为结束，以后就是私有制基础之上的市场经济发展了。

但在实践上，中东欧国家的情况并不是这么简单。匈牙利、波兰、阿尔巴尼亚、罗马尼亚和保加利亚在社会剧变过程中，国家结构没有发生变化，有比较完整的过程。但是，这五个国家的 30 年都是社会转型吗？除了在剧变过程中完成了政治转型，在剧变之后的几年中完成经济转型之外，匈牙利和波兰于 1999 年、2004 年加入北约和欧盟，罗马尼亚和保加利亚于 2004 年、2007 年加入北约和欧盟，阿尔巴尼亚于 2009 年加入北约。那么，在完成了政治转型、经济转型甚至已经完全回到欧洲模式，这五个国家的社会还是转型吗？所以，不能再用社会转型来形容它们了，因为这些国家已经在新的社会模式下开始了新的发展。由于历史上民主化程度、经济发展水平及与西欧国家联系等方面不一样，这些国家社会发展的差别也比较明显。在新的发展模式中，这些国家运行机制的各个方面是否完善，以及由于这些不完善或其他多重内外原因而造成的社会问题、矛盾和冲突，都不应当归因于社会转型，而应属于社会发展的范畴。所以，社会发展是中东欧国家近 30 年的另外一个主题，而且是越来越重要甚至在社会转型和国家构建完成之后会逐渐成为唯一的主题。

社会转型是指一个国家从一种社会形态向另外一种社会形态的过渡。可是，中东欧大多数国家都是在东欧国家剧变过程中陆续独立而成为新的民族国家。在独立成国的时间上，斯洛文尼亚、克罗地亚、波黑、马其顿、立陶宛、拉脱维亚和爱沙尼亚是 1991 年，捷克、斯洛伐克是 1993 年，塞尔维亚、黑山是 2006 年（1991 年，塞尔维亚和黑山组建了南斯拉夫联盟共和国，2003 年更名为塞尔维亚和黑山）。这些国家从独立之日起就是按西欧模式进行新国家构建的，由于母体曾是东欧国家，因此，它们是在"东欧的地基"上搭建的是"西欧式的房子"。[1] 作为新独立的国家，它们却没有转型之前的经历，一般意义上的社会转型并不存在。虽然都属于新构建的国家，它们的具体情况也不尽相同。捷克和斯洛伐克在独立之前，它们的母体捷克斯洛伐克从 1989 年开始了社会转型，到 1993 年独立的时候已经基本完成。在此基础之上，捷克和斯洛伐克和平分家。它们的新国家构建也比较顺畅，很快就步入西欧模式下的社会发展。在前南地区的国家中，塞尔维亚是南斯拉夫唯一的继承者，完整地接管了南斯拉夫的国家机构，几乎没有新国家构建问题。但另一方面，塞尔维亚在很大程度上也继承了南斯拉夫的发展模式，从这个角度上说，也存在着社会转型的问题。斯洛文尼亚、克罗地亚、波黑、马其顿、黑山等国几乎没有从南斯拉夫那里继承任何国家层面上的遗产，都是把原来联邦单位自我打造成新的国家，包括物质上的和制度上的。由于存在着严重的政治分歧、民族矛盾和历史恩怨，这些国家在独立过程中充斥着矛盾、冲突和战争。比如，斯洛文尼亚、克罗地亚独立时与塞尔维亚主导的南联邦军队的冲突，波黑三大民族之间的战争，马其顿在国名问题上与周边国家的纠葛等等。这些国家 1991 年以后岁月的主题并不是社会转型，而是艰难的新国家构建和曲折的社会发展。

所以，在近 30 年来，国内外许多著作的研究内容应当属于新国家构建和社会转型、新国家构建完成之后社会发展，而不是"东欧各国转型仍在途中"。[2] 仅以中文著作为例，属于前者的，如米拉·马尔科维奇的《黑夜与白昼》《东方与南方之间》，方明等著的《呜咽的德里纳河》，王逸舟主编的《单极世界的阴霾：科索沃危机的警示》，我的《科索沃危机的历史根源及其大国背景》。这类著作重点讲述的是关于前南地区新国家构建

1　参见刘作奎《国际构建的"欧洲方式"：欧盟对西巴尔干政策研究（1991—2014）》，北京：社会科学文献出版社 2015 年版。

2　李瑞琴：《东欧剧变 30 年：重塑与蹉跎》，《当代世界》2019 年第 4 期，第 29 页。

的曲折过程。[1] 属于后者的，如刘作奎的《国际构建的"欧洲方式" 欧盟对西巴尔干政策研究 (1991—2014)》，杨友孙的《欧盟东扩与制度互动：从一个入盟的标准说起》，徐刚的《巴尔干地区合作与欧洲一体化》，张淑静的《欧盟东扩后经济一体化》，孔寒冰等著的《原苏东地区社会运动现状研究》，孔田平主编的《维谢格拉德集团的嬗变与中国 V4 合作》，朱晓中主编的《欧洲的分与合 中东欧与欧洲一体化》，贺刚的《叙述、身份与欧洲化的逻辑 克罗地亚与塞尔维亚的欧洲化进程比较研究》等。但是，这两方面的著述远不如社会转型方面的多。

2012 年以后国内外对中东欧研究的状况

韦：有学者认为，2012 年是国内外对中东欧研究的分界点，您如何看待这一观点？

孔：从 2012 年起，"中东欧"在中国成为一个新的地缘政治词汇，对它的研究在表面上完全独立了，涌现出许多研究它的机构和研究人员，有大量的学术著作和智库报告问世。说它是一个新的地缘政治词汇，是指它整合了由东欧演变而来的中东欧 13 国和由苏联分离出来的波罗的海三国，形成了由东欧、中欧和东南欧 16 国构成的中东欧地区，即所谓的"16+1 合作"。以"16+1 合作"框架为平台的中国与中东欧国家关系是"一带一路"倡议的重要组成部分。近几年来，随着"一带一路"拓展和深化，中国与中东欧 16 国关系全方位发展并日渐密切。在这样的背景下，国内也形成了迄今仍呈上升势头的中东欧研究"热"。

韦：您说的这种中东欧研究"热"主要表现是什么？

孔：国内的中东欧研究"热"主要体现在以下几点：第一，出现了许多专门的研究机构。在 2012 年前，带有"中东欧"名称的研究实体只有中国社会科学院俄罗斯东欧中亚研究所的中东欧室和欧洲所中东欧室，前者设立于 1981 年（时称东欧室，2016 年改称现名），后者设立于 2009 年。带有"中东欧"名称的虚体研究中心也只有两个：一

1　西方和前南地区有关这方面的著作非常多，首都师范大学历史学院克罗地亚籍的研究员白伊维（Ivica Bekota）的博士论文是我指导的，他在文后附的参考文献中多数都是关于前南地区新国家构建。参见白伊维：《前南地区社会转型和发展研究》，北京大学 2016 年博士论文，第 204—222 页。

是北京大学国际关系学院 2010 年成立的"中东欧研究中心"，二是北京外国语大学欧洲语言学院 2011 年成立的"中东欧研究中心"，另外，后者还同时成立了一个"波兰研究中心"。2012 年之后特别是近两三年，全国各地的中东欧研究机构雨后春笋般地涌现。2012 年 12 月，中国欧洲学会中东欧分会成立，同年，上海同济大学"中东欧研究所"、上海对外经贸大学的"中东欧研究中心"成立；2013 年成立的有重庆社科院"重庆中东欧国家研究中心"；2015 年成立的有中国社会科学院欧洲所的"中国中东欧国家智库合作与交流网络"、东北大学的"波兰研究中心"、北京第二外国语大学的"匈牙利研究中心"和河北地质大学的"捷克研究中心"；2016 年成立的有西安外国语大学的"波兰研究中心"、华北理工大学的"匈牙利研究中心"、浙江大学宁波理工学院的"波兰语言文化中心"、宁波市的"宁波中东欧国家合作研究院"、河北经贸大学的"中东欧国际商务研修学院"、四川大学的"波兰与中欧问题研究中心"；2017 年成立的有上海华东师范大学的"中东欧研究中心"、中国中东欧基金中欧国际商学院的"中东欧经济研究所"、中国社会科学院的"中国中东欧研究院"、浙江金融职业学院的"捷克研究中心"、北京第二外国语学院的"中东欧研究中心"、北京外国语大学的"阿尔巴尼亚研究中心""巴尔干研究中心""保加利亚研究中心""匈牙利研究中心""罗马尼亚研究中心"、中欧陆家嘴国际金融研究院的中东欧经济研究所；2018 年成立的有河北经贸大学的"塞尔维亚研究中心"、北京交通大学的中东欧研究中心；2019 年成立的有广东外语外贸大学的"中东欧研究中心"。

第二，与这些研究机构相适应，从事中东欧研究的人员激增。我虽然没有做统计，实际上也无法统计，但人数之多是可以想象的。不过，除了本来就从事东欧或中东欧的研究人员之外，更多的是新入业者或从其他领域跨界进行研究的学者。

第三，研究领域大大地拓宽。从前面论及的冷战时期、剧变时期和转型时期的东欧（中东欧）研究状况看，以往中东欧研究多是从政治的、历史和国际的视角进行的，涉及中国与中东欧国家关系的著述不多，[1] 而中东欧的文学艺术和语言教育不属于东欧或中东欧的研究范围。2012 年以后，中东欧研究的范围不仅变得更加宽泛，而且研究视角也发生了重大转变，经贸、人文、教育等方面的合作与交流成为研究的重点内容。中国与东欧

1　刘勇：《百年中罗关系（1880~1980）》，北京：时事出版社 2009 年版。是这方面的专著，但也只是讲中罗两国。

国家之间各方面的交流与合作成为中东欧研究的主线，许多与中东欧国家概况、国情的研究也都是围绕这个主题并为这个主题服务的。[1]

第四，在短期内出版了大量相关研究成果，绝大多数的主题是与"16+1"和"一带一路"紧密相关的。其中，比较有代表性的是中国社会科学院欧洲所出版的三个系列的智库丛书和中国中东欧研究院的智库丛书。（1）"中国中东欧智库丛书"。已经出版的有：黄平等著的《中国—中东欧国家人文交流过去、现状和前景》（中英文版），黄平、刘作奎的《中国—中东欧合作中的利益相关者》（Stakeholders in China-CEEC Cooperation），黄平主编，刘作奎、鞠维伟、马骏驰著的《中国中东欧智库合作进展与评价报告（2015—2016）》（中英文版），黄平、刘作奎等著的《"16+1"合作如何推动"一带一路"倡议》（How the 16+1 Cooperation promotes the Belt and Road Initiative），黄平、刘作奎著的《中国—中东欧合作与"一带一路"倡议》（China-CEEC Cooperation and the "Belt and Road Initiative"）。（2）"中国中东欧关系丛书"。已经出版的有：黄平等主编的《中国—中东欧国家合作进展与成就》，我的《中东欧的差异性、复杂性和中国与之合作的"精准性"》，孔田平的《冷战后俄罗斯的中东欧政策及其影响》，龙静等著的《"一带一路"倡议与欧盟多瑙河地区战略对接研究》，刘作奎的《中国和中东欧国家电子商务合作发展报告2017》。（3）系列"国家智库报告"。已经出版的有：刘作奎、鞠维伟与佟巍等著的《中国和匈牙利的全面战略伙伴关系：历史、现状、前景及政策建议》（中英文版），黄平、刘作奎等著的《中国—中东欧国家（16+1）合作五年成就报告：2012—2017年》（中英文版），黄平、刘作奎主编的《"16+1"合作：现状、前景和政策建议》（"16+1 Cooperation"： Status quo， Prospects and Policy Suggestions），刘作奎等著的《"一带一路"倡议下的中国与巴尔干国家的合作》（The Cooperation between China and Balkan Countries under the "Belt and Road" Initiative），刘作奎的《欧洲与"一带一路"倡议：回应与风险》（中英文版），孔田平主编的《维谢格拉德集团的嬗变与中国V4合作》，刘作奎等著的《中国中东欧国家华人华侨发展报告（2018）》《欧洲与"一带一路"倡议：回应与风险2019》。

除这些丛书外，围绕中国和中东欧国家合作的著作还有许多，如尚宇红等著的《中

1　比如，社会科学文献出版社出版的《列国志》就是这样研究的成果，其中包括波罗的海三国、波兰、捷克、斯洛伐克、塞尔维亚与黑山、克罗地亚、斯洛文尼亚、保加利亚、匈牙利、罗马尼亚、阿尔巴尼亚。

东欧十六国对外货物贸易结构》，张琳等编著的《中东欧十六国投资环境分析》，刘永辉等主编的《中国—中东欧贸易指数报告》，李嘉珊的《重新发现：中国—中东欧十六国文化创意产业概览》，张永辉的《中东欧国家养老保险制度改革的回顾与展望》，赵刚主编的《中东欧国家发展报告》，汪洪主编的《中东欧六国专利工作指引》，任明辉主编的《中东欧国家卫生体制研究》，宋彩萍等编著的《中东欧十六国高等教育现状》，应品广的《中东欧国家竞争法研究》，丁超等著的《中外文学交流史，中国—中东欧卷》，牛利的《中东欧十六国汉语教学研究》等。

韦：近几年中东欧研究机构的数量和出版物的数量的激增，这不仅在中东欧研究中，而且在其他区域研究中也不多见，您如何看待 2012 年以来的中国中东欧研究？对于进一步推进中国的中东欧研究，您有哪些建议？

孔：2012 年以来国内中东欧研究"热"是与"16+1 合作""一带一路"倡议提出密切相关，总体说是应当肯定的。这些成果对于中国民众了解中东欧，提升中东欧研究的地位，加强中东欧研究的学科建设有非常大的积极推动作用。从特点上说，这些研究成果涉及领域比较全面，现实感很强，有较大的应用性，有助于中国企业进入中东欧地区发展经贸关系。如果从进一步改善和提高的角度说，我认为以下几个方面需要加强：一是已建立的研究机构要充分发挥自己的特长，办出自己的特色；二是要加强基础研究，也就是重视上面说的中东欧研究中的本体部分。没有本体，"16+1 合作"无论在学术研究方面还是在实际操作方面都没有"根"；三是研究要适度。中国和中东欧国家在各方面的差别都非常大，互补性很小。因此，对这些国家的研究和对"16+1 合作"的研究必须同这些差别和互补性相适应，以避免造成人力、物力和财力的巨大浪费；四是中东欧研究的研究者应有良好的外语基础、更宽广的研究视野和更高的专业素质。

韦：您说的基础性研究是指什么？能否介绍一下东欧剧变以后特别是 21 世纪以来国内学界在中东欧的基础性研究方面情况吗？

孔：我所说的基础性研究是从国际政治学角度、历史学角度对中东欧的历史变迁、社会发展、政治经济制度、民族宗教问题、冲突与战争等方面的梳理和探讨。其实，国内一直有学者在潜心默默地做这些方面的工作，并取得了一些研究成果。比如，郝时远的《南斯拉夫联邦解体中的民族危机》（1993 年）、《帝国霸权与巴尔干"火药桶"》

（1993 年），阚思静的《卡达尔与匈牙利》（1993 年），刘祖熙的《斯拉夫文化》（1993 年）、《波兰通史》（2006 年），沈志华编著的《斯大林与铁托：苏南冲突的起因及其结果》（2002 年），沈志华主编的《冷战时期苏联与东欧的关系》（2006 年），于沛等著的《斯拉夫文明》（2001 年），赵乃斌等主编的《南斯拉夫的变迁》（2002 年），周旭东的《夹缝中的罗马尼亚》（2003 年），余建华的《民族主义、国家结构与国际化南斯拉夫民族问题研究》（2004 年），刘邦义等著的《二战中的波兰》（2005 年），郭洁的《悲剧与困惑：纳吉与 20 世纪 50 年代的匈牙利》（2007 年）、《战后东欧政治发展研究》（2014 年），项佐涛的《米洛万·吉拉斯政治思想演变研究》（2012 年），郭翠萍的《捷克斯洛伐克改革岁月》（2013 年），夏庆宇的《东欧的民族与国家》（2015 年），衣俊卿的《东欧新马克思主义精神史研究》（2015 年），陈志强的《科索沃通史》（2016 年），高晓川的《奥匈帝国民族治理研究》（2017 年），马细谱的《巴尔干纷争》（1999 年）、《南斯拉夫兴亡》（2010 年）、《保加利亚史》（2011 年）、《巴尔干百年简史》（2018 年），[1] 我写的《科索沃危机的历史根源与大国背景》（1999 年）、《东欧政治与外交》（2009 年）、《东欧史》（2010 年）、《百年捷克》（2018 年）等。但是，总的看来，从事基础性研究的人员有限，发表的成果并不多。

韦：2012 年以来，西方学术界、中东欧国家学界和俄罗斯学界对中东欧研究的情况是什么样的？有什么特点？

孔：国外对"16+1 合作"不能说没有涉及，[2] 但关注度比较低，更没有因此形成对中东欧的研究"热"。在这 16 个国家中，有 11 个已经加入欧盟，13 个加入北约，其余的也在加入欧盟和北约的进程中。无论从西方国家角度看还是从中东欧国家角度看，作为一个独立区域的中东欧实际上已经不存在了。它们所讲的中东欧仍旧是指由东欧演变而来的那 13 个国家，而不包括波罗的海三国。

从英文文献上看，西方学者关注的主要话题有以下几方面：一是中东欧与欧洲的一

1　马细谱与余志和合著。

2　参见 [克罗地亚] 斯·普勒夫尼克等《中国在巴尔干》，萨格勒布：2012 年版（S .Plevnik, S.Mesic: Kina Na Balkanu, ATM Marketing, Zagreb 2012.）；[俄] В.В. 米赫耶夫等主编：《中国和东欧：新丝绸之路的纽带》，莫斯科：2016 年版（Китай и Восточная европа: звенья нового шелкового пути, Москва: ИМЭМО РАН, 2016）。

体化，如"民主化与欧盟""在欧盟外交政策中的民主化""欧盟影响下的中欧"及中东欧与北约的关系等是西方学者著述的重要话题；[1]二是中东欧历史研究。梳理和研究中东欧整体的历史一直是西方学者的长项，他们在冷战期间的著作本身就是冷战的组成部分，冷战结束后的作品政治色彩淡化而学术性增强。[2]2012 年以后，这方面的著作仍时有出现；[3]三是一些有关现实或历史的专门问题研究，如政治腐败、种族斗争等；[4]四是国别研究，其中，有关波兰、匈牙利、捷克和塞尔维亚的最多，其他很少甚至没有。关于波兰，西方学者研究的问题除了波兰转型后的政治发展外，还有冷战时期波兰政治史、团结工会，波兰与立陶宛、乌克兰、俄国、英国等关系史，德国对波兰犹太人大屠杀等。关于匈牙利，西方学者研究的问题是 1939 年到 21 世纪匈牙利工人地位的演变、1920—1956 年匈牙利的商品学说和劳动价值，匈牙利在苏东阵营军工生产中劳动分工等。关于捷克，西方学者对人物的研究比较多，其中，重点研究的是弗兰茨·卡夫卡和瓦茨拉夫·哈维尔的生平与思想。关于塞尔维亚，西方学者研究的问题有南斯拉夫的民族认同，科索沃的国家构建，铁托时期的不结盟运动，苏南冲突，塞尔维亚民主发展的两难境地，前南国际法庭的遗产等。

由于东欧和中东欧都是地缘政治色彩非常浓的概念，中欧和东南欧的国家对它们并

1　Leonardo Morlino, *Democratization and the European Union: Comparing Central and Eastern European post-Communist countries*, Routledge, 2015; Benedetta Berti, *Democratization in EU foreign Policy: New Member States as Drivers of Democracy Promotion*, Routledge, 2016; Michal Bobek, *Central European Judges under the European Influence: the Transformative Power of the EU Revisited*, Hart Publishing, 2017; Michael E O'Hanlon, *Beyond NATO: a New Security Architecture for Eastern Europe*, Brookings Institution Press, 2017.

2　Cf. Ivan T. Berend, *Central and Eastern Europe, 1944—1993: Detour from the Periphery to the Periphery*. Cambridge: Cambridge University Press, 1996; Robert Bideleux and Ian Jeffries, *A History of Eastern Europe: Crisis and Change*, New York: Routledeg 1999; Anita J. Prazmowska, *Eastern Europe and the Origins of the Second World War*, London: St. Martin's Press, Inc., 2000; Misba Glenny, *The Balkans: Nationalism, War, and the Great Powers 1804—1999*, New York: Viking Penguin Books, 2001.

3　Cf. Ian D. Armour, *A History of Eastern Europe 1740—1918: Empires, Nations, and Modernization*, Bloomsbury Academic, 2012; Mark Kramer, *Imposing, Maintaining, and Tearing Open the Iron Curtain: the Cold War and East-Central Europe, 1945—1989*, Lexington Books, 2014; Balázs Trencsényi, *A History of Modern Political Thought in East Central Europe*, Oxford University Press, 2016.

4　Cf. Tatiana Kostadinova, *Political Corruption in Eastern Europe: Politics after Communism*, Lynne Rienner Publishers, 2012; Sherrill Stroschein, *Ethnic Struggle, Coexistence, and Democratization in Eastern Europe*, Cambridge University Press, 2014; I. B. Stephen Long, *The CIA and the Soviet Bloc: Political Warfare, the Origins of the CIA and Countering Communism in Europe*, Tauris, 2014; Petre Petrov, *The Vernaculars of Communism: Language, Ideology and Power in the Soviet Union and Eastern Europe*, Routledge, 2015.

不认同，而更多地喜欢使用"中欧""东南欧"这样的空间概念。由于相互关系复杂，中东欧国家的学者少有把中东欧作为一个整体来研究，[1]更不用说再加上波罗的海三国了。东南欧的一些学者试图"从巴尔干各国相互矛盾史学重新建构一部巴尔干通史"，[2]中欧国家的学者则更看重维谢格拉德国家的合作和共同政策，[3]如斯洛伐克公共问题研究所出版了专著《25年后民众眼中的维谢格拉德集团》。[4]随着"回归欧洲"的程度越来越高，中东欧国家与欧盟的关系特别是与欧洲一体化问题，成为这些国家学者研究的重点内容，如匈牙利学者纳吉·安德拉斯的《融入欧洲 欧洲座谈会中的中欧代表》[5]，克罗地亚学者达·格鲁比沙等人的《欧盟政治制度与克罗地亚政治欧洲化》。[6]此外，难民问题、民族与移民问题也都引起中东欧学者的关注并有著作出版。[7]从总体上说，中东欧国家学者越来越热衷于研究本国的历史和面临的现实问题，特别是与欧盟的关系问题。

俄罗斯学者研究的中东欧同样不包括波罗的海三国，关注重点有三个方面：一是俄罗斯与中东欧国家的关系。长期研究中欧和东欧国家的历史和外交政策的 И. 奥尔利克在

1　但也不是没有，比如，[匈牙利]贝尔奈克·阿格奈什：《21世纪地缘政治/地缘经济战略视角下的中东欧》，布达佩斯：科学院出版社2018年版（Bernek ÁgnesK, özép- és Kelet-Európa a 21. század geopolitikai/geoökonómiai stratégiáiban, Budapest, Akadémiai Kiadó 2018）；[匈牙利]高吉·阿格奈什：《政治危机：全球视野下的新中东欧运动》，布达佩斯：今日世界出版社2019年版（Gagyi Ágnes, A válság politikái - Új kelet-közép-európai mozgalmak globális perspektívában, Budapest, Napvilág Kiadó, 2019）; Dealing with Dictators: the United States, Hungary, and East Central Europe, 1942-1989, Borhi, László, Indiana University Press, 2016。

2　S. Rutar, *Beyond the Balkans: Towards an Inclusive History of Southeastern Europe*, Berlin, Germany: Lit Verlag.

3　[匈牙利]斯坦普·彼得：《欧洲与维谢格拉德集团的合作、历史与政治关系》，布达佩斯：AJTK出版社2018年版（Stepper Péter, Közép-Európa és a Visegrádi Együttm ködés - Történelmi és politikai perspektívák, Budapest, Hungary, AJTK, 2018）。

4　[斯洛伐克]欧尔加·嘉尔法索娃、格利郭利·梅赛茨尼科夫：《公众眼中的V4集团的25年历程》，布加迪斯拉法：2016年版（O ga Gyárfášová, Grigorij Mesežnikov, 25 rokov V4 o ami verejnosti, Inštitút pre verejné otázky, Bratislava 2016）。

5　[匈牙利]纳吉·安德拉什：《欧洲一体化与欧洲议会中的中东欧代表》，布达佩斯：思想出版社2018年版（Nagy Andras, Integráció Európába - Közép-európai képvisel k az Európai Parlamentben, Budapest, Hungary, Gondolat Kiadó, 2018）。

6　[克罗地亚]D.格鲁比沙等：《欧盟政治体制及克罗地亚的欧洲化政策》，萨格勒布：2012年版（Grubisa, et al., eds., Politicki sustav Europske unije i europeizacija hrvatske politike, Fakultet Politickih Znanosti, Zagreb 2012）。

7　[匈牙利]切柏利久尔吉、乌尔盖尼安塔尔：《国家与移民》，布达佩斯：罗兰大学出版社2016年版（Csepeli György, Örkény Antal, Nemzet és Migráció, Budapest, ELTE Eötvös Kiadó, 2016）；[匈牙利]柯瓦奇·安德拉什、索尔泰斯·贝拉：《关于移民我们知道什么（研讨会论文集）》，布达佩斯：思想出版社2018年版（Kováts András, Soltész Béla, Mit tudunk a kivándorlásról? - M helybeszélgetések,Budapest, Gondolat Kiadó, 2018）。

2014 年和 2015 年独著或与其他一些学者合著了《俄罗斯与中东欧：21 世纪的双方关系》《俄罗斯与中东欧：2011—2013 年的相互关系》《俄罗斯与中东欧国家间相互关系中的基本趋势》等。[1] 在这些著作中，他们不仅研究了在中东欧国家回归欧洲后新的地缘政治条件下俄罗斯与中东欧国家的整体关系，而且还分别研究了俄罗斯与保加利亚、匈牙利、马其顿、波兰、罗马尼亚、斯洛伐克、斯洛文尼亚、克罗地亚、捷克、塞尔维亚等国的政治、经贸和文化关系；二是中东欧国家同欧盟的关系。俄罗斯科学院经济研究所中东欧研究中心主任库里科娃等人在《中东欧国家：欧洲一体化与经济增长》一书中主要探讨了中东欧国家与欧盟经贸、投资一体化的进程和得失；[2] 三是中东欧自身的发展问题，如中东欧在新地缘政治环境下的发展，中东欧国家的欧洲主义和民族主义，农民问题等。[3]

中东欧研究的前景

韦：通过上面的访谈，可否做这样的总结，中东欧研究并不是什么"古老"的学问和学科，对它的研究始于第二次世界大战之后欧洲分裂、"东欧"形成之后。在冷战期间，西方的研究和苏联的研究及它们的结果，立场、观点甚至所运用的文献资料都是对立的，

1　[俄]伊戈尔·奥尔里科：《俄罗斯和中东欧：21 世纪的相互关系》，莫斯科：俄罗斯科学院国际经济研究所 2014 年版（И. Орлик, Россия и Центрально-Восточная Европа: взаимоотношения в XXI веке. Ин-т Экономики РАН. М., 2014）；[俄]库里科娃·奥尔里科：《2011—2013 年俄罗斯和中东欧的关系》，莫斯科：俄罗斯科学院国际经济研究所 2014 年版（Н. Куликова, И. Орлик, Россия и Центрально-Восточная Европа: взаимоотношения В 2011–2013 гг. Рос. акад. наук, Ин-т экономики, 2014）；[俄]伊戈尔·奥尔里科等：《俄罗斯与中欧和东欧国家关系发展的主要趋势》，莫斯科：俄罗斯科学院国际经济研究所 2015 版（И. Орлик, и т. д.Надежда Владимировна, Основные тенденции во взаимоотношениях России и стран Центрально-Восточной Европы. Рос. акад. наук, Ин-т экономики. - Москва: ИЭ РАН, 2015）。
2　[俄]格林金娜等：《中欧和东欧国家：欧洲一体化和经济增长》，莫斯科：俄罗斯科学院国际经济研究所 2014 年版（С. Глинкина, Н. Куликова, И. Синицына, Страны Центрально-Восточной Европы: евроинтеграция и экономический рост: Москва : Институт экономики РАН, 2014）。
3　[俄]库里科娃：《中东欧：新地缘政治现实的发展》，莫斯科：2016 年版（Н. Куликова. Центрально-Восточная Европа: развитие в новых геополитических реалиях. М., 2016）；[俄]伊格里茨基：《东欧的欧洲主义和民族主义（科研文集）》，莫斯科：俄罗斯科学院 2014 年版（Ю. И. Игрицкий, вропеизм и национализм в странах Восточной Европы: сборник научных трудов, Москва: ИНИОН РАН, 2014）；[俄]伊格里茨基：《1990—2010 年东欧国家的农业（科研文集）》，莫斯科：科学信息学院社科部 2013 年版（Ю. И. Игрицкий, Крестьянство в странах Восточной Европы, 1990-2010 гг.: сборник научных трудов, Москва: Ин-т науч. информ. по общественным наукам РАН, 2013）。

实际上就是冷战的组成部分。东欧国家自己的研究带有多面性，既得在社会发展模式和对外政策上必须服从苏联，但又为民族、为国家立命之心和西方情结。中国对东欧的研究服务于中苏关系和中国社会发展，所以，研究内容起伏比较大。冷战结束后特别进入21世纪后，西方和俄罗斯之间政治制度上和意识形态上的对立几近消失，但国家利益之争突出。东欧变成了中东欧之后，在社会发展模式上回归欧洲，与欧洲一体化的程度越来越高，国外学界把它纳入欧洲研究当中或者当作具体的地理区域进行研究，学术性越来越强。与此同时，随着改革开放的不断深化，中国的中东欧研究服务的主要对象也从对外政治转为对外经济，但学术性似乎越来越弱。

孔：基本上可以这样总结。当然，如果细说起来，里面的情况可能更加复杂。从发展和演变历程上看，中东欧研究的前景还是充满变数的。先说国外研究中东欧的前景。正如你所说的，中东欧研究起源于西方和苏联对东欧研究，而它们的东欧研究及其成果是服务于冷战的。冷战结束后，随着地缘政治上的东欧的消失，这种对立性研究不复存在了，取而代之的是社会转型和新国家构建研究。随着回归欧洲和与欧洲一体的发展，中东欧作为独立的地缘政治的空间日渐缩小，最终消失也是早晚的事。实际上，西方学界和中东欧国家的学界都已将中东欧研究视为欧洲研究的组成部分，强调的只是不同的地理区域，如中欧、巴尔干、西巴尔干，但不包括波罗的海三国。对他们来说，东欧、中东欧都已经是进入历史的地缘政治概念了。苏联解体后，俄罗斯也无力阻止中东欧国家的"西归"，属于自己的"东欧"已成了往日烟云。因此，今天俄罗斯对中东欧的研究也只能放在欧盟的范围里，放在中欧、东南欧的地理区位上，同样无法再将中东欧作为一个独立地缘政治区域。所以，中东欧研究在国外已经进入到尾声。

韦：那么，您如何看待中国中东欧研究的前景呢？

孔：中国中东欧研究的现状实际上是比较繁杂的。2012年提出的包括波罗的海三国的新的中东欧地缘政治区域，并没有能整合全国的中东欧研究，也没有形成统一的中东欧研究，更不用说中东欧学科了。以中国社会科学院为例，俄罗斯东欧中亚研究所延续以往的传统，将中东欧与原苏联地区放在一起，研究人员、研究内容和研究方法都有较强的传承性。欧洲研究所则将中东欧研究作为欧洲研究的一部分，是它新拓宽的一片研究天地。世界历史所也将俄罗斯与中东欧国家放在一起，但主要是研究它们的政治史、经济史、思想文化史和外交史。北京大学和中国人民大学的国际关系学院从国际政治角度将中东欧作为地区研究，但在学科归类上属于科社与国际共运。北京外国语大学等外语类的高校的中东欧研究重点在语言和文化方面，上海外经贸大学、河北地质大学、浙江金融职业学院等院校的中东欧研究的重点则在经贸上面，而其他中东欧研究机构也有自己的研究重点。这些不同的研究单位的研究内容虽有交叉、交集，但总体上说是各自为政，没有形成也无法形成统一的中东欧研究，是在"一带一路"和"16+1"的主调下各唱各的曲。

由于这两方面的原因，中国中东欧研究也会走到终点。一个原因是从中东欧国家看，这些国家回归了欧洲，作为一个独立的地缘政治区域不复存在；另一个原因是从中国角度看，将波罗的海三国列为中东欧国家就已经淡化了原有的中东欧区域的内涵，如今希腊这样属于西方的国家也加入进来了，那么，地缘政治上的中东欧区域就更加稀释了，最终很可能就融入"一带一路"里面。中东欧地区研究和中东欧这个地缘政治概念一样，都将成为历史。但是，这个地区不管叫什么名字，也不论它归属于哪里，作为研究对象将会永远存在。地缘政治区域是易变的，但是，地理位置的区域是不会变的。中欧和东南欧是多种文明的交汇处和大国关系的交集地，这里的民族宗教关系特别复杂，历史发展尤其曲折。作为研究对象，这些永远都存在，永远值得研究。无论从国际政治和国际关系角度，还是从经贸往来角度，或是从语言文化角度，中国都必须重视对中欧、东南欧及波罗的海三国的研究。至于说如何进行研究，那是可以深入探讨的另外一个问题。

（原文发表于《国际政治研究》2019 年第 3 期）

后记

　　收入这本文集的是十一篇文章和三篇实地考察记，大体反映了我最近十多年在中东欧教学与研究方面的"学术"历程。

　　上个世纪 80 年代末，第二次世界大战结束时形成的地缘政治上的东欧不复存在，制度变迁和新国家构建使这一地区具有从东欧向西欧过渡的特征，所以，学界以"中东欧"这个新地缘称谓取而代之。然而，随着时间推移，中东欧的内涵与外延都发生了非常大的变化，关注和研究它的视角也日益多了起来。在这种背景下，中国出现的中东欧"热"，实际上是一个政治、经济、商贸、教育、文化等领域相关理论与实践的综合研究平台，上面活跃着不同领域、不同学科的人士。其成果表现为中国与中东欧国家之间各种层次的人员互访，各种规模的研讨会议，高校迅猛增加中东欧国家语言教育，数以百计的研究机构，海量的文章、著作和报告，如此等等。

　　这些成果的积极作用显而易见，它们促进了中国与中东欧国家关系的发展，促进了许多行业同中东欧国家的交往，促进了相关单位对中东欧社会发展的关注，推动了高校中东欧语言教学和文化交流。但是，这些成果交集性不大甚至完全没有交集，如何整合对中东欧的研究是个难题。在一次学术讨论会上，我提出，中东欧就是一个大平台，不同领域、不同学科都可以也应当参与进来，共同为国家服务，需要合作但不宜跨界。合作可以放大优势，而跨界则易显露短板。基于这种考虑，我比较关注中东欧的内涵与外延演变及其影响因素，试图为与中东欧相关的理论与实践做些可供参考面比较大些基础研究。当然，其他方面我也做不了或做不好。这本文集缺乏理论高度又少有微观研究，但试图以近代以来欧洲国际关系的复杂历程为底色，以长期教学中的思考和近十来年对这些地区的田野考察为基础，平和地展示中东欧以及中东欧研究的过去和现在，也提出了一些另类的浅薄观点，期盼读者批评指正。

感谢浙江金融职业学院捷克研究中心将这本文集列为"中东欧研究丛书"。捷克中心成立虽然只有短短的五年，但在郑亚莉校长的直接指导下和研究团队的努力下务实快速地发展，在对浙江发展同中东欧国家经贸关系进言献策方面，在以中东欧国家浙江华人华侨的历史与现状的研究方面，在对职业学院学生进行国际政治方面的素质教育方面，都做出了突出的成绩，受到国家和浙江省有关部门的充分肯定。作为捷克中心的编外成员，我非常自豪，也在努力为它走向更强而尽自己的绵薄之力。感谢郑亚莉校长再次为我的书作序，感谢张海燕主任和胡文静老师为文集出版所做的工作，感谢江苏人民出版社鲁从阳先生的细心编辑。

收入文集中的文章和考察记都发表过。十一篇文章除了统一注释之外，没有做任何修改。三篇考察记原以照片为主，在文集中则以文字为主，只收入少数几张照片。特此说明。

作者

2022 年秋